JN114876

政策学講義

決定の合理性

［第3版］

武智秀之著

中央大学出版部

装幀　道吉　剛

はしがき

公共政策に100点はない。100人のうち１人に支持されると１点獲得できるとするならば，100点を採ることのできる政策はない。すべての人が満足する公共政策は民主主義社会において存在しない。本書はこのような限定された合理性しか実現できない公共政策を対象とした政策学の教科書である。

私の学問分野は行政学である。政治学の中では実証的・応用的・周辺的な分野であり，大学院で指導を受けた教員が皆イギリス経験主義に基づいた人たちであったので，本書も標準的なアメリカ政治学の思考に基づいたものとはいえないかもしれない。理論蓄積よりも分析を志向した本であるという意味で，この本は万人受けするものではないだろう。本書から政策科学の豊富な知識が得られるわけでもなく，本書は政策デザインのマニュアルには程遠い内容である。教科書としては，政策過程や政策評価について多くの内容を省略してしまっている。これらは他の専門書や上級教科書で補っていただくしかない。

教科書は章立て構成が命であるが，知識の詳細さを捨てて枠組みと分析を提供するために，本書はこのような章立て構成となっている。また最後に，認識の蓄積と応用をおこなう教育として論文作成法についても触れている。

本書は中央大学法学部の２年生を対象にして講義してきた「政策学」の講義ノートに基づいて作成している。比較政治学や政治過程論を履習しておらず，予備知識のほとんどない学生を対象としているため，関連分野の内容についても論述するように努め，学説については最小限の論述にとどめている。また，現実の政策について関心をもってもらうため，応用的側面に多くの紙面をさいている。わかりやすい講義にならない点に自分の能力の限界を感じることも多いが，専門の話を素人の学生に伝えるのであるから，講義はわかりやすく努めなければならないと思う。ただし，現実を構造化するためのアカデミックな思考力や社会現象を解明する分析力にも講義の面白さを感じてほしいと願っている。

本書の特色は政策の専門家を育成することが目的ではなく，政策の統括者の養成を目指している点にある。多くの大学でおこなわれているように，学説を暗記させる教え込みの教育の後に年１，２回試験をおこなうだけでは，残念ながら課題設定と現状分析の能力は身につかない。知識として得た枠組みを適用・応用する訓練として，教科書や講義で初歩的な知識や議論を身につけた後に論文の講読，調査，議論，論文の作成という基本作業を演習で繰り返しおこなうことしか，制度設計の基礎的能力は向上しないと考えている。この本の講読はこのようなアカデミック・スキルズの第一歩であることを理解いただければ幸いである。

本書の初版は，私が中央大学法学部で学部長補佐として務めている任期中（２期４年間）に執筆された。第２版は兄の看護で毎日のように病院へ通う中で改訂された。本書のような拙い本であっても，本の刊行はいつものように命の蝋燭を削るがごとく苦しい営みである。この教科書を書きあげて感じたことは，自分が過去の研究蓄積の上に存在し，研究系譜の大きな流れの中に存在しているということである。この本の刊行により，「忙しいからといって論文を書かない理由にはならない」という指摘にもお応えできればと考えている。

なお，今回の改訂では，誤字脱字などの修正を行うと共に，データの更新や図表の差し替えを中心に行った。政策学の教育は理論枠組みと現実制度の対象の間に本質があり，理論の暗記ではなく現実の覚え込みでもない，応用・適用のあり方に本質がある。理論と現実の均衡点に制度運用の妙を見出していただければと考えている。

2024年４月

武 智 秀 之

目次

第１章　公共政策の制度設計

１　社会的決定（１）

かつてアルゼンチンの作家ボルヘスは『バビロニアのくじ』という短編小説の中で社会的地位をくじで配分する社会を描いた。総督，囚人，死刑執行人，工場主などの地位が全てくじで決まるという社会を空想したのである。実際にこのような社会は存在しないが，現実社会は様々な基準適用や過程を経て社会的決定がおこなわれる。たとえば，オリンピック出場選手の選考には，２つの対立する考えが存在する。ここではマラソンの出場選手を選考する方法を考えてみよう。

第１の考えは１つ又は複数の選考レースでオリンピック出場選手を決定する方法である。この方法ならば，能力による選抜が可能であり，他事考慮をする恣意的裁量の余地が少ない。説明責任や手続き的合理性の点で，同じ基準を適用して誰が評価しても同じ結果がでるため，手続きの公平性・透明性が確保される。そのため，選手へ機会を平等に配分することができる。選考の基準が明確であり，結論への過程が透明となり，説明責任を果たすことができる。選考が曖昧かつ不明確で特定の人が有利になる過程を排除できる。今まで注目を集めていなかった新しい選手を発掘する効果をもち，選手，とくに若手選手のモチベーションも高まるだろう。

第２の考えは過去の実績を総合的に考慮する方法である。特定レースで選考をすると，偶然に成果を出した選手を選考してしまう。オリンピックで上位入賞するためには，偶然性を排除し必然の成果を出さなければならない。そのためには，安定的な実績を残している人を選考すべきであり，基準や過程の明確さや透明さよりも，総合的な妥当性を基準として上位入賞という結果をだすことが優先されるべきというのである。とくに他の競技とは異なるマラソンの特殊事情がある。つまり，マラソンレースはその日の気候，風の向きと強さ，湿度，温度，コースのアップ・ダウン，競争相手でタイムや順位が大きく変化する。さらに１度のレースに出場すると次のレースには半年以上の準備がかかる。しかも駆け引き，ペース配分などでレース経験の多さが有利になることの多い競技である。

日本においてはかつて第２の方法で選考をおこなってきた。アメリカでは１つの選考レースのみで候補者を決定している。日本においても近年は手続き的合理性や説明責任を重視し，マラソンや水泳などの競技では第１の方法を採用している。

2　社会的決定（2）

C大学において４月の授業は月の半ばから始まる。それまでに１年生はどの演習を履修するかを決めなければならない。１年次演習は必修ではないが履修率が99%であり，できるだけ履修をすることをC大学は勧めている。演習の数は限られており，学生は１つの演習しか履修することはできない。ここで学生が履修する演習を決める方法は３つある。

第１は学籍番号などを使って学生を機械的に演習へ配置する方法である。戦時中の食糧配給制度と同様に，学生の希望，教師の意思を排除するので，どの演習も同じ人数になるメリットがある。選抜の時間・人・費用のコストは低くてすむメリットはあるが，演習の内容・評価方法・評価結果などが同じでなければ平等性は担保できない。それが不可能ならば，クラス指定の方法は採用すべきではない。学生にとっても，自分の希望の演習に入れない可能性が高いので，学修のモチベーションは維持できにくいであろう。授業期間中に履修放棄が続出する可能性があり，それはすべての学生へ履修を推奨する学部方針とは異なる運営となってしまう。

第２の方法は志望書，レポート，面接などで選抜をおこない，学生の志望と教員の希望を満足させる方法である。この方法は能力を基準におこない，教員も自分の選好に沿って選抜できるので，満足度は高くなるかもしれない。しかしながら，１次選抜，２次選抜，３次選抜と選抜を重ねなければならないので，４月半ばの授業開始日には間に合わない。１学年1,000人以上の学生が自分の履修する演習を決めるまでに２～３か月かかる。そのため，学生も，教員も，職員も演習の選抜には膨大なコストがかかる。実質的に，希望の演習に入れなかった学生は履修をしなくなるだろう。それはすべての学生に履修を勧める学部方針とは異なる制度設計となってしまう。一番問題にしなければならないのは，能力があると判定し４月初めに入学させておきながら４月の初めに能力選抜をおこない，一部の学生を不合格とすることの是非である。

第３の方法は第１と第２の折衷的方法であり，学生のニーズを聞き，各演習の定員を超えた場合にくじで選抜するものである。各会場で学生の見ている前で演習ごとに希望を聞き，定員内ならばすべて合格となる。定員を超えていたら，くじを引き，くじに当たれば合格であり，くじに外れた学生は一巡するまで待って，定員を満たさなかった演習から再度同じことを繰り返すのである。

たしかに第一希望の演習に入ることができなかった学生や，学生を選ぶことのできない教員は，不満が残るかもしれない。しかしながら，学生の希望を聞くので第１の方法よりは満足度は高まるし，需要と供給のミスマッチは少なくなる。くじで選抜するので機会の平等性は担保できる。能力選抜はできず，４月初旬に演習を決めなければならないことが絶対条件ならば，この第３の方法は妥当な方法であろう。そもそも，すべての学生に演習の履修をさせることと学生のニーズに応答することとは，原理的には相容れない。しかしながら，矛盾する２つの原理を架橋させて制度設計する方法としては，第３の選抜方法は最適な選抜方法である。

3　決定の条件

社会的決定として２つの事例を取りあげてきたが，このような資源配分の制度設計は，公共政策において重要な課題である。ここで，①必要（ニーズ），②くじ・先着順，③所得・身体・家族要件などを考慮した裁量的正義，の３つの基準が考えられる。また，人・金・時間という資源の希少性も考慮しなければならない。上位入賞やすべての学生が履修するという方針（政策）の実現可能性，関係者の満足度，説明責任，決定過程の透明性なども重要な条件である。

必要（ニーズ）という基準は行政・政策の基本であり，住民の必要性に基づいて行政の活動は発動することが多い。しかし，資源が無限ならば住民の必要性にすべて応答することは可能であるが，行政活動ではそのような現実は想定できない。限られた資源をどのような優先順位で配分するかが重要なのである。

くじ・先着順という方法は機会の完全平等を実現するためには最適な方法である。くじならば運次第であり，先着順ならば並ぶ努力だけで順位を決めることになる。考慮事項があまりにも多い場合には，基準が明確なこの方法は皆が満足しやすいので社会的決定として採用しやすい。

裁量的正義は，考慮すべき条件が想定されており，それを配慮した方が政策効果の上がる場合に積極的に採用される。所得の高い人より低い人の方が保育サービスを優先されるべきであろう。虚弱高齢者よりも認知症高齢者の方が優先して介護サービスが配分されるべきであろう。障害者や高齢者が家族にいる場合はいない家族よりも優先で公営住宅が配分されるべきであろう。実際に保育所の入所，介護サービス，公営住宅サービスの配分については，このような基準が採用されることになる。

このような決定過程では基準が明確であることが前提であるが，決定過程は単純な基準の演繹的な適用ではないのである。その配慮事項が多くあり，複雑な条件構造を形成していることも確かなのである。社会経済上の条件，サービスの規模と特色，財源・人的資源の余裕によって基準は大きく変化する。もちろん，それらの基準を支持しない人もいるだろう。すべての人の願望水準を充足させる政策の提示は難しく，政策は60点を取れば合格であり，100点を取ることができない成果なのである。むしろ，すべての人が支持する100点を獲得できる政策は多様な価値観に基づく民主主義社会では不可能であろう。

しかし民主主義社会においては，その中で多くの関係者が満足し合意できる制度を設計しなければならない。手続きの合理性とともに結果の合理性も同時に追求されている。基準間の論理整合性と基準の現実の運用の可能性が検討されなければならない。行政の本質はバランスであり，単純な基準の演繹的な適用過程ではない。その意味で政策や行政の背景にある社会経済上の条件，過程における制度と運用のギャップ，基準の複合構造を理解することが重要なのである。

4　課題設定と状況分析の重要性

本書の目的は，政治学から公共政策にアプローチをおこない，現実の社会を理解するための分析枠組みとしての理論や概念を概説し，その枠組みで社会の仕組みを分析する力を養成することである。講読を想定しているのは学部2年生であり，その意味で本書は公共政策に関する初級教科書をめざしている。

公共政策に関しては，日本公共政策学会が設立され，学際的なアプローチから様々な研究がおこなわれている。公共政策に関する叢書も刊行されている。さらに最近は，政策科学の立場からよりよい政策デザインを提示しようとするもの，政治過程論の立場から政策の変動要因を探るもの，政治哲学の立場から規範的命題に応えようとするものなど，多くの教科書が出版されるようになってきた。

政策の選択肢を効率性や有効性の基準から理論的かつ数量的に提示することは，経済学の役割であろう。政策立案者の立場から最適な政策デザインを示すことは，政策科学の立場から積極的におこなわれてきた。また，合法性の基準から政策の立法や執行について演繹的に法解釈を示すことは，法律学の意義といえるだろう。それでは，これらの学問分野と異なる政治学の意義とは何であろうか。

結論からいえば，政治学が公共政策を研究する意味は制度的・政治的脈絡から公共政策の意味内容を検討することであり，政治学の立場から公共政策を教育する意義は，課題設定と状況分析に関する能力を高め，制度を設計する力を養成することであると考える。

課題設定と状況分析の過程では，課題を認識し，多様な情報源を収集し，広範な視点から現状を分析し，過去と現在の制度，外国と日本の制度を比較検討することが必要である。この後に，政策立案と政策実施がおこなわれる。政策の対象を定め，政策の手段を選択し，理論との整合性を詰める。賛成・反対の利害関係者を把握し，収集したデータを公表し，世論を形成する。情報を管理し，進行管理を怠らず，タイミングを考慮しながら政策の資源を調達・運用する。政策手段の選択肢は実際には多くなく，課題設定と状況分析の適切さが政策選択を実質的に左右してしまう。

前述した課題設定と状況分析の能力を養成し，制度を設計する力を高めるには，第１に政治学，経済学，法律学，社会学など幅広い知識が必要であり，第２に理念と制度のバランス感覚が重要であり，第３に他者への配慮という意味で想像力が枢要である。このような問題構造化の能力養成には教養と専門が混合した政治学が最適である。政治学の視点から，これらの過程を理解することを通じて，制度設計の能力を向上させることが可能である。仮定する条件の現実性を議論するには幅広いリアリティの知識が必要であり，リアリティを自分の頭の中で再構成する想像力が求められる。

議論をおこなうには，根拠（事実）と論拠（理由）から帰納的に推論を積み重ね，仮説条件を提示しながら自分の主張を導き出す思考様式が重要である。これらの能力養成も，理論を演繹的に展開する法律学や経済学ではなく，多数の事実や条件に目配りでき，仮説条件の可変性に配慮できる政治学が比較優位の立場に立つ。つまり政治学においては，帰納的な推論を積み重ねながら仮説とその条件を示す課題設定能力，現実社会を自分の頭の中で再構成する社会的想像力，仮説条件が制約を受ける制度条件や可変性を考慮しながら制度設計する能力が必要である。

学部の学生たちが社会で必要とされている能力は，細かい学説を暗記することではなく，問題提起された内容について理解し，考える力である。高度の専門知識でもなく専門能力でもない。現実社会は変化が大きく流動的であり，取得した情報がすぐに古くなってしまう。現実を正しく認識し，自分の見識や世界観に基づいて将来を見通して，それに応じたアイデアを提示していくには，常に自分で未開の道を切り開き，主体的に学んでいく気力や気概が必要である。学生たちは社会にでて職業人や市民として様々な課題の設定や解決手段の選択をする機会に直面するが，その際の基礎的な力を養成することが学部での到達目標ではないか。政策学や行政学の講義を担当して20年近くになり，暗記を求める政治学教育や行政学教育に大きな疑問を感じ，縦割りの学部教育にも違和感を抱くようになった。

たとえ教員にとって重要な学説でも，研究者にならない学部学生には何の意味はなく，むしろ公共政策の背景にある社会経済の条件，公共政策の理念と構成，公共政策の過程を理解することが学部学生には重要である。リアリティを自分の頭の中で再構成させ，制度の作動条件を検討することが，学部学生の基礎力養成において必要なのではないかと考えている。そのため本書では，公共政策を把握するための枠組みと具体的な公共政策の実態を理解することを通じて制度設計の能力を向上させることを目標とし，政府の存在理由，公共政策の制度条件，公共政策の合理性，公共空間のあり方を考えることをテーマとしている。また，分析枠組みを具体的な公共政策の実態に適用しながら検討する。事例として具体的な公共政策の実態を分析する。それらの応用能力の養成を本書は重視している。

参考文献

ボルヘス，J. L.（1993）『伝奇集』（鼓直訳）岩波文庫

コラム①：私の社会科学方法論

社会科学方法論といえば，ウェーバー，マルクス，マンハイムなどの議論を紹介しつつ，認識を深め，議論を展開するのが一般的である。しかしながら，本書では実践的な方法を勧めている。ややもすれば，実践とは理論よりも低次元のものとして受け取られがちであるが，本書では卒業論文やゼミ論文の作成で役に立つ「ノウハウ」を伝授する。やや大げさに言えば，これは私の社会科学方法論でもある。顧みれば，学部時代の私は「見ざる，言わざる，聞かざる」の状態から抜けだせず，社会現象に何らかの特質を見いだすこともできず，しかも自らの主張ができる学生ではなかった。主たる理由は自分の怠惰のせいであるが，しかしながら日本の文章教育にも問題があったように思われる。なぜなら，初等・中等教育のそれは文学の教育であって，論理の教育ではなかった。大学もその例外ではなく，高尚な社会科学者たちの学説を記憶することが学生の主たるお務めだった。

もちろん，そのような学修が重要であることは言うまでもないが，ここでは従来の社会科学方法論とは異なる方法を提示する。伝統的なトレーニング方法とは異なる身近な方法論を伝授したいという願いが込められている。学生にとってより身近で，すぐに役に立つ実践的な社会科学方法論が存在すればと考えたのが，このコラム執筆の契機である。

第2章　福祉国家の形成と再編

福祉国家は20世紀の発明物といわれ，現代国家の特質を理解するためには福祉国家の形成と変容をマクロ的に理解することが必要である。福祉国家の歴史的展開，その普遍性と多様性を理解することがこの章のテーマとなっている。

1　福祉国家の発展

＜言葉の由来＞

福祉国家とは，国民に生存権を保障し，完全雇用を目指し，政府支出のうち所得保障と社会サービス（医療保障，介護，障害，住宅，教育など）が過半を占め，それら社会支出と税とで国民に所得を再分配する国家をいう。この言葉の誕生には，国家目標としての規範的意味を内包した政治的な背景があった。

たとえば，スウェーデン社会相であったG.メッレルは，1928年の選挙パンフレットで「国家は単に夜警国家であるだけでなく，福祉国家でなければならない」と述べた。また，オックスフォード大学教授であるA.ツィンメルンは，全体主義的な「権力国家　Power State」に対比させ，ワイマール共和国の社会国家に着想をえて「福祉国家　Welfare State」という言葉を1934年に用いたといわれている。さらに，カンターベリー大主教のW.テンプルは1941年に『市民と聖職者』の中で，ナチス・ドイツの「戦争国家　Warfare State」と対比させて「福祉国家　Welfare State」という言葉を用いた。

＜ベヴァリッジ報告＞

社会保障に関する立法は各国でおこなわれてきた。ドイツでは，ビスマルクの「飴とムチ」が有名である。一方において社会保険制度の導入による労働者の慰撫の意味があり，他方において社会主義運動に対する弾圧がおこなわれた。アメリカでは，1935年に社会保障法が制定された。

イギリスでは，1942年にイギリス自由党ベヴァリッジ卿を中心に「ベヴァリッジ報告」がまとめられた。このベヴァリッジ報告においては，国民生活において最低限の生活保障をするのは政府の義務であるとし，第二次世界大戦後の社会保障体系の制度設計プランを提示している。窮乏，怠惰，疫病，無知，不潔という「５つの巨悪」の克服が目的とされ，具体的な策として社会保険による所得保障，完全雇用，児童手当，包括的保健医療サービスの導入が提案されている。

＜福祉国家の普及・発展＞

第二次世界大戦が終了した直後，福祉国家は戦傷病者や遺族に対する国家扶助の制度整備の意義をもっていた。経済成長を遂げ，国民へのサービスが向上するにつれ，藤井浩司によると，反全体主義の規範的スローガンから戦後の経済復興と社会再建をめざす体制の目標へと福祉国家の意味は大きく変化した。

福祉国家体制の基軸政策のひとつは，ケインズ主義的経済政策である。それは混合経済体制下で経済成長と完全雇用を目指す経済政策を意味する。ケインズによると，市場が有効に機能するためには政府が財政金融政策を通じて有効需要を創出する必要があり，その意味で政府による積極的な市場介入の役割が期待される。もうひとつの政策はナショナル・ミニマムの達成と維持をめざす社会政策であり，それは前述したベヴァリッジ報告をモデルとする広義の社会保障政策となる。この２つをもってケインズ＝ベヴァリッジ・パラダイムという。先進諸国が福祉国家を形成するにあたって，このケインズ＝ベヴァリッジ・パラダイムも普及し，各国で多様な発展を遂げることになる。

2　福祉国家の転換・調整

＜福祉国家の危機＞

1973年と1979年に石油危機が生じ，先進諸国は福祉国家の危機にみまわれた。インフレーション，景気停滞，失業者の増大という経済危機に直面し，歳入欠陥という財政危機に先進諸国の政府は対応しなければならなかったからである。しかしながら，ケインズ＝ベヴァリッジ・パラダイムに基づく福祉国家は必ずしも有効な手段を講じることができなかった。福祉国家に特有な集権システムや再分配政策の効率性や有効性へ疑問が集まり，福祉ばら撒き論が保守の立場から批判された。1970年代半ばから構造改革と福祉国家の見直しがおこなわれることになり，戦後収斂しようとした福祉国家は，その転換・調整の過程で再び多様な方向を歩むことになった。福祉国家をめぐる「戦後合意」「歴史的妥協」は終焉したと言われる所以である。

福祉国家は石油危機以降，新自由主義的な方向とコーポラティズム的な方向で分化し，「収斂の終焉」が起きている。ミシュラは「福祉国家の危機」への対応として縮小戦略と維持戦略の２つが採用されたという。

＜縮小戦略と維持戦略＞

縮小戦略はアングロサクソン系諸国で採用された。それらの国ではデュアリズム，新保守主義，新自由主義の名の下に小さい政府を志向する福祉改革が実行された。主たる手法は民営化・市場化であり，政府支出の削減，活動規模縮小，規制緩和，民間活力導入がおこなわれた。社会保障については，選別主義プログラムの拡大や給付の階層と水準の見直しが実施され，ボランティアの奨励，NPOへの事業契約，競争入札の導入も実施された。組織の管理改革としては「新公共管理改革（NPM 改革)」も実施された。

維持戦略は北欧諸国などで採用された。それは集権システムの機能不全を克服する目的で採用されたものであり，そこでネオ・コーポラティズムという政治体制が支持された。それは労使協調などによる対応で完全雇用，介入主義的経済政策，社会保障政策を維持・調整するものであった。普遍主義プログラムの維持，国民負担の増加，公共事業・雇用助成金による労働市場政策，国民福祉による福祉サービス供給の維持が実施された。オランダなどでは社会コーポラティズムによる克服が試行され，フルタイム労働者とパートタイム労働者を賃金や社会保障の面で同権化し，個人の労働時間の縮小，労働市場の柔軟化，公共サービス提供における NPO の役割重視がおこなわれた。

<収斂の終焉？>

産業社会学者のゴールドソープによると，福祉国家の形成においてマクロ的な社会構造は国際的に収斂の傾向があったという。収斂論とは，産業化・近代化により差異が消滅するというものであり，①工業化の過程を通じて機会と結果の社会的不平等は一般的かつ長期的に縮小する，②産業社会において社会成層は構造的で流動性に富んだものになる，③産業社会では社会成層の亀裂は薄められ，社会・政治的動員の基礎としての重要性は失っていく，というものである。福祉国家への収斂で階級間の対立は緩和されたわけである。社会保障によって政治経済体制が枠づけられることにより，資本主義国の「埋め込まれた自由主義」で社会主義国との差異も小さくなった。

しかしながら，福祉国家の危機への対応が多様化した結果，収斂傾向は終わり，再び多様な発展形態をみるようになった。収斂の終焉論とは，①生活機会の階級格差は持続している，②労働者階級への他の階級からの下降移動は減ったが，そのことが労働者階級内部での再生産傾向を強め，労働者階級の同質性を高めている，③産業化の発展過程での平等化は他の形での不平等の拡大を伴っている，というものである。

3　福祉国家の類型化

<エスピン＝アンデルセンの類型化>

このような各国の多様な発展形態を類型化しようと試みたのがエスピン＝アンデルセンの福祉国家論である。彼は類型の指標として，労働者が市場法則から自律性をどれだけ獲得しているかという「脱商品化」と社会保障制度において職域的にどのような格差が生まれているかという「階層化」の２つを用いた。その指標で各国の福祉国家を３つに類型化した。社会民主主義モデル，自由主義モデル，保守主義モデルの３つがそれである。

社会民主主義モデルは，脱商品化が進みフラットな階層構造が特徴であり，どの社会階層も単一的で普遍主義的な社会保障制度に編入されている。国家による福祉サービスや完全雇用をめざす福祉国家であり，そこでは政府が重要な供給主体となる。このモデルは北欧諸国が該当する。

自由主義モデルの国では市場経済を重視し，小さい政府を志向する。個人の自立・自助を強調し，福祉政策の対象範囲は狭く限定されている。社会保障の給付受給者と非受給者との間で階層の二重構造がみられ，脱商品化が低位である。社会保障給付の受給資格を低所得者に限定していることが多く，選別主義的な所得調査・資産調査が実施されている。それが該当するのはアメリカやカナダであり，そこでは市場が重要な部門であり，国家は補完的な役割にとどまる。

保守主義モデルは職域的な社会保障制度が分立する傾向があり，制度間の差異が顕著である。公務員の特権付与など階層間の格差があり，家族手当が女性の家事専従を促進するなど性別間の格差も生まれる。脱商品化が中位な国である。家族が重要な役割を果たすドイツやオーストリアがその類型に入る。

図表2-1　各福祉レジームの政治的特性と労働市場（1980年ごろ）

	左派政党政権担当期間	キリスト教民主主義政党政権担当期間	労働組合組織率（%）	女性労働力率（%）	コーポラティズム指標	少数派の法案ブロック可能性
自由主義モデル						
アメリカ	0	0	25	60	1	7
イギリス	16	0	48	58	2	2
オーストラリア	7	0	51	53	1	4
ニュージーランド	10	0	59	45	1	n.a.
カナダ	0	0	31	57	1	4
社会民主主義モデル						
スウェーデン	30	0	82	74	4	0
ノルウェー	28	1	59	62	4	0
デンマーク	25	0	70	71	3	0
フィンランド	14	0	73	70	3	1
保守主義モデル						
ドイツ	11	16	40	51	3	4
フランス	3	4	28	54	2	2
オーストリア	20	15	66	49	4	1
オランダ	8	22	38	35	4	1
ベルギー	14	19	72	47	3	1
イタリア	3	30	51	39	2	1
日本	0	0	31	54	n.a.	2

出典）宮本（2008），14頁を一部修正

図表2-2　各福祉レジームの支出構造と平等化指標（1992年ごろ）

	社会的支出（%）	公的扶助支出（%）	積極的労働市場政策支出（%）	ジニ係数（1990年代中盤）	相対的貧困率（1990年代中盤）
自由主義モデル					
アメリカ	15.2	3.7	0.2	0.361	16.7
イギリス	23.1	4.1	0.6	0.312	10.9
オーストラリア	16.3	6.8	0.7	0.305	9.3
ニュージーランド	22.2	13	1.1	0.331	7.8
カ ナ ダ	21.8	2.5	0.6	0.283	9.5
社会民主主義モデル					
スウェーデン	35.3	1.5	2.9	0.211	3.7
ノルウェー	26.8	0.9	1	0.256	8
デンマーク	30.7	1.4	1.7	0.213	3.8
フィンランド	33.9	0.4	1.7	0.228	4.9
保守主義モデル					
ド イ ツ	26.4	2	1.9	0.280	9.1
フランス	28	2	1	0.278	7.5
オーストリア	25	1.2	0.3	0.238	7.4
オランダ	28.3	2.2	1.3	0.255	6.3
ベルギー	28.4	0.7	1.2	n.a.	n.a.
イタリア	24.3	3.3	0.2	0.348	14.2
日　　本	11.8	0.3	0.3	0.295	13.7

出典）宮本（2008），15頁を一部修正

<エスピン＝アンデルセンに対する批判>

エスピン＝アンデルセンの福祉国家の類型化は，イギリスを福祉国家の典型としてきた従来の研究にイギリスが標準型ではないことを示した点で大きな貢献をしており，それは福祉国家研究でスタンダードな位置を占めている。しかしながら，それは疑問点も残る。

第1はジェンダーの視点の薄さである。家族における女性の介護労働，家事労働の意味，男性＝稼ぎ手社会における女性労働のジェンダーバイアスを十分検討していないというのである。

第2はグローバリゼーションの下での福祉国家のあり方が説明不足な点である。資金，労働，技術などの国際移動が内需主導型の福祉国家を大きく変化させているが，その分析が十分ではないという指摘である。

第3は三類型への疑問である。イギリス・ニュージーランド・オーストラリアの位置づけが適切かという疑問が拭えない。カナダが自由主義モデルに該当するのか，アジアやラテンアメリカの国はどの類型に該当するのか，疑問なしとしない。ドイツも近年は縮小戦略を採用し自由主義改革を進めている。

<日本型福祉国家の特徴>

たしかに，日本が自由主義モデルなのか保守主義モデルなのかは不明確である。エスピン＝アンデルセン自身，「日本については公的福祉の残余的性格についてアメリカなどの自由主義モデルに近いが，雇用保障という点では表向きスウェーデンのような社会民主主義モデルに近い様相をみせ，福祉における家族主義や労働市場のポジションに応じた社会保障の分立性という点でドイツなどの保守主義モデルにも近い」という。

エスピン＝アンデルセンによって日本はハイブリッド・モデルといわれているわけであるが，日本はアメリカと並んで国民負担率の低さを統計上示しており，それは北欧型と異なる選択をしてきた。社会保障が経済発展の阻害要因として理解され，社会資本などストックの整備が遅れ，経済成長と共に職域型の社会保障を発展させ，企業福祉や家族の重要性が強調されてきた。しかしながら非正規雇用の問題などが解決されることはなく，日本も大きな岐路に立たされている。

参考文献

イギリス社会保険および関連サービスに関する検討を行なうべき委員会編（1969）『ベバリッジ報告　社会保険および関連サービス』（山田雄三監訳）至誠堂
エスピン＝アンデルセン，G．（2001）『福祉資本主義の三つの世界』（岡澤憲芙監訳）ミネルヴァ書房
岡沢憲芙・宮本太郎編（1997）『比較福祉国家論』ミネルヴァ書房
ゴールドソープ，J. H. 編（1987）『収斂の終焉』（稲上毅監訳）有信堂
藤井浩司（2004）「福祉国家」加藤秀治郎編『西欧比較政治（第２版）』一藝社
宮本太郎（2004）「福祉国家類型と企業・家族」新川敏光ほか『比較政治経済学』有斐閣
宮本太郎（2008）『福祉政治』有斐閣

コラム②：好奇心を養う

学問には面白がる心が大切である。大学では自分が面白いと思ったことを勉強すべきである。では，面白いと思う心は何であろうか。その好奇心は何に根ざすのか。

研究も教育も「お笑い芸」と共通する点があり，それは「面白がる心」だと思う。ネタとは「たね」の倒語であり，材料や証拠の意味で用いられている。新聞記事のネタ，落語のネタ，漫才のネタ，そして論文のネタという用語法がそれである。

「笑いには真実がある」とは哲学者ベルグソンの言葉であるが，漫才，教育，研究には共通して「面白がる心」が存在すると思う。社会の権威を笑い飛ばすことであったり，風刺を通じて本質を突いたりすることに私たちの「笑い」の意味があると思われる。しかし，これは意外かもしれないが，教育や研究にも一脈通じるものなのである。

つまり，学生の個性は多様であり，それぞれの良いところを発見し，そして面白がり，伸ばしてやることが教育者の務めである。また，一見カオス状態にみえる社会の中に秩序や論理を見いだし，面白がる（学問する）ことが大切である。ネアカな面白がり人であることは一流の研究者の必要条件ではないだろうか。

面白がる心に真実が隠れているということであるが，それには内在的理解が必要である。相手の立場にたって内在的に考える。悪い方に解釈するのではなく，良い

方に解釈する。これを社会学者のセルズニックは「同情的理解」と言う。はじめから斜に構えてはダメだが，しかしすべて信じてもいけない。常に「ホンマかいな」という疑問符を気持ちの中に２～３割もちながら，しかし素直な気持ちで物事に接する態度が必要なのである。

第3章　福祉国家の存在構造

福祉国家は1970年代半ば以降大きく見直しがおこなわれている。ただし，現代国家へ辿る歴史を顧みれば，それは国家統制と自由放任との繰り返しの歴史であった。本章では福祉国家を構成する要素を探り，福祉国家の決定要因として社会経済要因と政治要因を示す。福祉国家の再編の背景にある原理と思想を説明する。

1　福祉国家の経済社会要因

＜国家統制と自由放任＞

かつて古代・中世の国家機能は限定されたものであり，国防，治安維持，裁判，徴税，治山治水など現代国家からみれば小さな機能しか果たさなかった。それが絶対王政時代に入ると，各国の領邦君主たちは富国強兵と殖産興業を政治的スローガンとして掲げ，領土拡張の競争がおこなわれた。ヨーロッパ大陸の諸国では重農主義と重商主義に基づいた領国経営がおこなわれた。君主のもつ農場経営，鉱山開発，商工業者たちの保護・育成が実施された。ここで発達したのが官房学である。

これに対してイギリスにおいては早くからブルジョワジーが成熟した市民社会を形成していた。ドイツの革命家ラサールはイギリスの限定的な国家機能をさして「夜警国家」と皮肉をこめて呼んだほどである。当時のイギリスにおいては，産業育成のための規制や補助は産業活動の自由な発展を制約し障壁となっているとする自由放任の思想が形成されていた。アダム・スミスは『国富論』の中で，国家は介入をやめて市民の自由な活動に放任した方が資本主義経済は発展し国富は豊かになる，と述べている。さらにアメリカではイギリスから独立した経緯もあり，小さい政府を善とする考えが一般的に存在していた。ジェファーソンは「最小の行政こそ最良の政治である」と述べている。

＜ワグナーの法則と転移効果仮説＞

その後，現代国家はその活動を拡大させ，安価な政府からサービス国家へと転換した。貧困者の救済，教育，医療，住宅，雇用，都市計画などに機能を拡大させ，社会問題の解決手段は家族やコミュニティにくわえて，政府が大きな役割を果たすようになった。

このような産業化の所産として現代国家の拡大をみる考え方はドイツの財政学者であるワグナーによって，経費膨張の法則（ワグナーの法則）として唱えられた。「経済発展につれて公共支出（経済規模）は絶対的・相対的に増大する」というものである。

またイギリスの財政学者，ピーコックとワイズマンは政府が拡大する要因として「転移効果 displacement effect」仮説を主張した。戦争や恐慌など大きな社会変動時に公共支出は急上昇し，その時期が過ぎても伸び率は鈍化するが元の水準には戻らない。平時には福祉や教育など新しい公共支出に対する需要が喚起される「点検効果 inspection effect」が生じることになる。この転移効果が生じる理由は国民の公共支出への認識程度が異なるためである。

＜産業化仮説＞

社会学者のウィレンスキーは福祉国家の発展パターンを計量的に分析し，福祉国家の形成要因として経済発展や人口構造の変化が主要な要因であると認識し，各国の福祉国家は政治体制とは無関係に収斂へ向かっていると主張した。彼は独立変数としてGNP，政治体制類型（自由主義・全体主義），エリート・イデオロギー，65歳以上の高齢者人口比率，社会保障制度の発展経過年数，従属変数として社会保障支出のGNP比率を設定している。

長期にわたると，経済水準が福祉国家の発展をもたらす根本的原因であり，経済水準の影響は人口に占める高齢者の割合や社会保障制度の経過年数を媒介する形であらわれる。ウィレンスキーは当時，政治体制やエリート・イデオロギーと社会保障支出との有意な因果関係は見いだせないとした。しかし，ウィレンスキーはその後，カソリック政党やコーポラティズムなどの政治要因が福祉国家に与えた影響を分析し，宗教，文化，政治の重要性を強調している。

2　福祉国家の政治要因

＜財政錯覚とボーモル効果＞

福祉国家の形成で中央政府から地方政府への移転支出は拡大し，中央統制も増大した。移転支出である交付金や補助金の増大した要因が中央政府にあるのか地方政府にあるのかは，議論の分かれるところである。地方政府にとって，補助金や交付金に依存した方が地方政府の財政状況が改善するかのように見える。租税よりも地方債の発行の方が負担が低下するように錯覚する。つまり補助金の獲得競争に勝利し，公債発行をした方が地方に利得が生まれるような錯覚が，地方政府のインセンティブに生じるのである。これを「財政錯覚」と呼び，需要側の錯覚で公共支出は拡大するという仮説を唱えたものである。

ボーモル病（ボーモル効果）とは公共支出の増加率がGDPの増加率よりも高いことを示したものである。公共サービスは労働集約性が高いにもかかわらず生産性は低い。公務員の給与は民間の賃金水準に比例して上昇するので，公共支出が拡大し続ける。民間に比べて生産性の上昇率よりも賃金の上昇率の方が高くなる。公共サービスが低い労働生産性しか達成できなくても賃金を下げることが実質できない。つまり，労働生産性と賃金水準との連動がないことに，ボーモルは公共支出の拡大要因を求めている。

＜獲得予算最大化行動＞

ニスカネンモデルでは，消費者と同様に官僚が効用を最大化させる行動主体であると考える。官僚の情報独占を前提とすると，官僚が獲得する予算を最大化させようとして行動するため，最適な水準よりも予算が増大する傾向がある。この予算最大化の官僚行動をニスカネンモデルという。この傾向は予算に限らず，権限など他の資源にも最大動員の傾向がみられ，政府が拡大する傾向を示している。

しかしながら，ニスカネンモデルへの批判も存在する。第1は情報独占や情報の非対称性に関する前提である。外国の政権のように大臣在任年数が長くなると政治による統制力は高まるし，情報公開で情報の非対称性が低下したとしたら，この仮説は成立しない。

第2に自分の利得を最大化する主体という前提が成立するか，という疑問である。伊藤大一はエリート官僚と非エリート官僚の行動様式の違いを指摘して，利益を最大化しないエリート官僚の姿を示している。またダンレヴィは組織形整モデル（Bureau-shaping model）という官僚行動のモデルを提示し，行政改革に対して所属組織の既得権を維持するために抵抗するのではなく，大局的見地から行政改革を推進する行動の可能性を示している。

はたして，官僚は組織の利益へ忠実に行動する存在なのか，それとも地域の市民としての存在か，子どもを持つ親としての存在なのか，キリスト者として神へ忠誠を誓う存在なのか。時代状況や仮定する条件によって，議論が大きく左右されることを認識すべきであろう。

＜権力資源動員論＞

福祉国家形成における政治的要因を強調する考えは，社会民主主義政党の議席占有率，閣僚就任率，政権担当期間などとの相関関係に着目し，それらが福祉国家の形成に影響を及ぼすと主張している。

スウェーデンの社会学者コルピは，社会民主主義政党，労働組合など労働勢力の保有する権力資源の程度に着目する権力資源仮説を唱えた。つまりコルピは権力資源動員の制度として政策決定，紛争処理，再分配の制度が重要であることを強調した。権力資源の投資をこの制度形成そのものを目的とした資源動員とし，権力資源の投資が成功し労働運動に有利な制度形成がなされれば，その政治的な影響力も大きく増大するとした。

たしかに北欧諸国のようにネオ・コーポラティズムの政治体制で，労働者・経営者・政府が協調的に政策決定をおこなう国においては，政治の決定が大きな影響を及ぼすことになるかもしれない。しかしながら，政治的要因が経済社会の要因ほど公共支出を決定する大きな要因なのか疑問であるし，政治的要因は基準の設定や再分配の方法に対して影響を及ぼす要因である。むしろ定量的な決定要因というよりも定性的な要因というべきであり，時代でいえば高度成長期よりも低成長期により有効な説明であろう。

3　福祉国家を超えて

＜政府活動の見直し＞

福祉国家の危機を克服しようとした先進諸国にとって，歳入欠陥（財政赤字）の問題は共通の課題であった。中間階層の負担感は大きく，カリフォルニア州の資産課税の強化に反対するプロポジション（提案）13号が住民提案として提案された。

かつてブキャナンらは財政錯覚の例として政治家と有権者の例をあげ，「代議制民主主義の下では，政治家は有権者の支持を得るため，予算の分捕り合戦に血まなこになる。有権者の方も，それをあてにする。その結果，その事業への支出は既得権益化し，年々増大していく」と述べた。政府の介入は経済不況の例が典型であるが，福祉国家の危機以前は市場の失敗を克服するための政府介入として支持されてきた。しかし近年は，住民の志向性も保守主義化していった。

スティグリッツによると，①限られた情報，②市場に対する限定された影響力，③官僚制に対する影響力，④政治過程によって課せられた制約，のために政府は失敗する傾向があるという。

たしかに，市場は個人の社会貢献を評価するために最も有効な制度である。市場は情報の透明性が高いため，すべての人の自由を尊重する仕組みとして優れた機構ともいえる。

＜公正と自由の思想＞

1971年に刊行された『正義論』の中でロールズは，介入主義的リベラリズムの思想根拠として，正義原理の正当化をおこなった。内容と手続きの両面で公正を確保し，社会契約の理論構成をすることで公正としての正義を理論化しようとしたのである。公正としての正義は，第一原理として平等な自由原理によって自由の優先さが構成され，第二原理として公正な機会均等原理，最も不運な人びとの利益の最大化を図る格差原理によって平等と効率の調整を試みている。

これに対して，R.ノージックは「最小国家論」を唱え，それは古典的な自由主義の復活ともいうべき主張であった。彼は『アナーキー・国家・ユートピア』の中でアナーキストの国家無用論や福祉国家論者の拡張国家論に対する批判をおこない，市民の財産権を最大限尊重する自由至上主義を展開した。彼は，①暴力・盗み・詐欺からの保護，契約の履行の強制に限定される「最小国家」のみが道徳的に正当化される，②最小国家以上の機能を果たそうとする「拡張国家」は人びとの権利を侵害するゆえに正当化されない，③最小国家は道徳的に正当であるだけでなく，ユートピアとしての魅力も十分備えている，ことを指摘している。

さらにフリードマンは市場に対する全面的な支持をおこない，「選択の自由」が可能な機構であると評価した。政府は恣意的であり，財源への考慮やその使い方への考慮がなされておらず，市場に比べてコストが高い。サービスが真に必要な困窮層よりも政治的圧力をかけることのできる階層への分配がおこなわれる。そのため，フリードマンは消費者の主権が最大限実現できる方法として，具体的には政府の社会保障よりも負の所得税構想や教育クーポンの提唱をおこなっている。

これら２人の自由至上主義者と異なり，ハイエクは自由主義の哲学とでもいうべき考察をおこなっている。彼は「自生的秩序」を唱え，人為的な計画主義が人びとの間で規範が定着し安定した制度を圧迫しているとし，その水準決定について人為的な決定がおこなわれる福祉国家の年金制度を典型的な例としてあげている。ただしハイエクは所得の最低生活保障の必要性は認めており，他の至上主義的な市場信奉者とは一線を画している。

<福祉国家への批判>

　このような福祉国家への批判は，福祉国家が資本主義経済を前提とした機構であることを人びとに再確認させた。福祉国家に対する期待感が薄れたこと，増大する租税や社会保障負担に対する拒否反応が顕著になったこと，政府活動の効率性や政府規制の有効性への疑問が高まったことなどにその批判は基づいている。先進諸国は政府支出を抑制しようとしたが，それは困難を極めた。経済危機が続き，社会保障支出が少子高齢化という統制不能な要因に基づいていたからに他ならない。武川正吾によると，福祉国家の限界は質的限界と量的限界の２つにあるとする。

　量的限界としては，統制不能支出の存在がある。年金，生活保護，義務教育などの義務的経費は削減しにくい。財源は限定されているから，すべての需要に応答できず，政治による優先づけをまたなければならない。そのためには大きな政府か小さな政府かの価値選択，行政官の選択肢提示，政治家の選択，政策を選ぶための国民の選挙行動など大きな価値判断が必要となるが，それは簡単なことではない。

　質的限界としては，福祉サービスの画一主義やパターナリズムがある。個人の条件を配慮せずにサービスを提供したり，対象者と供給者との間に依存関係を継続化させてしまう。ハイエクが「個人の自由を蹂躙する社会主義」と呼んだ福祉国家の逆機能が顕在化してしまうのである。

　はたして，福祉国家に特有の二律背反を解決する手段はあるのであろうか。馬場啓之助は「資本主義の逆説」という論考の中で，業績主義と連帯主義の相反と補完の二重関係を形成する重要性を指摘している。「福祉社会は業績主義と連帯主義という２つの社会倫理の相互補完の関係にたって形成された複合社会である。業績主義と連帯主義とは機会の平等と結果の不平等との関係をみれば明らかなように，本来たがいに相反関係にたっている。この相反関係を補完関係に転換させて，２つの社会倫理のあいだに『相反と補完の二重の関係』をつくりださなくては，複合社会たる福祉社会は成立しない」。この指摘は30年以上前のものであるが，今でも，この示唆は有益である。相反と補完の二重の関係をいかに制度設計して，それを国民合意とするかは大きな政治課題である。

参考文献

伊藤大一（1980）『現代日本官僚制の分析』東京大学出版会
井堀利宏・土居丈朗（2000）『財政読本〔第５版〕』東洋経済新報社
川本隆史（1995）『現代論理学の冒険』創文社
川本隆史（1997）『ロールズ：正義の原理』講談社
佐和隆光（2000）『市場主義の終焉』岩波新書
スティグリッツ，J. E.（2003）『公共経済学　上〔第２版〕』（藪下史郎訳）東洋経済新報社
武川正吾（2004）「福祉社会と社会保障」堀勝洋編『社会保障読本（第３版）』東洋経済新報社
ノージック，R.（1992）『アナーキー・国家・ユートピア：国家の正当性とその限界』（嶋津格訳）木澤社
ハイエーク，F. A.（1954）『隷従への道：社会主義と自由』（一谷藤一郎訳）創元社
ハイエク，F. A.（1987）『福祉国家における自由　ハイエク全集第７巻』（気賀健三，古賀勝次郎訳）春秋社
ハイエク，F. A.（1988）『自由人の政治的秩序　ハイエク全集第10巻』（渡部茂訳）春秋社
馬場啓之助（1980）『福祉社会の日本的形態』東洋経済新報社
ブキャナン，J. M.，ワグナー，R. E.（1979）『赤字財政の政治経済学』（深沢実・菊池威訳）文眞堂
フリードマン，M.，フリードマン，R.（1980）『選択の自由：自立社会への挑戦』（西山千明訳）日本経済新聞社
宮本太郎（2004）「福祉国家の発展と理論」新川敏光ほか『比較政治経済学』有斐閣
宮本太郎（2008）『福祉政治』有斐閣
ロールズ，J.（2010）『正義論（改訂版）』（川本隆史ほか訳）紀伊國屋書店

コラム③：出版情報を収集する

人生は短い。使える時間は限られている。しかし出版される本は膨大である。すべてを調べるわけにはいかない。そこで効率的な情報収集術が必要である。

しかし残念ながら，出版情報を収集する秘訣は，自分で修得するしかない。なぜなら，その知的武装の方法は，常日頃からのネットワーキングの賜物だからである。私の場合は３段階の収集方法を通じたものとなっている。私家版の出版情報収集術を紹介しておこう。

第１は本屋での情報収集である。本屋に一定のサイクルで出入りしていれば，新刊本の情報は得やすい。私の場合，本屋といっても，近所の本屋，大学生協，大型店，専門店の４種類の書店を利用している。専門書をおいている身近な本屋。一割引の大学生協。量で勝る大型店。洋書や古本の専門店。

このように，書店はそれぞれ個性があるので，その利点を最大限生かす方がよい。どのような本が積み上げてあるか。本の帯に何が書いてあるか。出版社と本屋が消費者へ送るメッセージに気を配り，彼ら／彼女らの営業努力を楽しんでみるのもよい。

また，私が外国の書物を買う場合，丸善，紀伊國屋書店，北沢書店に行って，直接手にとって読むことがある。最近はアマゾンへ直接注文することも多くなったが，やはり手にとって章立て構成や内容などを見て購入する方が確かである。ちなみに書店の店員が書店で洋書を探す時には，書名下の出版社名で探しているそうである。

第２の収集法は，出版社のアナウンスメントを利用することである。私は近刊図書情報を収集するために，東京大学出版会の『UP』，有斐閣の『書斎の窓』，岩波書店の『図書』，みすず書房の『みすず』，日本書籍出版協会から月２回発行される，『これから出る本』などを活用している。各社のホームページにもアクセスする。アナウンスメントに掲載されている雑文も興味深いが，刊行予定の情報や出版社の出版広告にも注意してほしい。本の帯や広告文は，出版社の編集者が限られた字数で必要最大限の情報を提供しようとしているのであるから，これを無視してはもったいない。

私の研究室には毎月１回，極東書店，丸善，紀伊國屋書店などの洋書取次店から在庫目録のアナウンスメントが送られてくるが，これも重要な情報源である。また，アマゾンなどインターネットで本を探し，海外から直接購入する方法も模索してほしい。本屋に行ったときは，必ず無料のパンフレットやアナウンスメントを貰うといいだろう。

しかし第３に，なんといっても重要なのは信頼すべき間接的情報源をもつことである。私は問題関心の近い数人の研究者の業績を系統的にマークして読んでいる。私はこれを「追っかけ」と呼ぶが，この全般の信頼をおく研究者たちが引用している本や雑誌を手帳にメモすることが日課だ。私の手帳は購入すべき本，コピーすべき論文で一杯となっている。意外かもしれないが，私の情報収集術の基本は地道なローテクなのである。

日本では書評の地位が諸外国に比べて低いが，新聞，雑誌，学会誌，書評紙の書評欄は，私にとって欠くべからざる情報源である。『図書新聞』や『週刊読書人』は知る人ぞ知る書評情報として貴重である。

第４章　公共財

本章では公共財の概念を理解し，政府の経済的機能を４つに区分しながら政府がなぜ存在するのかという問題を説明する。また，政府と民間の役割分担についても検討し，公共の意味について考察する。

1　公共財とは何か

＜非排除性＞

公共財とは政府によって提供される原則無料の財・サービスである。経済学で用いられるこの公共財の概念を非排除性と非競合性の２つの特性から説明する。

財・サービスの利用の対価として料金を支払わない人を排除できない特性が非排除性である。市場の成立要件はフリーライダー（ただ乗りの人）を排除可能かどうか，サービスの対価として料金徴収が可能かどうか，ビジネスが成立するかどうか，にある。フリーライダーを排除できないと利潤が生まれず市場が成立しない。しかし，フリーライダーを排除できないが，社会に必要とされるサービスがある。フリーライダーを排除できないがために企業がサービスを提供できないならば，それは政府がサービスを提供するしかない。

具体的な例としてあげられてきたのが灯台の光である。現在はGPSの機能に船の航行が依存するようになって，灯台は機能を縮小させているが，かつて灯台の光は海を航行する船舶にとって必要不可欠な機能であった。目印としての光のサービスを船に提供し対価として料金を徴収することが可能ならば，市場は成立する。しかしながら光のサービスを受けながら料金を支払わないフリーライダーの船を排除することはできない。光というサービスは非排除性という特性を強く有している。しかし灯台のサービスは海上保安のため社会的に必要であるので，政府によって提供されてきた。同じようなサービスとして，消防や国防の例があげられる。

図表4-1　公共財

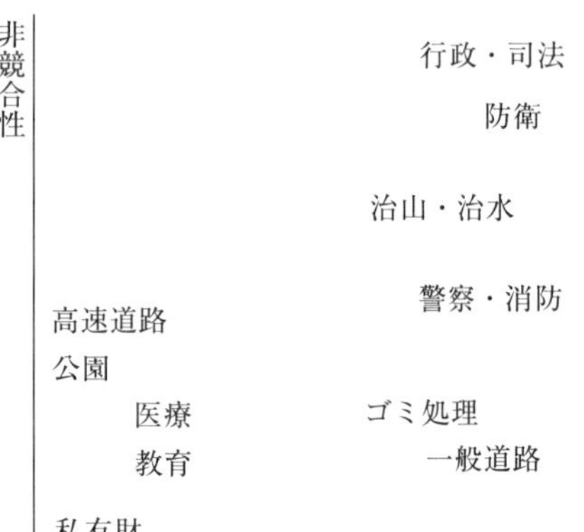

出典）常木（1990），34 頁

＜非競合性＞

つぎに公共財を特徴づける購入・消費の競争のない財の特性を非競合性という。しばしば，ダイヤモンドの例があげられる。ダイヤモンドを購入したいと考えている人が複数存在する限り，そこには値段がつき，売る人と買う人の間に取引が成りたち，そこに市場が成立する。逆に空気のように誰でも摂取可能な財は市場として成立しにくい。近年ブームの酸素バーは高濃度の酸素という付加価値を購入する人が複数いるため，購入者が多ければ値段も高くなり，提供する店もでてきている。

しかし競合せずに値段がつり合わないといっても，社会的に必要なサービスは存在する。森林地帯を広範囲において保護したり植林をするサービスは，ビジネスとしては成立しにくいが，安全な水源を確保したり豊かな海を維持する必要性から，自治体によって山林所有者より購入がおこなわれている。

＜純粋公共財・準公共財・価値財・クラブ財＞

このような公共財の特性を純粋に有している財を純粋公共財と呼び，国防，警察，河川整備，貨幣鋳造などがあげられる。これらは国家特有のサービスとされてきたものである。

教育，福祉，医療は準公共財といい，純粋公共財と私的財（私有財）の中間的特性をもつ。ただし，これらの財の評価は論争的である。一方において大きな政府を志向する人は純粋公共財に近い特性であると評価し，他方において小さい政府を志向する人は私的財に近いものと理解する。

さらに価値財は年金，義務教育など義務が強制される財をいい，クラブ財は排除可能であるけれども競合性のない財をいう。

それでは，政府はどのような機能を果たしているのであろうか。マスグレイブが唱えた政府の経済機能をもとにして4つに区分して説明する。

2　政府の経済機能

＜資源配分の機能＞

第1の経済機能は市場経済における資源配分上の非効率を是正・補完するために介入することである。民間では資源配分が効率的ではなく政府の方が効率的に設置されることを街灯設置の例で説明しよう。

A自治体では町内会が自発的に住民から設置代の分担金を徴収しようとしたが，その分担金の支払いは任意であるため，必ずしも設置代金が集まらない。そのため，街灯設置は効率的に進まない。しかしながらB自治体では自治体が税金で強制徴収するので，街灯は効率的に設置される。

同じように公害の是正も企業が積極的に実施しようとしないため，市場メカニズムは成立しにくい。このように民間の資源配分が効率的に実施できない場合，政府による公共財の供給は正当化される。

＜所得再分配の機能＞

第2の経済機能は所得再分配の機能である。企業や行政などから被用者へ所得が分配され，税や保険料という形で政府が徴収し，その財源を用いて財やサービスという形で再び分配する。市場のメカニズムでは実現できない平等・公平を実現するために政府が積極的な役割を果たす。機会の平等と結果の平等を実現し，所得や資産の格差を是正するために政府が市場に介入する。現代の福祉国家ではナショナル・ミニマムと生存権が国民に保障されており，課税最低限，累進課税，生活保護などで実現されている。

＜経済安定化の機能＞

第３の経済機能は経済全体の安定化のために介入する機能である。マクロの総需要管理政策として財政政策が実施され，公共事業を積極的におこなっている。デフレーション時には公定金利を引き下げ，インフレーション時には公定金利を引き上げることで景気変動の調節として金融政策をおこなっている。

1930年代におきた大恐慌，1970年代の石油危機，1990年代の金融危機は，外性的なショックで経済活動が極めて不安定であった。そのため，先進諸国の政府は経済安定化のための市場介入を積極的におこなった。

＜将来世代への配慮＞

市場における行動は長期的視野が欠如し，利己的な行動様式をとることもしばしばである。企業は持続可能な地球環境を考慮して企業活動をおこなわないだろうし，家計は次の世代のことを考えて消費や貯蓄の行動をとるとは限らない。将来世代へ十分に配慮しそれらの行動を是正するため，政府は公共投資をおこない，公債発行をおこなうことで，望ましい経済成長を遂げようとする。

ただし，公債の発行が過剰におこなわれた日本においては，借金の償還に予算の多くを費やすことになり，サービスの縮小と将来世代への負担の転嫁がおこなわれている。

3　政府と民間の役割分担

＜公共財理論の問題＞

政府の経済機能を４つに区分して説明してきたわけであるが，公共財の供給を政府がおこなうと想定する公共財理論は，疑問も残る。

第１に公共財の例外事例が増大している点である。たとえば，国防は国家がおこなう純粋公共財として説明されるが，近年は戦争が民営化され，民間会社が戦闘行為，武器輸送，軍事訓練，地雷撤廃，警護など広範囲にわたって戦争へかかわっている。いわゆる戦争請負会社がそれである。また，高速道路は排除性が高く一般道路は排除性が低いと説明されてきた。しかしながら，大都市での渋滞解消のため，ロードプライシングがオスロ，シンガポール，ロンドンで実施された。市中心部の一部時間を対象とし，料金を事前徴収し，違反対策としてカメラでナンバープレートを撮影し，料金と罰金を請求することが可能となった。排除性による公共財の説明例は必ずしも十分ではなくなっている。

第２は市場と政府の二分法である。公共財理論は政府と市場の二分論でその代替性を論じている。しかし歴史的経緯を顧みれば，現実は家族・コミュニティと政府の代替性であり，多くの国では企業がサービスの中核であった事実はない。また，現在は混同経済体制での政府・民間関係が一般であり，公共財や公共サービスの提供の仕組みは極めて複雑である。

＜３つの類型化＞

それでは，公共財の提供はどのような政府と民間の関係で制度的提供がおこなわれているのであろうか。３つに類型化しておこう。

第１は民間活動が成立しない政府の独占状態である。裁判，戸籍，河川管理などの純粋公共財がこれにあたる。第２は政府が基礎を担い，民間が上乗せ・横だしをおこなう分担関係である。義務教育は政府がおこなうが，民間の学校法人が小中学校の教育をおこなうことは排除していない。義務教育が「現金」ではなく「現物」で提供されている理由は，モラルハザードを排除でき，教育が確実に提供されるからに他ならない。第３は民間が原則供給し，政府は規制をおこなう関係である。日本において公共交通は民間企業が担っていることが多いが，トラック運送免許，タクシー免許，鉄道やバスの免許の交付と料金などの規制は政府の重要な役割とされている。

＜第三セクターと PFI＞

ただし，近年は公共サービスを民間で提供することが多くなってきた。第三セクターは行政と企業が共同出資で財団法人・営利法人を設立し，地域開発などを実施してきた。イギリスをモデルとしたPFI推進法は，経済産業省を所管として制定され，社会資本の整備を民間でおこなうものである。水道事業，病院，道路，刑務所などで実施されている。また，指定管理者制度は企業やNPOに図書館，文化施設，体育館など公の施設を運営させるものである。

このような民営化のメリットは，第1に目的原理の変化として効率性を重視することである。しかしそれは公平・公正という他の価値を軽視するデメリットとなり，民間企業との棲みわけができなくなりかねない。第2は規制緩和への貢献であり，既得権を撤廃して能力主義を徹底させるメリットがある。しかしそれは行政による情報の偏在を招き，課題発見能力を低下させ，技術の蓄積を阻害してしまう。第3のメリットはフリーライドの抑制であり，受益者の負担を拡大させることで資源配分を効率化できる。しかし受益と負担の一致をはかればはかるほど格差の拡大につながり，政府の存在を低下させることになりかねない。

4　公共性の次元

＜3つの事例を考える＞

公共性の問題を考えるにあたり，3つの事例を考えてみよう。東海道新幹線の整備で周辺住民が騒音被害を受け，訴訟をおこした。いわゆる新幹線訴訟である。その判決は住民の騒音被害という私的利益よりも新幹線整備という公益性を優先させるものであった。

逆に自由を保障することで公共性が確保される考えもある。ヨーロッパでは自分の力で移動する自由を保障することが政府の役割とされている。そのため公共交通に関して政府が民間へ経営や補助などで積極的に関与することが肯定化されている。

自己犠牲による公共性の確保という例もある。文化財保護，町並み保全では，遺跡の発掘，歴史的建造物の維持管理が，政府の補助だけでなく，個人の負担でもおこなわれ，それは大きな負担となっている。

＜供給と需要からみた公共性＞

公共性の複雑な次元について３つの事例を中心に説明してきたが，公共の範囲を供給面と需要面とに区分して説明しよう。

供給面からみた公共としては，政府の被用者が公共の範囲であると考えることが可能であり，財源の及ぶ範囲が公共であると考えることもでき，統制・規制の範囲が公共の範囲であると考えることができる。

需要面からみた公共性としては，社会的意思・構成が反映されたものという考えがある。政府，学校，企業などでアファーマティブ・アクション，ポジティブ・アクションが採用されるべきだという議論がそれである。公開度が高いもの，アクセスの公開性が高いものを公共（public）ということも可能である。

＜公共性の概念＞

公共性とは，齋藤純一によると，①国家が関係する公的なもの，②すべての人々に関係する共通のもの，③誰にでも開かれているもの，とされている。後述するように，ハーバーマスは公権力を審判する公衆こそ市民的公共性を担うとし，コミュニケーション自由を主張した。またハンナ・アレントは複数性こそ公共性を担う人間生活の条件であると主張した。公共性を政府が独占することへの異議申し立てがフェミニズムの立場から主張されている。第12章で詳しく説明するが，公共性は様々な次元から議論される複雑な構図をもつといってよいだろう。

参考文献

井堀利宏（1997）『日本の財政改革』ちくま新書
井堀利宏（1998）『基礎コース　公共経済学』新世社
井堀利宏（1999）『政府と市場』税務経理協会
井堀利宏（2005）『ゼミナール公共経済学入門』日本経済新聞社
加藤寛・浜田文雅編（1996）『公共経済学の基礎』有斐閣
斎藤純一（2000）『公共性』岩波書店
シンガー，P. W.（2004）『戦争請負会社』（山崎淳訳）NHK 出版
田中廣滋ほか（1998）『公共経済学』東洋経済新報社
常木淳（1990）『公共経済学』新世社

コラム④：読書に王道あり

かつて，故長洲一二神奈川県知事（経済学者，元横浜国立大学教授）は，ある雑誌のインタヴューの中で，できるだけ自分の専門分野や職務と関係ない本を読むことにしている，とコメントしていたことがある。私もこの方法に賛成で，できるだけ芸の幅を広げることをお勧めする。読書法は穴掘りに似ている。というのは，穴掘りは，縦に深く掘ろうとしても，そのためにはまず横に広げることが必要である。論文作成もこれと同じで，長期的視野に立てば，分野の横断はボディブローのようにあとで効いてくる。深い専門は幅広い教養に比例してくることが多いし，学問的な発見は学問分野を横断したところから生まれてくることが多い。

もしも本を買おうかどうか迷ったら，躊躇することなく買うべきだろう。買わなくて後悔するより，買って後悔した方がいい。その方が合理的である。お金の無駄というなかれ。「こんな本を買うのではなかった」という痛みを伴う教訓から，本を選ぶセンスを磨くことが重要である。痛い思いをしないと，人間は何事も身に付かない。とはいえ，研究者になる人以外には，買うことを躊躇するなといっても無茶な相談だから，図書館をうまく利用することをお勧めする。

専門書はどうも気が引けるという方には，新書を買うことを勧める。新書は情報の宝庫であり，大変お得である。なぜなら，岩波新書，中公新書，講談社新書など数多くの新書があるが，それらの企画はある特定の専門書を出版社の編集者が読み，そこから執筆者を選ぶため，著者の意図は別として，専門書のダイジェスト版となっていることが多い。専門書を読むのは骨が折れるが，一般向けの新書ならば，お手軽である。しかも値段は安い。500～1,000円程度のお金で専門書の内容が

知れるのである。これは買わずばなるまい。

教科書を利用するのも，1つの方法である。私の所属する大学の生協は規模が大きく，食堂と書籍売り場は圧巻である。大学のまわりに何も店がないからにほかならないが，それでも4月は他の先生方が何を教科書に使っているのか，演習で読む本は何か，とても気にかかる。その中から，まだ自分の読んだことのない本を購入することもしばしばである。そして，学生の皆さんがもし教員の研究室へ行く機会があれば，研究室の本棚を見てほしい。私の経験では，良き学生とそうでない「超」普通学生とは，ここで峻別できる。研究室には，その研究者が独自の方法・関心・思想で収集した本を積み上げてあり，その読書傾向を知ることができる。ただし，くれぐれも，見計らいの本をコピーしないように。

読書に王道なし，とは言うが，やはり読書法はある。たとえば，ハンナ・アレント『人間の条件』ちくま学芸文庫，を読む場合，時間が許す限り，この本以外にも参考書として読むべき本がある。熟読法としては以下の3種類の本を読むことが重要であろう。

第1は著者の本を読むことでみる。著者の思想傾向，全体の思想での位置づけ，他の著作との関連などを理解するのに欠かせない。著者によっては，思想の一貫性というよりも，変節，転向，修正などを読みとることもでき，その原因も読みとることが必要である。たとえば，ハンナ・アレントの本なら，ハンナ・アレント『全体主義の起源』みすず書房，ハンナ・アレント『革命について』ちくま学芸文庫，は併せて読むべきであろう。

第2は著者についての研究書を読むことである。難解な本であればあるほど，道案内の本が欲しくなる。まず原著を読むのが原則であるが，その後に研究書を読むと，自分の理解の幅が広がる効果もある。関連文献のサーベイも研究書を通じておこなうことが可能である。たとえば，マーガレット・カノヴァン『ハンナ・アレントの政治思想』（寺島俊穂訳）未来社，寺島俊穂『生と思想の政治学：ハンナ・アレントの思想形成』芦書房，千葉眞『アーレントと現代』岩波書店，川崎修『アレント：公共性の復権』講談社，がお薦めの本である。

第3は，自伝と評伝を読むことである。著作も社会背景と無関係ではなく，強く社会思潮や社会現象に影響されているものである。また幼児体験，夫婦関係，本人の趣味などを理解すれば，論文の問題意識も理解が深まるに違いない。よき自伝と評伝を読むことを強く勧める。かつて，私が大学院時代に指導を受けた辻清明先生や渡辺保男先生は，研究者・実務家の自伝と評伝を読み，また自分で論文として書くことも勧めていた。断片的な思想でなく，社会背景，人格形成の背景，人間像全体を把握しなければならない，ということだと思う。エリザベス・ヤング＝ブルーエル『ハンナ・アーレント伝』（荒川幾男ほか訳）晶文社，は本格的な評伝として有名である。

このような熟読法の他の読書法として手抜き法がある。研究者がよくおこなう方法に，論文の章題を読み，導入部分を読み，各節の題を読み，結論を読み，参考文献をチェック，というものがある。これはかなりの玄人がする方法で，初心者には勧められない。私が勧めるのは，野口悠紀雄によって提唱されているパラシュート勉強法である。途中の過程を省略してもよい，という。八割がた理解できればよい，という「八割原則」は手抜きを勧めるという大胆なものである。また全体から理解せよ，という方法は，読書の「鳥の目」を実践したものといえる。

大学生が演習で「わからないところがあって，講読が進まない」と言うときには虫の目になっている可能性が高い。その時は細かいことに捕らわれずに大空を飛ぶ鳥のように，マクロ的視点からストーリーだけを追えばよい。完璧に理解しなくてもよい。理解できるところを先に読めばよい。わからないところは後回しでよい。とにかく読み進んで，自分が面白いと感じたところを見つけること，著者が一番言いたいところを見つけること，の２つがまず手抜き読書法の骨子なのである。

ここで情報のチェックには三通りある。第１は，マーカーで線を引き，余白にメモをする，付箋をつける，という方法である。第２は京大カード方式である。この方法では，カードに重要な文章をメモしていく方法をとる。第３はパソコン入力方式であり，パソコン入力をメモ代わりに用いるものである。ちなみに，私の場合は第１の付箋利用方式と第３の折衷を採用している。

参考文献

野口悠紀雄（2003）『「超」勉強法』講談社文庫

第５章　地方公共財

本章では地方分権を住民の移動という側面から考える。足による投票仮説の意義と限界，民間や自治体での様々な格付け活動，格付けと認証の意義について説明する。

1　足による投票仮説とは何か

＜足による投票仮説の意義＞

公共財理論では，政府は非効率で市場は効率的であると仮定するので，効率的な資源配分をおこなう意味で政府は小さい方が望ましいと主張する。しかしながら，この仮定は理論的に正しいのであろうか。この問題に応えようとしたのが財政学者のティボーである。

ティボーの足による投票仮説とは，住民が自治体間を移動することで住民が自治体を選好することが投票（政治）にかわるメカニズムとして作用し，住民を得るための自治体間競争が最適な自治体サービスをうむという理論仮説である。「住民＝消費者または投票者」と仮定し，住民獲得競争によって地方政府システムに「最適な資源配分メカニズム」が生じると考える。サミュエルソンが定式化した公共財理論，つまり「政府システム＝非効率，市場＝効率」という二分論的発想を批判し，地方政府システムにも効率的な資源配分のメカニズムが成立しうることを理論的に示した積極的な意義がある。

＜足による投票仮説の条件＞

この足による投票仮説は以下の７つの条件から構成されている。

①人びとは自分の選好パターンが最も充足される地方政府へ自由に移動でき

図表5-1　自治体間競争

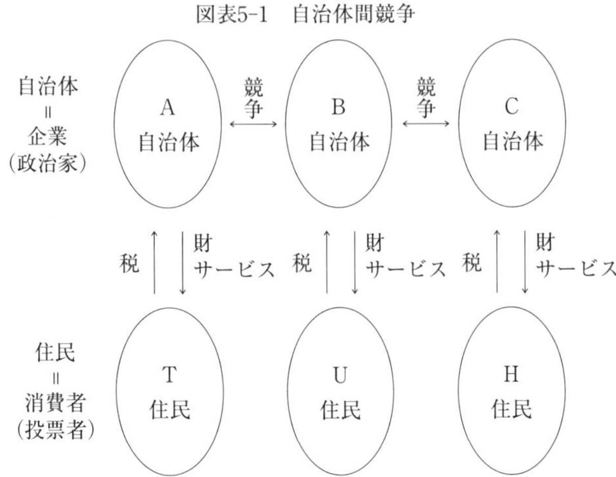

る，②人びとは地方政府の歳入と歳出のパターンの違いについて十分知識があり，これらの違いに対応する，③人びとが居住を選択する地方政府が豊富に存在する，④雇用機会の制約は考慮されない。すべての人びとは配当所得などで生活している，⑤供給される公共サービスは地方政府の間で外部経済・負の外部経済の効果をもたらさない，⑥公共財を提供する地方政府には最適規模が存在する，⑦最適規模を下回る地方政府は新しい住民を確保して平均コストを低くしようとし，最適規模を上回る地方政府は逆の行動をとる。最適状態にある自治体はその人口水準を維持しようとする。

＜足による投票仮説の問題点＞

しかしながら，この仮説はいくつかの点で疑問がある。

第１は仮定条件の整合性である。住民は歳入・歳出について十分知識があり，これらの違いに対応するにも関わらず，地方政府の間で外部経済・負の外部経済の効果をもたらさないことが想定されている。住民はメリット・デメリット，負担と便益について正しく認識するにもかかわらず，政策立案をする職員や議員が他の自治体から影響を受けないことを想定するのは無理がある。

第２は非実証性の問題である。ティボーは，①足による投票によって住民の選好に最も適した地方政府が選択されて地方政府のサービスは効率的に供給される，②選好や所得について同質的な住民が集団化し，同一的な住民により同一的な地方政府が形成される，と結論づけた。しかし，この結果は必ずしも十分実証されたわけではない。

第３は仮説条件の非現実性である。理論仮説は必ずしも現実と一致する必要はないが，あまりにも実現不可能な条件であれば，その仮説の実証的な意義は薄まる。足による投票仮説では株などの配当所得で生活する人を想定するが，多くの人は資産・労働（就業）・所得という条件が移動の強い制約となっている。地方政府の情報がすべて公開され住民が正しく認識するという仮定も，実際は非現実的といわざるをえない。自治体間競争という効率性だけでなく，自治体合併という規模の経済性，広域連合や一部事務組合という範囲の経済性，模倣というネットワークの経済性もありうる。後述するように政策は閉鎖的な立案システム，つまり政策革新でなく，他からの伝播でも作成されている。ハーシュマンがいうように，「退出 exit」だけではなく「抗議 voice」や「忠誠 loyalty」も存在しうる。功利的に住民移動するのではなく，住み慣れた土地に踏みとどまって良き自治体へ努力することもあるだろう。

2　住民移動と政策立案

＜住民移動の実際＞

ティボーの足による投票仮説は自治体間競争が効率的な資源配分のメカニズムとして作動する可能性を示した点で積極的に評価できる。また雇用・資産・所得・情報という条件を考えると，むしろティボー仮説が成立する可能性の方へ現実は向かっている。

たとえば，福祉の領域では，高齢者，障害者・障害児，保育のサービスについて自治体間格差は大きく，どの自治体を選好するのかは自分の生活水準を大きく左右する。高齢者や高齢者を抱える家族にとっては，自分の住む自治体のサービス水準や介護保険料負担は大きな関心であろう。障害者・障害児をもつ

図表5-2　子どもの医療費助成制度

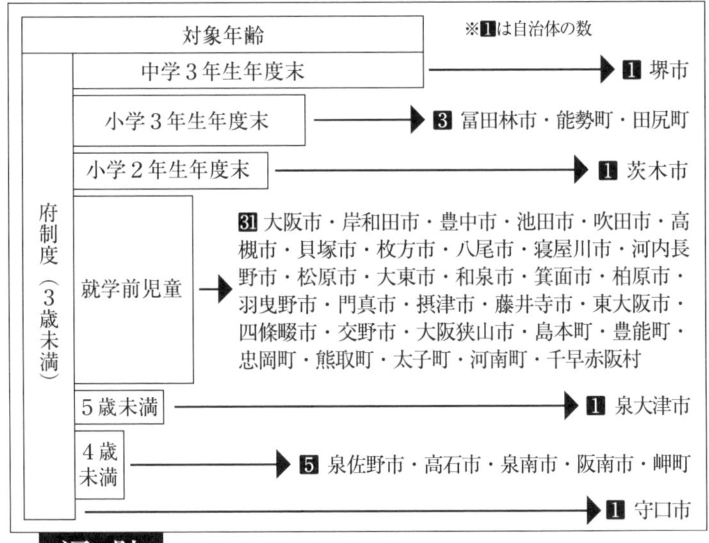

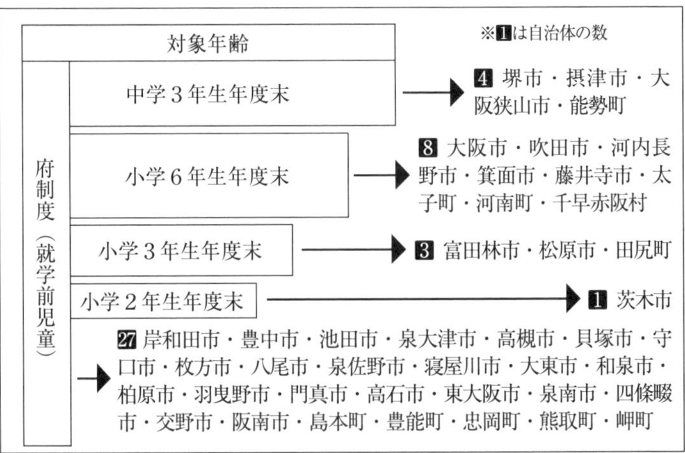

出典）毎日新聞2011年1月21日（地方版）

家族は，障害者（児）福祉のサービスについての自治体情報は最大の関心であろう。資産をもっていない若いカップルにとって，乳幼児医療費への自治体負担，保育サービスの量と質は，重要な選択基準であろう。それ以外でも税率の低い自治体へ法人が移動することはありえるし，まちの魅力や犯罪発生率などは住民が自治体を選択する際の重要な情報である。自分への利得とともに，自分の町に誇りをもつことができるというアイデンティティの有無は大きな選択基準となりうる。

＜先行要件仮説と伝播仮説＞

政策がどのようにして立案されるかについて，２つの対立した考えがある。

第１は先行要件仮説であり，高齢化，少子化，産業化，犯罪の増加など社会経済上の要件（必要性）が高まった際に政策立案されるというものである。高齢化率が低い自治体よりも高齢化率が高い自治体の方が，一般的に介護対策が進んでいる傾向があるし，共働き世帯が多い自治体は保育所の設置が多い傾向がある。

第２は伝播仮説というものであり，政策は他の模倣・伝播から生まれると考えるものである。はたして，必要性に基づき政策革新がおこなわれて自治体間競争がおこなわれているのか，それとも立案のコストを低減するために模倣によって伝播しているのか。

＜仮説の実証＞

たとえば，ウォーカーはアメリカの州間における88の法・制度・政策の導入を検討し，①所得水準が高く，産業化が進んだ州ほど革新的であり，政策の採用が早い，②他の州の動向も当該州の政策の採用に影響する，③５つの準拠地域集団の中では，同じような制度が同じくらいの早さで採用している，ということを明らかにした。

グレイは教育・福祉・公民権の12法の採用が州間の相互作用を通じて普及しているかどうかを検証した。その結果，約半数の法において相互作用が重要な役割を果たしており，社会保障ではＳ字曲線ではなく，はじめから採用数が多く，単一の要因で伝播がおきるのではなく，マスメディア効果も影響していることを示した。

パヴァコは各州における労働者災害補償制度の導入を規定する要因を分析し，生産性の上昇，訴訟数の増加，議会の開催年であることが制度導入に正の影響を与えており，逆に農業者比率の上昇が負の効果をもたらしていることを実証している。

コリアとメシックは，国家間の社会保障制度の導入について，それが先行要件（必要性）に基づくのか伝播（模倣）によるのかを検討した。社会保障制度の後発採用国は，初期の採用国よりも近代化の低いレベルでも，制度を採用する傾向にあり，後発採用国ほど早く導入する，という後発効果がみられる。つまり，先行要件仮説よりも伝播仮説の方が政策採用の要因として説明力が高いことが示されている。

以上，先行要件仮説と伝播仮説についてその実証研究を示してきた。それらの仮説は国，地域，政策，時期によって説明力が異なり，共に有力な仮説であることは違いない。

それでは，住民はどのような情報に基づいて自治体政府を選択すればよいのか。自治体を住民が自由に選択するためには，自治体の情報を共有化し，指標を標準化させ，格付けによって評価する必要がある。では，どのように格付けと認証の制度を設計するのか。次にアメリカ，イギリス，日本の成果指標の制度設計について説明することにする。

3　成果指標の制度設計

＜ベンチマークの事例＞

ベンチマークとは，住民にとってわかりやすい社会指標を設定し，将来の目標値と現在・過去の実績値とを比較することで現状の政策を評価するもの，つまり判断の尺度・基準を示すものである。

図表5-3　オレゴン・ベンチマークスの例

年	1980	1990	1991	1992	1993	1994	1995	1996	1997	1998	1999	2000	2005	2010
州民１人あたりの平均個人所得の合衆国平均所得に対する割合（％：合衆国平均を100％）	100	93	94	93	94	95	96	96	96	95	95		97	100
高校退学率（％）		6.6	6.5	5.8	5.7	6.6	7.4	7.2	6.7	6.9	6.6		5.4	4.0
青少年・成人（13歳以上）におけるHIV 感染者数（人）		657	576	538	458	453	435	375	314	301	307		282	263
18歳以上の州民のうち喫煙をしている者の割合（％）		23	22	22	23	22	23	23	21	22	21		17	12
州の税制度とその使用用途を理解している州民の割合（％）				11	12	18	19	21	19	18	18	11		
毎晩ホームレスの状態にある州民の数（人／1000人あたり）				25	17	24	20	21	22	22	22	23	14	13
州民1000人あたりの犯罪報告総数	133.6	139	138.3	138.7	139.5	145.9	150.5	141.8	150.2	138.5	131.7		124.5	110.0
監視対象河川のうち水質が著しく改善傾向にある河川の割合（％）		8					21	32	52	70	64		75	75

注：　2000年までは実績値，2005年と2010年は目標値
出典）武智（2008），83頁

たとえば，アメリカのオレゴン州では「あらゆる生活領域において反映するオレゴン」を州全体のビジョンとし，「すべてのオレゴン州民に良質の雇用機会を」「安全で関心を持ち合い参加するコミュニティ」「健全で持続可能な地域環境」という3つの目標を設定する。そしてそれぞれの目標の下に，経済，教育，住民参加，社会支援，公共安全，地域開発，環境の7つの項目が設定され，項目ごとにベンチマークという成果指標を総計90個開発した。「高校退学率」「18歳以上の州民の喫煙率」「13歳以上のHIV感染者数」などが指標の例である。

これらの評価は独立した第三者機関がおこない，その指標の策定は第三者機関と住民の協働で実施される。単なるサービスの顧客としてではなく，サービスの所有者（stakeholder）として位置づけられ，タウンミーティング，電子投票，郵送調査，面接調査，専門家のアドバイスで具体的に指標策定が実施されている。ただし，外部評価・事後的評価であるため，事業実績・予算・計画の改善にはつながりにくい。時系列の比較や項目比較が可能であり，住民の意向が反映されるが，成果指標であるがゆえに住民のニーズに応答しているだけだと，サービスは拡大することになりがちである。予算作成などに使用されない限り，資源配分の効率性を達成する評価活動とはなりにくい。

＜市民憲章とベストバリュー＞

市民憲章（citizen's charter）とは，消費者である住民に対して行政サービスの質的改善を契約するものである。専門家から消費者へ公共サービスの運転席を明け渡して公共サービスの改善をする目的で，1991年にイギリスのメージャー政権で導入された。中央省庁や自治体各部門は指標の作成が義務付けられ，その指標は目標・契約として位置づけられた。行政運営のテーマとして「質」「選択」「標準」「価値」の4つがあげられ，市民の意見を受けて指標が設定され，自治体間の比較が可能となった。

2000年4月からはじまった「ベストバリュー」は，市民憲章と義務的競争入札を廃止し，住民参加や議会機能の強化を通じて新しい公共サービス提供の枠組みを示すためブレア政権で導入されたものである。各自治体は現行のサービス内容を評価し，つぎにサービス向上目標を設定して，さらに達成計画を設定して，最後に計画達成度を調べる内部監査と外部監査をおこなう。目標を達成できなかった場合は中央政府の指導・介入がおこなわれる。これによってサービス水準のランク付けがおこなわれ，さらに一級自治体へ優遇措置がとられ，改善のない自治体への是正勧告・計画書の提出も求められる。

＜日本のおける取り組み：民間と自治体＞

日本においては民間団体での取り組みが先行している。日本経済新聞社・日経産業消費研究所『日経地域情報』，日本格付投資情報センター『地方債格付け』『自治体は大丈夫か』，日本統計センター『全国都市ランキング』がそれである。住民にとっては自治体情報を比較検討するための道具として，投資家としては地方債の購入に必要とされる情報として，利用可能である。

地方自治体としては，東京都政策指標，しがベンチマーク2000，青森県，舞鶴市などが成果指標を設定している。東京都では都民の生活環境や都市機能を点検・健康診断するために用いられることが想定され，滋賀県の場合は指標の達成度も５段階評価で示されている。

しかしながら，指標の設定において参加の仕組みを制度化することが課題であり，この成果指標をどのように利用しているかを明確にしていくことも重要である。アメリカやイギリスのように，格付けが積極的におこなわれているとはいえず，自治体間比較の道具としても十分とは言えない。

4　格付けと認証のメリット・デメリット

＜格付けの意義と実際＞

そもそも格付けとは投資家に対する投資情報であり，企業の経済活動に対しておこなわれてきたものである。このような格付けが自治体に対しておこなわれるならば，それは自治体に納税という形で投資してきた住民への情報提供ということになる。

つまり，第１に住民へ事業や施策の概観を与え，課題のとらえ方や水準について問題関心を喚起する。第２に自治体サービスの成果を比較することで納税者の税金や寄付を促進・抑制する。第３に格付けの過程で住民の参加を促進し，政策決定のあり方を変える。これらが自治体の格付け活動の積極的な意義になるだろう。

しかし批判も少なくない。第１の批判は指標・基準の設定の恣意性である。第２は客観的データが市民の評価につながらず，むしろ満足度評価の方が重要ではないか，という指摘である。第３は成果指標に基づく格付けは資源の効率化につながりにくい点である。ここに外部統制と内部評価との連携の必要性がうまれてくる。

このような格付け活動は情報公開度を高める意味で自治体システムを市場化するための方策ともいえるが，公共サービスの提供が複合的な現在では，大きなコストがかかる活動である。むしろ，認証や自己評価の仕組みを制度設計する方が現実的であり，積極的なインセンティブのメカニズムを自治体公共サービスに設計するには，自発性の要素が大きい認証・自己評価の仕掛けの方が望ましい。

＜認証の意義と実際＞

認証や自己評価は現代では様々な領域で実施されている。食，環境，医療，福祉の認証や自己評価がそれである。病院，介護施設，保育所でおこなわれている認証や自己評価のメリットは少なくない。

たとえば，環境 ISO のメリットとしては，第１に企業の自主取り組みとなること，第２に長期的には管理コストの低下や省エネルギーなどコスト低下が見込まれること，第３に企業イメージが向上すること，があげられる。

しかしながら，認証の限界もある。第１に外部評価の機構が完全に働かないこと，第２に認証が消費者の判断に影響あるか，という問題である。格付けと異なり認証や自己評価のシステムはサービス提供側の自主的判断に委ねられている。それでは，どうしたら認証制度がより有効なものとなるのか。その機構はどのようなものか。

金子郁容は検査・認証においては，行政が枠組みとルール作りに徹し，非営利組織が検査・認証の主体として情報を発信すべきであると主張している。有機認証と森林認証の例を引きながら，コミュニティ・ソリューションの可能性を指摘し，情報を共有し問題解決の体験をソーシャル・キャピタル（社会関係資本）として蓄積することでコミュニティのメンバーが信用を与えあう相互与信システムを作る過程を実現することに意義を見出している。

金子勝は政府や企業とは異なる第三者機関の機能として，第１に自らモラルを律する機能，第２に市場的領域を作りかえ，消費者の手にとり戻す機能，第３として多元的価値を制度として埋め込む機能をあげている。

金子郁容や金子勝は公共空間の創出として非営利組織の特性に期待するわけであるが，それだけでは日本において評価活動は広がらない。専門家による媒介機能，標準化機能，専門情報の提供機能が必要である。

また，住民は消費者としての顔をもち，自分への利益を追求してサービスは拡大する傾向になり，政策の有効性が拡大することを志向する。しかし，単純に消費者としての特性をもつだけではない。消費者としてだけではなく，納税者として政府の縮小を志向し，政策の効率性が拡大することを望む。さらに有権者（投票者）としての顔をもち，最終的には政治家への投票が究極的な評価活動となる。場合によっては，リコールや住民投票も評価活動に含まれる。住民は消費者，納税者，有権者という複合的な存在であることを了解しておかなければならない。

＜補論：江戸時代の住民獲得競争＞

以上，住民移動の理論と実際について論じてきたが，このような住民移動は現代だけの現象ではない。これは過去から繰り返し起きていることなのである。江戸時代の住民獲得競争について補足しておこう。

江戸時代の農民は領地に縛り付けられていて重税などの圧政をうけ，耐えかねた農民が逃散や一揆をおこしたイメージがある。しかしながら，水呑百姓・名子・下人と呼ばれる小農民が本百姓を獲得していく16～17世紀の時期，一部の農民は「走り（者）」として他領へ積極的に移り住む行動をおこなった。大名にとって農民は農地の耕作をする貴重な労働力である。そのため，農民の獲得をめぐって，他領からの移住者を優遇し，他領へ移住した農民を取り戻すことに大名たちは苦労した。いわゆる農民獲得競争が存在していたのである。藩と藩の間で協定を結び，走り者の返還をおこなうこともあり，場合によっては農民の取り合いになることもあった。住民移動は現代だけの問題ではなかったのである。

参考文献

伊藤修一郎（2002）『自治体政策過程の動態』慶應義塾大学出版会
伊藤修一郎（2006）『自治体発の政策革新：景観条例から景観法へ』木鐸社
貝塚啓明・金本良嗣編（1994）『日本の財政システム』東京大学出版会
武智秀之（2001）『福祉行政学』中央大学出版部
武智秀之（2008）『政府の理性　自治の精神』中央大学出版部
日本格付投資情報センター編（1999）『地方債格付け』日本格付投資情報センター
日本経済新聞社・日経産業消費研究所編（2005）『全国優良都市ランキング』日本経済新聞社
ハーシュマン，A. O.（2005）『離脱・発言・忠誠：企業・組織・国家における衰退への反応』（矢野修一郎訳）ミネルヴァ書房
宮崎克則（2002）『逃げる百姓，追う大名：江戸の農民獲得合戦』中公新書

コラム⑤：図書館を利用する

「講義にはでなくてもよい」とは立場上言えないが，「レファレンスルームには顔をだしなさい」とは声を大にして言いたい。私たちの利用する図書館にはそれぞれ特性があり，次のように三種類の図書館を使い分けて利用するのがよい。

第１に大学図書館である。なんといっても専門の書籍と雑誌が豊富である。大学図書館ではコンピュータの検索システムで検索できるので，タイトルや著者名がわかっていれば自分の探している情報がすぐに見つかるはずである。もし自分の大学の図書館に探したい本や雑誌がなかったとしても，他の大学図書館にある雑誌でも

コピーできるし，本の取り寄せ（または自分で取りに行く）で借りることも可能だと思う。何かわからないことがあったら，レファレンスルームの司書の方々へ質問してみよう。私が修士論文を書いていたときには指導教授と3回しか会わなかったが，レファレンスルームの職員には毎日のように相談していた。どのような資料・雑誌・統計・事典を探すべきか，それはどこにあるのか，司書の方々はよくご存じなので，教師よりも頼り甲斐があるはずである。

第2に専門図書館である。たとえば，沖縄について調べているなら沖縄協会資料室や法政大学沖縄文化研究所が便利であるし，外国研究ならアメリカンセンター，ブリティッシュカウンシル図書室，各国大使館の図書館がお薦めである。東京の行政や地方自治について調べている人ならば，後藤・安田記念東京都市研究所市政専門図書館，東京都庁都民情報ルーム，特別区協議会調査部資料室には足を運ばなければならないだろう。木の太い幹から細い枝へたどるがごとく，それらの専門図書館から次の図書館へと根気よく資料を探すことが必要である。

第3に地域の公立図書館である。これには市区町村立の図書館と都道府県立の図書館がある。身近な市区町村立の図書館は住民にとって必要な本や雑誌を集めているので，専門書は少ない。しかし意外な専門書がおいてあるし，手軽さが捨てがたい。都道府県立の図書館は蔵書数も多いので，利用目的によっては有益である。私は大学院時代に昭和20年代の新聞を見るために東京都立中央図書館へ出かけていたが，そこでは開架であったために国会図書館よりも利用しやすかったからである。また古い資料ならば，公文書館にも当たってみるとよいかもしれない。

行政機関については，担当者によって対応が異なるので，善し悪しは判別しにくい。かつて大蔵省財政金融室（現在の財務省財政研究所）へ行ったついでに情報公開の担当室を訪ねると，幸運にも非公開の大蔵省文庫を紹介してくれた。コピーが不可であったので，1週間通いつめて会計法第46条にもとづく大蔵省監査結果をノートに写し取った。私の修士論文の貴重な資料となったが，今でもその資料を論文に引用しているのは私だけだと思う。

かつて院生の時にアルバイトで繊維産業の産業政策史について資料収集していた。繊維業界の団体を訪ね，かつてそこで働いていた人を紹介された。連絡をとって彼の自宅を訪れたのであるが，そこには電動式の移動書庫に繊維産業に関する本がギッシリ並んでいたのである。たぶん1万冊近くはあったと思う。「大隠は市井に隠る」とはこのことかと感心したものである。

第6章　外部性

政府の存在を正当化する根拠として外部性という概念を把握することが本章の目的である。あわせて，ピグー税やコースの定理についても理解を深め，外部性への私的・公的対応を検討する。

1　外部性とは何か

<正の外部性と負の外部性>

外部性とはある経済主体の活動が市場を通さずに別の経済主体の環境に直接影響を与えることをいう。

正の外部性ないしは外部経済の例としては，果樹園の経営者と養蜂業者との関係があげられる。蜂は果樹の花から蜜を集め，蜂が果樹の花の間を飛び，花の受粉をおこない，果物の成長に貢献している。蜂と果樹とは互いに正の影響を与えている存在なのである。

負の外部性ないしは外部不経済の例としては，公害ないし環境汚染があげられる。騒音，排気ガス，ダイオキシン，酸性雨，フロンガス，温暖化などがそれである。企業が公害を発生し，住民に負の影響を与えている。

図表6-1　外部性

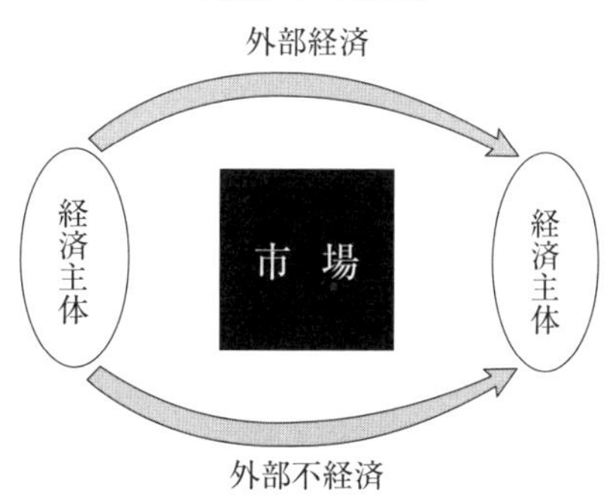

これらの外部不経済の問題に対して，社会的にどのような解決方法があるだろうか。次に共有地の悲劇の問題について考えてみよう。

<共有地の悲劇>

共有地（コモンズ）の悲劇とは，共同利用できる共有資源を人びとが自分の利益を拡大することだけを考えて資源の乱獲をおこない，資源が枯渇してしまって人びとが皆不利益をこうむるという社会的ジレンマである。1968年に『SCIENCE』という雑誌の中でハーディンが論文「The Tragedy of the Commons」で示した牧草地の例が有名である。村人の共有地である牧草地の中で，村人たちが牛などの家畜を放牧し自分の利益の最大化をはかり，他人との競争が激化する結果，資源管理がうまくいかずに牧草が枯渇してしまう。

この問題は環境，知的財産，水資源利用，不当廉売の防止などの領域で適用される。私益と公益との調和，「わかっちゃいるけどやめられない」という人間の短期的視野にもとづく行動様式をいかにしてコントロールするかが鍵である。たとえば，行政による規制と自主的な規制の２つの対応を考えてみよう。

<行政規制と自主規制>

温泉ブームの中，お湯のくみ上げ過ぎによる地盤沈下が日本各地で起きている。温泉施設を開設するために温泉をくみ上げる投資として億単位のお金が必要である。豊富なお湯を利用できないと集客力が低下する。興行主同士の競争もあるため，ポンプの容量拡大競争や設備投資競争が起き，くみ上げポンプの容量を縮小して利用量を自主的に制限することは難しい。そのため，ひとつの解決策はくみ上げ量の上限やくみ上げパイプの大きさを都道府県が規制する採湯規制である。もうひとつは長野県の野沢温泉がおこなっているように，宿泊業組合で自主規制をおこなう例がある。

海や湖の魚の乱獲防止は漁師の間で一般的におこなわれており，漁期の設定，網の大きさの設定，メスは採らないなど様々な規制の自主ルールがある。知床の漁師のように持続可能性を考え，川を通じて豊富な栄養素が海に流れてくるように，山に植林活動をおこなう人びともいる。静岡県の由比でおこなわれている桜エビ漁では３町の漁協で漁獲量を集計し，収入を分け合う「プール操業」をおこなっている。資源管理の興味深い例である。

資源管理の２つの規制方法について説明してきたが，公害など外部不経済によって生じた社会的コストは誰が負担するのか。公害の例でいうと，企業が負担するインセンティブは存在しないのが実状である。公害の補償をするために企業は工場の過剰生産をおこない，市場の適正規模を超えた生産活動によって資源配分の非効率も生まれる。外部性の解決は政府がおこなうべきか。その理論的根拠を示しているのが厚生経済学におけるピグー税の理論である。

2　外部経済の内部化

＜ピグー税とは何か＞

政府の政策介入で「市場の失敗」の是正をおこなおうとする方法のひとつがピグー税である。

政府が公害排出企業へ課税することで，公害の社会コストを企業に認識させる。次に，企業は過剰生産を抑制し，社会的に適切な生産水準へ引き下げることで市場メカニズムの下での最適な資源配分が生まれる。政府が課税で外部効果を相殺する目的で課税をおこない，企業の活動を調整するのである。これは課税ではなく補助金でも理論上可能であり，公害排出量を削減した企業に補助金を出すことで正のインセンティブを与え，生産活動を抑制することを促進する方法である。

＜ピグー課税の問題点＞

しかしながら，ピグー課税にも問題点はある。

第１に適切な課税の大きさを政府が認識することの困難さである。ピグー税は，公害発生企業の費用構造，公害の発生による被害状況について政府が完全に情報を把握していることを前提としている。政府が詳細な企業情報を入手して最適な課税額を決定することは難しい。

第２は所得分配・所得再分配の問題は認識していない点である。ピグー税は企業活動の適正な活動を指摘するだけである。つまり資源配分上の効率性を課題にしているのであって，企業間の公平性や住民への公正さを問題にしているわけではない。

第３は税収の使い道について限定しない。一般税（Tax）と課徴金（Charge）の区別については，理論上提示しているわけではない。それゆえ，税による歳入は公害補償に用いられるとは限らない。

＜インセンティブ手法としての税＞

税という政策手法を用いて企業のインセンティブを操作する例としてピグー税を取りあげたわけであるが，炭素税のようにエネルギー消費一般に税金をかけることは，近年の政策手法としては一般傾向となりつつある。このように，直接規制からインセンティブ操作へ政策手段が変化している背景には，政策対象の変化がある。公害のように外部不経済の発生源が特定化されている場合と異なり，近年は国民全員が環境汚染の加害者になりうる。ペットボトル容器の飲料物を購入し，パソコンを数年に１度買い替え，自家用車を多用する国民すべてに対して，規制をかけるにはコストが大きすぎる。しかも税政策には環境改善と税収の増加という「二重の配当」という正の効果もある。

ただし，外部性には効果がスピルオーバーして他へ波及効果をもつことも了解しておかなければならない。とくに環境という特性は地域間で影響をしあう。隣接するＡ国とＢ国とが環境税を導入するかどうかを決めようとしていると仮定し，環境税の環境改善効果は互いの国へ影響しあうと想定してみよう。

井堀利宏（1999）によると，Ａ国とＢ国が環境税を「導入する」「導入しない」の選択があるとして，環境税をＡ国が導入しＢ国が導入する場合，利得は互いに500となる。Ａ国が導入しＢ国が導入しないと，コストの分だけＡ国は損失を生み，Ａ国は－200となり，Ｂ国は導入のコストなしに利得だけを得るので700となるとしよう。Ａ国が不導入でＢ国だけが導入する場合は，Ａ国は700の利得，Ｂ国は－200の利得となる。Ａ国Ｂ国共に導入しないと，利得は０と０になる。地方公共財で影響しあう財の問題を説明したが，環境税導入による利得と損失のディレンマ状況が外部性にあることを了解しておくべきである。

図表6-2　炭素税導入にみる囚人のジレンマ

	Ｂ国が導入する	Ｂ国が導入しない
Ａ国が導入する	500　　500	－200　　700
Ａ国が導入しない	700　－200	0　　　0

出典）井堀（1999），32頁

3　外部性の私的解決

<コースの定理とは何か>

ピグー課税は政府の市場介入で市場の失敗を改善できるというものであった。しかし，民間の経済主体の当事者間で交渉すれば市場の失敗は解決できる例もある。当事者間の自発的交渉で最適な資源配分が達成される可能性を理論上示したのが，コースの定理である。

コースは交渉にコストがかからなければ，どちらに法的権利を配分しても，当事者間での自発的交渉は同じ資源配分の状況をもたらし，それは効率的になる，と主張した。彼によると，「交渉による利益が存在する限り，当事者間での自発的交渉が行なわれる動機が存在し，その結果，交渉の利益が消滅するまで資源配分が変更され，最終的には市場の失敗も解決される」とした。

<自主的解決の例>

たしかに，コースが言うように，政府介入に頼らずルールに基づき自主的な解決をおこなう方法もある。

第１は法による解決である。日本では過失責任主義に基づき，環境破壊など故意または過失による権利侵害について加害者が責任を負わなければならないが，裁判においてそれを立証する責任は原告側にある。しかし，公害の被害者が加害者の故意・過失を主張，立証することは難しい。そのため，被害者保護の観点から，無過失責任を定める特別法が制定されている。鉱業法，原子力損害賠償法，大気汚染防止法，水質汚濁防止法がそれである。また，製造物責任法（PL 法）は製品の欠陥により人の生命・身体・財産に被害が生じた場合，故意または過失を立証しなくても製造業者などに損害賠償責任を問うことができるものである。事前予防としての製品安全規制としてだけではなく，事後的救済を促進し当事者間の交渉をしやすくするための立法措置である。

第２に公害企業と行政・民間との公害防止協定（契約）がある。公害防止協定を契約とみるべきかどうかは議論のあるところであるが，法的根拠なく行政介入ができない場合でも，法的強制力はないが法的規制よりも厳しい実質的な規制をおこなう効果をもつことがある。かつて，公害発生企業と横浜市の間，関西電力と大阪府の間の交渉で排ガスの温度，濃度，煙突の高さなどを決めたことがある。

第３は ADR（裁判外紛争処理制度）である。ADR とは，訴訟手続によらずに民事上の解決をしようとする紛争の当事者間のため，公正な第三者が関与して，その解決を図ることをいう。自治体が関与する行政型 ADR，民事調停法上の調停や家事審判上の調停などを行う司法型 ADR，弁護士会や保険団体が主催する民間型 ADR があり，医療事故，隣地紛争，消費者保護などの紛争解決に機能している。とくに日本においては行政機関や独立行政法人が関与する行政型 ADR が多く，相談，斡旋，調停，仲裁，裁定という非強制的手続をおこなう活動や，調査や情報提供，たとえば安全テストなどの実験データの提供などの直接的に紛争処理を目的としない活動もある。

＜コースの定理の意義と限界＞

さきに，コースが自主的交渉によって問題解決をおこなう理論的根拠をコースの定理として提示した。ここでコースがいう取引コストとは，①交渉相手を見つけるコスト，②交渉対象となる被害の価格を見つけるコスト，③交渉するコスト，から構成されている。しかしながら，この議論には限界がある。

第１に交渉相手を見つけるコストが大きい点である。ボーモルとオーツは，①有毒廃棄物の処理，②亜硫酸ガス，粉塵，およびその他の大気汚染，③世界の水路を汚染する様々な分解性・非分解性廃棄物，④食品に混入する殺虫剤，

⑤都市内部および近隣のスラム化による退廃，⑥都市高速道路の混雑，⑦大都市地域での騒音，の外部不経済の例をあげて，交渉相手を見つけることが困難であることを指摘している。

第２に因果関係の科学的解明が困難であることである。とくに日本においては公害の被害を受けた側に証明責任（挙証責任）があるため，地域住民が因果関係を解明するためのデータ収集，科学者など専門家の動員などのコストを負担することは難しい。可能だとしても解決までに長い時間がかかってしまう。

第３に，当事者間交渉でどちらに法的優先権があるのかという権利問題は確定しにくい。そのため，当事者間以外の行為者，つまり裁判所や中立的な第三者が交渉の中で斡旋，仲介，仲裁，和解などの手続きを取る必要がある。

コースの定理は克服すべき障壁が多く，やや理想的な議論となりがちである。しかしながら，行政の関与なく当事者間で問題解決をおこなう理論的根拠を示した意義は大きい。現代において，政策の効率性や有効性のため，外部性を解決する手段として経済的インセンティブの手段が多用されている。次に排出量取引，債務自然保護スワップ，グリーン・ツーリズムという，外部性を解決する経済手法について説明しておく。

4　内部化の経済的手段

<排出量取引>

排出量（枠・権）取引とは，公害の汚染権（排出許可証）を企業間・国家間で売買することである。アメリカの大気汚染で州が汚染権の許可を与え，ドイツ，カナダ，多国間取引でもこの市場メカニズムの積極活用がおこなわれている。規制ではないインセンティブを積極的に利用した経済手法のひとつである。ただし問題点も少なくない。

第１に排出権の配分方法である。排出権（許可証）をいかに配分するか，は非常に難しい。まず無償配当か有償配当か，という問題がある。有償配当であると，資金力のある企業，国が有利であり，無償配当になると政府の収益は見込めない。また排出量を各企業・国の実績にしたがって配分するならば，取り組みを積極的におこなってきた企業・国が取り組みに消極的であった企業・国に比べて相対的に損益を受けることになる。排出権の配分は優れて政治的な決定となる。

第2に倫理面の問題がある。公害を排出する権利を配分することに道徳的・倫理的な疑問をもつ人も多いであろう。一定の環境汚染を認めたうえで長期的な改善をおこなう現実的なメカニズムであるため，環境倫理の面で疑問点は残るだろう。

第3にマクロ的には環境への負荷が抑制されるが，ミクロ的には企業・国の取り組みが積極的に進まない可能性もある。技術革新などで自主的な改善策を講じていくのではなく，外部から公害の排出権利を購入することの方が企業にとって効率的かもしれないからである。

＜債務自然保護スワップ＞

債務自然保護スワップ（DNS）とは，累積債務を抱える開発途上国の自然保護のため国際的な自然保護団体が開発途上国の債務を肩代わりするかわりに，途上国政府に対して自然保護分野への財政支出を求める方法である。1987年ボリビアで国際自然保護団体 CI（Conservation International）が実施したが，それが最初のケースであった。

1970年代に開発途上国が先進国の金融機関から融資を受けたが，1980年代に債務累積が進み木材輸出のために発展途上国が熱帯林破壊を広範囲におこなった。そのため，自然保護区の設置，自然保護活動への援助という方法で債務自然保護スワップが実施されるようになった。

この方法のメリットとしては，債務自然保護スワップによって交換された債務が消滅し，債務返済に必要となる外貨の獲得は自然保護への財政支出に必要ないことがあげられる。現地政府が自然保護への認識を自主的に高めることも効果のひとつである。

しかしながら，この経済的手法の限界も存在する。大塚直によると，先進諸国の内政干渉になる可能性が高く，開発重視の途上国では短期的な解決策にはならない。地域住民との協議が十分なされない場合には反発もある。たとえ債務自然保護スワップが協定どおりに実施されなくても，先進国は直接対抗するための手段がない。現地 NGO の参加の下で基金を設置して継続的な自然保護を進める必要性もある。

＜グリーン・ツーリズム＞

グリーン・ツーリズムとは，農山漁村地域において自然，文化，人びととの交流を楽しむ滞在型の余暇活動である。1970年代のヨーロッパで農業政策，農村対策，農村保全運動として普及したが，日本においては1980年代から大分，愛媛など各地の農山漁村地域において取り組みがおこなわれ，現在では地域資源をいかした地域活性化，観光の浸透と並行して，全国で実施されている。長崎県小値賀町のように五島列島の北端に位置する島にもかかわらず，おもてなしの島として注目を集めている地域もある。アメリカの民間教育団体「People to People」によって世界の各地域の人びとと交流をおこなった中高生へのアンケートで満足度1位に小値賀・平戸のプログラムが選ばれたからである。

長期的・定期的・反復的な滞在の場合は，農村に滞在しバカンスを過ごすという余暇の過ごし方，つまり農家や古民家への民宿・民泊，地産地消や食育の教育，食文化体験，農業体験，農村生活体験，市民農園などがある。

日帰り滞在の場合は，道の駅など農産物直売所での地元農産物の購入や農園の利用などがある。農家レストランの利用，トレッキング，移住相談なども含めた地域ブランドの構築といってもよい。総合的に地域のブランドを提案し，都市と農山漁村との交流によって農山漁村地域の価値を見いだしてもらい，経済効果，雇用効果を地域に与えることで自然環境，農漁村の生活環境を保全することを目的としている。

グリーン・ツーリズムであれエコ・ツーリズムであれ，観光や旅行という経済手段を用いて地域の振興や活性化をおこない，自然や文化や地域を保全していく，環境と経済を両立させる手段である。環境保全と地域開発の両立は，屋久島，知床，小笠原など各観光地でも課題となっており，外部性制御に伴う永遠の問題というべきものであろう。

E. オストロムは『コモンズのガバナンス』の中で共有資源の社会的解決として，政府でも私有でもなく，人びとの協働が重要であることを指摘している。近年は，競争だけでなく協働も生存戦略として重要なことが，生物学でも示されており，共有資源の問題は公共政策や民主主義にとって重要な課題を問いている。

参考文献

石原武政・西村幸夫編（2010）『まちづくりを学ぶ』有斐閣
井堀利宏（1998）『公共経済学』新世社
井堀利宏（1999）『政府と市場』税務経理協会
大塚直（2010）『環境法（第3版）』有斐閣
オストロム，E.（2022）『コモンズのガバナンス』（原田禎夫ほか訳）晃洋書房
加藤寛・浜田文雅編（1996）『公共経済学の基礎』有斐閣
コース，R. H.（1992）『企業・市場・法』（宮沢健一ほか訳）東洋経済新報社
田中廣滋ほか（1998）『公共経済学』東洋経済新報社
細田衛士・横山彰（2007）『環境経済学』有斐閣
山岸俊男（2000）『社会的ジレンマ』PHP 新書
山本和彦・山田文（2008）『ADR 仲裁法』日本評論社

コラム⑥：文章を書く

文章を書くことなんて簡単だ，と思われる方も多いかもしれない。しかし，これを学生に指導することはかなり厄介であるし，近年は文章の書けない学生が増えていることも事実である。学生に対する論文指導から学んだ教訓は，人間の能力が様々な要素から構成されていて，各要素は均等な発達をしていないし，文章を書く作業が複雑な諸能力の組み合わせから成立しているということである。

文章を書くためには第1に構想力が必要である。テーマの設定や主張の仮定をおこない，論文やレポートをいくつかの部分に分割し，導入や結論の文章を考える。社会科学であっても，物語を描くのと同じように，論文全体のストーリーが必要なのである。構想のストーリーといっても，それは現実にありもしないことを創作したり，大げさに脚色したりすることを意味するのではない。この構想を練る段階

で，どれだけ関連文献を勉強しているか，どれだけ問題意識をもっているかが，構想の大きさに比例してくる。

第2に必要なのは探索力である。学生たちが論文を書くときには，自分と同じ問題関心をもっている人を捜し，その人の書いたものを徹底的に読むことを勧めている。自分の問題関心を論理的に表現するためには先人から学ぶことが有効であるし，仮説を実証するためにはデータや回顧録などを探さなければならない。文献の検索，資料の探索，データの収集では大学図書館のレファレンスルームを利用すべきであるが，これについて詳しくは前述したとおりである。

第3に編集力が必要となる。最近は複数の食べ物が並んだ食卓で一つの食べ物ばかりを食べてそれが食べ終わると次の食べ物を食べるという「ばっか（り）食い」が学生たちに見られるが，文章を書くときには「構想ばっかり」や「検索ばっかり」ではダメである。構想をたてながら検索し，検索をおこなう作業からまた新たな構想を練る，いわば仮説と現実とのキャッチボール，理論と実際のやりとりをする方が効率的であると思う。テーマ設定には強固な問題関心が必要であるが，自分が思い描いたとおりのストーリーには進まないならば，軌道修正を繰り返しながら文章を書き進める柔軟な姿勢も必要となる。

かつて私が修士論文を書いていた時には原稿用紙にペンで文章を書いていたが，書き直しに大きなエネルギーが必要だった。その点，現在はパソコンのワープロソフトを使って修正をすればよいのであるから，大変便利である。パソコンをメモ代わりに使えば，文章のバージョンアップが簡単にできてしまう。もし論文を書いていて行き詰まったら，データを入力するとか，年表を作成するとか，とにかく単純作業をおこなうべきである。文章でなくてもキーワードの解説でもよいし，思いつくままに用語を並べるだけでも構わない。メモの積み重ねが文章を形作り，文章を編集する営みがレポートや論文の作成につながることになる。

第7章　政策の手段

規制，インセンティブ，情報提供の手段構造について理解することが本章の目的である。規制の背景，利用者負担，政策基準の意味などについて理解を深め，政策の合理性や制約条件について考察する。

1　規制

<規制の意味>

規制とは民間経済活動に政府が介入すること，つまり自然独占，外部性，情報の不完全性などによって生じる「市場の失敗」を補整するために政府が国民や企業の経済活動に加える制約のことを意味している。このような規制は通信，放送，運輸，金融，保険，危険物，防災，医療などで実施されている。

規制には直接規制と間接規制の2つがある。直接規制は価格統制，産業への新規参入・退出に関する政策であり，間接規制は健康や安全の維持，エネルギー使用の削減，環境保護をおこなうものである。

また，経済的規制と社会的規制に区分することもできる。経済的規制とは，市場の自由な働きに委ねておいたのでは財・サービスの適切な供給や望ましい価格水準が確保されないおそれがある場合，政府が市場への参入者の資格や数，設備投資の種類や量，生産数量や価格を規制することである。また社会的規制とは，環境保全，消費者・労働者の安全・健康の確保，災害の防止等を目的として，財・サービスの質や提供に伴う各種の活動に一定の基準を設定したり制限を加えたりすることである。しかし，実際は経済的規制と社会的規制を区別することは難しい。

図表7-1　規制の国際比較（OECD 製品市場規制指標）

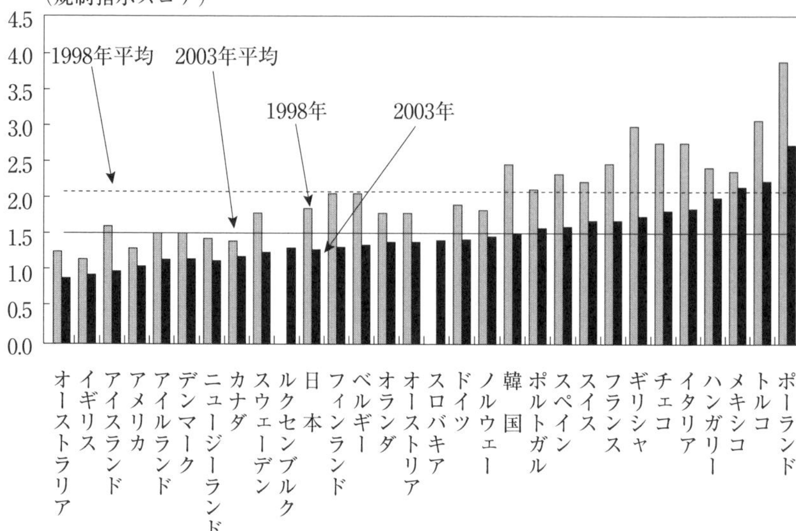

出典）P. Conway, V. Janod and G. Nicoletti(2006), "Product Market Regulation in OECD Countries : 1998 to 2003, " OECD Economics Department Working Paper, No.419

＜規制の特性＞

このような規制の特徴はパターナリズムと情報の非対称性にある。八代尚宏は社会的規制の共通点として，以下の４点をあげている。

第１は政府による需給調整の思想である。規制においては，政府がすべての有効需要を把握し，統制できると考える。しかし，これは近年の消費者主権や選択の自由の考え方とは反する。

第２は事前統制の考えである。規制は事前に危険な行為の禁止，活動の制限，改善の命令をおこない，国民の生命・財産・利益の保護をおこなう。しかしながら，それは近年の自己責任にもとづく事後評価の考えに反する。

第３は機関補助方式である。規制ではサービス提供機関へ補助・交付が行われ，間接的な利益を対象者が受ける。教育機関への補助金や福祉施設での措置費の交付でおこなわれてきた方式である。しかし，それは利用者の選択が阻害され，近年は教育クーポンやバウチャー方式などが採用されることもある。

図表7-2　事業分野別の主な規制

	参入規制	料金規制
電　気	許可制：一般電気事業者等 届出制：特定規模電気事業者	認可制（引下げ時：届出） 自由：特定規模事業の料金
ガ　ス	許可制：一般ガス事業 届出制：大口ガス事業	認可制（引下げ時：届出） 自由：大口ガス事業の料金
通　信	登録制：大規模な回線設備設置事業者 届出制：その他	プライスキャップ制：東西 NTT の加入電話等 相対契約（東西 NTT の加入・公衆電話を除く）
郵　便	許可制	認可制：公社 届出制：他社
航　空	許可制（需給調整なし）	事前届出制
鉄　道	許可制（需給調整なし）	上限認可制
バ　ス	許可制（需給調整なし）	上限認可制
タクシー	許可制（需給調整なし）	一定範囲内の自動認可制

出典）公益事業学会編（2005），12頁

第４は株式会社の事業参入制約である。保育所や介護施設で一部緩和されたが，農業や医療などで制約が課せられている。特定団体に法人格を付与することで優先的地位を与えることは，ルールに基づく自由な競争を阻害することになりかねない。

＜規制緩和：その功罪＞

20世紀後半から実施された規制緩和は，規制改革に取り組んだ欧米諸国から新自由主義的思想の影響を受けたものである。スティグラーなどシカゴ学派の理論では，規制は既得権を享受する企業がその地位を引き続き獲得するための制度であり，規制の撤廃で社会的余剰が増大するとしている。

新自由主義者があげる規制緩和のメリットには生産性の向上，価格の低下，サービス多様化による有効需要の拡大がある。しかしそれにはデメリットも大きい。労働生産性の上昇は労働者の余剰を生み，企業の倒産や失業者の増大も

おきる。社会的リスクも拡大する可能性もあり，安全性，健康，環境などへの悪影響もおきる可能性も出てくる。そのため，21世紀において再規制化の議論が生じ，薬のインターネット販売の規制，運送事業の規制強化，喫煙防止条例などリスク規制が論議されている。

図表7-3　規制改革の経済効果（1990～2002年度）

分　　野	消費者の利益
移動体通信	17,205億円
石油製品	22,714
電力	24,811
都市ガス	1,674
国内航空	2,739
鉄道	2,390
トラック輸送	38,763
タクシー	52
車検	8,298
株式委託手数料	3,850
損害保険	2,742
米	11,709
酒類販売	5,465
化粧・医薬品	926
合　　計	143,338

注：　経済効果は価格低下と市場拡大による効果を規制改革がなかった場合と比べた格差

出典）公益事業学会編（2005），13頁

2　インセンティブ

<税と補助金>

インセンティブとは人間行動の動機づけを操作することで自ら権威を受容することを意味し，間接的な政策手法として用いられている。

税の政策としての意義は財源調達と政策誘導にある。税金を通じて国民の経済インセンティブを操作する。企業などは政府に税を取られないように行動するだろうし，その行動を想定して政府も対策をとる。法人税や固定資産税を引き下げることで企業を誘致し，逆に課税を強化することで活動を抑制する効果を狙う。

また補助金（負担金，狭義の補助金，交付金）は地域間の再分配政策の意味をもち，その目的は財政力の是正，外部性の是正，奨励と誘導である。これも税

と同じ効果をもち，インセンティブを操作する政策手段として積極的に採用されている。

＜利用者負担＞

利用者（受益者）負担とは，利用者が税・利用料・使用料として負担するものである。医療，介護，高速道路，ごみ収集などで採用されている。利用者負担の方法は応能負担と応益負担の２つがある。応能負担とは能力に応じて負担金を定める方法であり，その能力とは所得が物差しとして採用されることが多い。これは主として福祉などの領域で実施されている。応益負担とはその受益に応じて負担金を定める方法であり，公共交通，電気ガス，郵便などの公益事業で採用される。なぜなら，その受益の範囲が確定しやすいからである。

利用者負担の目的は第１に財源を調達するためであり，第２に需要を抑制するためであり，第３に受益と負担を一致させてフリーライダーを抑制するためである。しかしながら，再分配政策の場合は利用者負担の拡大が制度の存在意義を低下させることになりかねない。医療の利用者負担を３割負担から５割に引き上げたとしたら，無駄な医療はより削減できるかもしれないが，リスク分散の保険メカニズムの意義は薄らぐことになる。利用者負担において所得の低い人の負担感は大きく，本当に対応すべき需要が顕在化しなくなる恐れもでてくる。

＜診療報酬制度＞

診療報酬制度とは医療行為を価格として点数化したものであり，中央社会保険医療協議会で大枠を決定する。日本が採用している出来高払い方式とは，診療行為ごとに保険者へ請求するので，診療報酬の点数を多く稼ぐ医療機関ほど収入が高くなる。俸給制と異なり，収入を稼ぐために積極的に医療行為へ勤しむインセンティブが存在することになる。

診療報酬制度の目的は，第１に公平な資源配分（医療機関，診療科，診療行為の間の公平）をおこなうこと，つまり全体の引き上げをおこない医療機関，診療料，診療行為のウエイト付けをおこなうこと，第２に政策誘導をおこなうことである。薬価の点数が低くなれば薬局を診療所において薬価差益を稼ぐメリットは少なくなり，初診料の診療報酬の点数を高くすれば，医師は診断を積極的におこなうことになる。民間の医療法人による医療サービスが中心の日本において，一定の政策意図を貫徹させるためには，このようなインセンティブとしての診療報酬制度を活用する方法が有効である。

3　政策のミックス

<各手段のメリット・デメリット>

規制とインセンティブの政策手段について詳細に検討してきたが，規制とインセンティブの他に採用されている政策手段は，情報提供である。情報開示，公教育，標準化などでこの間接的でソフトな手法が実施されている。教育での環境教育や政府広報を通じて意識を高め生活スタイルをかえ，汚染活動に関する情報開示を企業に義務付け，生産過程を標準化することで政策を統制することが可能である。このような政策手段はそれぞれ一長一短がある。

規制は政策手段の原則であり，緊急・局地的に対応が必要なときに有効である。しかし，社会的コストが高く，当事者のインセンティブは低くなる。企業や国民が自主的に汚染削減や技術開発をおこなわない可能性もある。不法投棄のために監視がおこなわれるが，その防止対策の効力には限界がある。

インセンティブは，社会的コストが低くてすむ。インセンティブが継続し，柔軟かつ自主的に取り組むことができる。財源の確保も見込まれる。そのため，現代では広範囲に用いられている政策手法となっている。しかしながら，被害の測定が困難であり，賦課金や排出枠の決定が難しい。情報の把握がしにくく，即応性も低い。

情報提供という政策手法は当事者間の健全な競争を促進し，コストが低くてすむ。企業や国民の行動に浸透すれば長く効果が継続する。しかしながら，即応性が低く，効力を担保する方法も少ない。

<政策ミックス>

現代の政策手法は，規制とインセンティブと情報開示の組み合わせが一般であり，有効性と効率性を勘案しながら適切に組み合わせる必要性がある。いわゆる「政策ミックス policy mix」といわれるものがそれである。

たとえば，医療政策では都道府県知事による地域医療計画の作成で病院のベッド数を規制し，診療報酬の改定で医療行為者の行動を操作することがおこなわれている。廃棄物政策において，ごみの有料化だけでは減量化に限界があり，規制手段も合わせて講じないと減量効果が継続しないことが明らかにされている。

インセンティブの重要性は拡大しているが，しかし現在においても政策手段としては規制が原則であり，効率性や有効性から見ても重要な手法となっている。

<２つの人間・社会像>

規制，インセンティブ，情報という政策手法の設計は，人間行動をいかに制御するか，という問題に帰着する。構造化と動機づけをいかに制度設計するかが課題である。

幸福・価値・快楽を最大化しようと追求する人は，功利主義が想定する人間であり，理性，契約，ルールを重視して自分の考えや行動を道徳的・自省的・禁欲的に抑制する人は義務論が想定する人物となる。両者は同じ人間に共存する可能性もあり，政策の手段はこの２つの人物像を想定しておかなければならない。

たとえば，産業廃棄物を不法投棄する人は，産業廃棄物を適正に処理すれば利潤をあげることができないために不法投棄するのであるから，それを義務論的な発想でルールを強要しようとしても無駄となる。規制を潜りぬけて不法投棄を続けるであろう。むしろ不法投棄しない方が得をするインセンティブを付与する制度設計の方が有効である。適正に処理した方が得をする市場メカニズムの設計が健全な手法となる。

4　公共政策の合理性

<基準間の対立>

政策基準は必要性，緊急性，可能性など多くの基準によって構成され，それらが対立することがある。かつてアダム・スミスは中立性，公平性，効率性（簡素化）という税の基準を主張したが，税政策における中立性と公平性の対立，公平性と効率性の齟齬は常に生じる。公平性といっても水平的公平性と垂直的公平性は両立しがたい。ここでは地方交付税交付金をめぐる議論を紹介しよう。

地方交付税交付金の決定は，①総額の決定，②基準財政需要の算定，③基準財政収入の算定，という手順を経て決まる。総務省の裁量や政治家への箇所付けを加味して実質的に決まるといわれているが，その制度については廃止と擁護の２つの考えが対立している。

廃止論者が指摘する制度の問題点とは，財源と交付金額との乖離があり，特別会計による処理の限界がある点である。交付税交付金は財政規律の向上に貢献しておらず，自治体のモラルハザードを助長している。需要算定の客観性と透明性に欠け，歳入確保努力に対する中立性を損なう中央政府の再分配政策であると評価する。

制度を擁護する論者は，交付税廃止は過剰反応であり，基準財政需要を削減すべきと主張する。中央政府に財政膨張の責任があり，地方政府による需要誘発よりも，中央政府の政策誘導に主たる拡大要因を見いだす。

これらの議論は効率性を重視するか，公平性を重視するかの対立であるが，根底には政府の役割についての哲学的見解の違いがある。公平さの達成手段，税や年金による所得再分配の可能性だけでなく，中央政府と地方政府との間の所得移転を通じて再分配をおこなうことに積極的に意義を見いだすか，所定のアウトプットを最小限の費用で実現する「生産効率性」だけでなく，地域間の外部性がない限りにおいて地方の需要や選好に即した公共サービスを提供する

「配分効率性」も含んで議論するかという違いもある。

<選択肢の制約>

1980年代から90年代にかけて規制緩和が主張され，電力，交通，通信，医療，運輸などの分野で積極的に実施された。その経済効果は効率化を通じた生産性の向上，価格の低下，サービス多様化による需要増加などに及び，大きな経済効果をあげたと試算されている。

しかし規制緩和のデメリットとして，労働生産性の上昇が労働者の余剰を生むこと，企業の倒産や失業者の増大が相次いだこと，社会的リスクの拡大として安全性，健康，環境などへの悪影響がクローズアップされたことにより，再規制化の議論が強まっている。

規制緩和と再規制の例のように，課題設定はこのような社会思潮に大きな影響を受けるが，政策立案者による課題設定は決定的に重要である。なぜなら，政策の選択肢は多くても２～３つ程度であり，それに経済学の観点から効率性を検討し，法律学の観点から合法性を検討して，正当化の根拠を示すことが可能ならば，議論の差異はあまり出てこない。しかし，もしこの課題設定が誤っているならば，議論の方向性自体が誤ってしまい，政策手段の制度設計も妥当性を欠くものになりかねない。

政策を作成する際には，その実行可能性を事前に予測することが必要である。与党・野党・議会の政治的支持を得ることが可能か，権限・財源・人的資源などの資源調達が可能かどうか，を法令，予算，定員の各部門と調整しておかなければならない。業務上の執行可能性を高めるためには，理解者を増やし，反対者を知り，世論を形成し，部局内の体制を整え，タイミングを計らって実行することが重要である。

しばしば「政策は60点取れれば成功である」といわれる。政策によって得る者もいれば失う者もいるので，100点を取ることが可能な政策は存在しない。実際にはこの交渉過程で当初の理念の多くが失われる可能性もあり，利害関係者との議論で説得することに成功するかどうかが鍵である。逆に実行可能性ばかりを考慮し，理念なきバランス志向の政策の実現は本末転倒である。

<政策選択の合理性>

かつてマヨーネは「効率性という基準だけを考えれば規制か課徴金（賦課金）かという選択の違いはない」と述べ，ヨーロッパの環境政策では「効率性・有効性という狭い技術合理性ではなく広い選好基準にもとづき政策手段を選択」していることを明らかにしている。純粋な課徴金のシステムはどの国にもなく，各国の環境政策は行政的・経済的・技術的要素の緩やかなコンビネーションであり，そこでは伝統的な規制手段（許可・免許・基準）が主要な役割を果たしていて，課徴金が二次的役割に過ぎないという。

マヨーネは，税・課徴金と規制との間に効率性という基準だけを考慮すれば選択の違いはなく，制度的コンテクストが重要であることを強調している。政策手段のパフォーマンスは形式的特性よりも政策手段がはたらく政治的・行政的コンテクストに左右され，技術的合理性よりも政治的合理性に基づくことを示したのである。

参考文献

赤井伸郎・佐藤主光・山下耕治（2003）『地方交付税の経済学：理論・実証に基づく改革』有斐閣

植草益（1991）『公的規制の経済理論』筑摩書房

植草益編（1997）『社会的規制の経済学』NTT 出版

大塚直（2006）『環境法（第２版）』有斐閣

大山耕輔（1996）『行政指導の政治経済学』有斐閣

公益事業学会編（2005）『日本の公益事業』白桃書房

新藤宗幸（1992）『行政指導』岩波新書

神野直彦・池上岳彦編（2003）『地方交付税何が問題か：財政調整制度の歴史と国際比較』東洋経済新報社

中川丈久（2000）『行政手続と行政指導』神戸大学研究双書刊行会

マヨーネ，G．（1998）『政策過程論の視座』（今村都南雄訳）三嶺書房

諸富徹（2000）『環境税の理論と実際』有斐閣

八代尚宏編（2000）『社会的規制の経済分析』日本経済新聞社

コラム⑦：常識を覆す

研究者は偏屈な人が多いし，あまのじゃくみたいな人もいる。研究は普通の人びとがもつ常識を覆すことから始まるからかもしれない。みんなと同じことをいっていてはおまんまの食い上げである。たとえば極端なことをいうと，みんなが黒いペンだと思っているものを赤いペンだと主張し，証拠を示して認めさせることが研究である。

かつて近代の児童労働研究では，児童に工場労働をさせて搾取していたというマルクス主義的史観が一般的に採られていた。この通説に挑戦したのが，C. ナーディネリ著『子供たちと産業革命』（平凡社）である。彼は産業革命によって児童労働が積極的に推進されてきたという通説に挑戦し，現実はむしろ逆で児童たちは工場労働によって解放されたのであるという挑戦的な議論を展開している。

近代の産業化が児童に対する搾取か解放かの是非はともかくとして，このような逆転の思考方法の典型ともいうべき本が，いまや古典中の古典となって大学生が誰も読まない（大学院生ですら読まない）『プロテスタンティズムの倫理と資本主義の精神』である。この本の著者であるM. ウェーバーは，近代ヨーロッパにおける資本主義発展の鍵がピューリタンの禁欲的精神にあることを見いだした。ピューリタンの商業に対する禁欲は一般的に資本主義の発展と無関係のようであるが，むしろ逆であることを主張した。当時の常識を丹念に覆していった逆転の発想がこの本のエッセンスである。

このような通説・権威・常識・通念を覆す醍醐味は専門書や専門論文を読まないと味わえない。しかしながら残念なことに，学部での専門演習では専門書が使えなくなって，せいぜい中級教科書くらいのものしか扱えなくなった。ぜひ常識を問い直す知的楽しみを味えるようになってほしい。以前，ある論文審査でキーワード検索をしているような論文を読んだときにはビックリした。ある特定のキーワード名の論文を列挙し，それらを解説しているのである。まるでコンピュータ検索で検索をして集めた論文を要約して並べたみたいで脈絡が読みとれない。自分の問題関心は何なのであろうか。なぜそのテーマなのか。このような問題意識のない論文に読み手へ訴えかけるものはない。

たしかに，キーワード検索は便利なものである。インターネットで検索すればすぐに欲しい情報が手に入るし，苦労せずとも情報を収集してくれる。しかしながら，いくらキーワードで論文や本を揃え，机の上でデータを集めて文章を編集しても，自分の論文は完成しない。たとえば，「政策評価」という言葉で検索して論文や本を集めても，空虚な文献収集にすぎない。どういう視角・発想・観点・視点・アプローチ・関心から論文を構成するのかが肝要なのであって，伝統的な議論へ挑戦するアイデアは自分で現実の中から秩序や論理を見いだす地道な努力から生まれる。

論文指導の機会に学生へアドバイスすることは，「真実は1つではない」ということである。論文の作成やレポートの作成には複眼的思考が重要である。ある学生が，「市町村合併には運営の効率というメリットがあり，住民から自治体が遠くなるというデメリットがある，と講義で聞いたが，どちらが正しいのかわからない」と相談してきた。「答えは1つではなく，メリットとデメリットはコインの表と裏みたいなものだから，両方について詳しく検討すればいいのだ」とアドバイスした記憶がある。この学生は答えが1つしかない教育を受けてきたのであろうが，責任は私たち教師側にもある。大学入試問題で答えが1つしかでない問題を出題するし，そのような問題は論争のあるテーマでなく事実関係が明確なものから出題されることが多い。これは，採点のコストを低くし，出題のリスクを回避した供給側のご都合主義でもある。

第８章　政策の評価

本章では政策の評価基準について学ぶ。評価の目的，対象基準の内容と手法，評価方式が浮上してきた背景と潮流，自治体レベルと国レベルの取り組み，行政活動との関係について説明する。

1　評価とは何か

＜評価の目的と対象＞

評価されることは誰でも辛い。しかしそれが公共の活動である限り，計画（plan）→実行（do）→評価（check）→改善（action）というマネジメントサイクルの中で業務の改善を図ることは必要である。近年は国でも地方でも公益団体でも評価活動が盛んにおこなわれており，合法性という伝統的基準だけではなく，効率性・有効性などの基準が重視されてきている。「政策評価制度の在

図表8-1　目標管理のサイクル

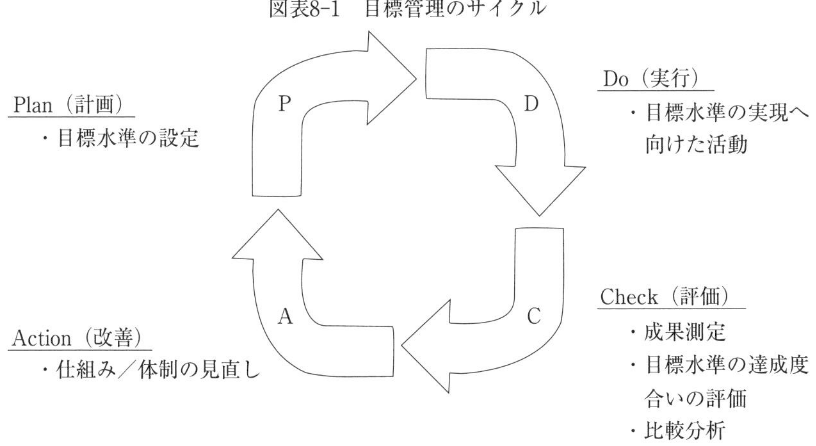

り方に関する最終報告」(2000年12月）では政策評価を導入する目的を３つに集約している。

第１は国民への説明責任の徹底である。国民と行政との情報の非対称性を改善し，行政に対する国民の信頼を向上させ，公表することで効率化のインセンティブが働くようにすることが期待されている。国民へ政策の内容を明らかにすることによって議論が幅広く喚起され，手続き面での説明責任に加えて，効果や効率についての説明責任を果たすことが行政に求められている。

第２は国民本位の効率的で質の高い行政の実現である。行政が関与する必要性のある分野に活動範囲を適正化・重点化し，利用者としての国民へ必要最低限の費用で提供する効果的・効率的な政策運営が求められている。また，継続的な政策評価を企画や実施に反映させることで政策形成能力を向上させることも可能である。

第３は国民的視点に立った成果重視の行政への転換である。資源の投入(input)，産出（output)，成果（outcome）が重視されることで政策の有効性が高まるものと認識されている。職員の意識改革が進み，手続きの順守から成果を重視する運営へ重点が移ることで，国民の満足度の高い行政が実現される。

また，政策評価の対象は，「政策」「施策」「事務事業」の３つのレベルにわかれる。「政策」とは特定の行政課題に対応するための行政活動の基本方針を示すものであり，基本方針という共通目的をもった行政活動のまとまりを意味する。「施策」とは基本方針を実現するための具体的な方針であり，具体的方針の実現という共通目的の行政活動のまとまりである。「事務事業」とは具体的な方針を具現化するための行政手段としての事務・事業を意味し，これは行政活動の基本単位となっている。

＜評価の基準＞

それでは，政策評価の基準とはどのようなものであろうか。ここでは５つに区分して説明しておく。

第１は「必要性」「妥当性」である。行政が関与することを社会が必要とし

図表8-2　アウトプットとアウトカムの違い

	一般的定義	街路掃除	職業能力開発
アウトプット（プロセス）	生産する単位の量	掃除延長	訓練した人数
アウトカム（成　果）	望ましい成果の達成度	街路の清潔度評価	職についた人数 生活への影響
プログラムの能率	アウトプット単位あたりのコスト	掃除した街路の長さあたりのコスト	職業訓練を受ける人１人あたりのコスト
政策の能率	根本的目標を達成するためのコスト	街路をＸレベルの清潔度にするためのコスト	失業，貧困率，福祉の取扱い件数の目標水準を達成するためのコスト
プログラムの有効性	プログラムが望ましい成果を達成した度合い	街路の清潔さへの市民の満足度	職業についた人数 生活への影響
政策の有効性	根本的目標と市民のニーズに応えた度合い	市民はこの予算の使途に満足しているか（例：街路の再舗装への支出を望んでいないか）	社会への影響：例えば，貧困率，福祉の取扱い件数，犯罪率，貧困を根絶するための後年度支出など

出典）古川・北大路（2001），68頁

ているか，それを政策の目的と照らし合わせて行政が担うことが妥当か，を検討することが求められる。第２は「効率性」である。この基準は投入した資源に見合った成果が得られるか，費用と効果の関係が適切かを見る。第３は「有効性」である。この基準は政策の実施にあたって期待される効果が得られるか，得られているか，を見る。政策効果の達成状況を目標・目的に照らして見ることを期待された基準である。第４は「公平性」である。政策効果の受益が公平に分配されているか，費用負担が公平に分配されているか，を確定する基準である。個人や集団の間で有利・不利がどれくらい存在するかを確定する。第５は「優先性」である。これはどの政策が優先されるべきかを決める基準である。

これらの基準を恣意なくどのように選択するか，基準間の対立をいかに回避するか，は大きな課題である。それでは，どのような評価方式が導入されているのか。「政策評価制度の在り方に関する最終報告」があげる３つの標準型を紹介する。

＜評価の手法＞

時々の課題に対応するために特定のテーマを設定し，さまざまな角度から掘り下げて総合的に評価をおこない，政策の効果を明らかにし，問題点の解決に資する多様な情報を提供することを主眼とした方式を「総合評価」と呼ぶ。この方式はデータの条件が整うために時間がかかり，コストが大きく選択的かつ重点的なものとなる。

行政の幅広い分野において達成すべき目標を設定し，それに対する実績を測定評価することで政策の達成状況を示す方式を「実績評価」という。この方式は政策効果について継続的な情報を得ることが可能であるが，多角的な分析を加えたものとはいえない。

事前に評価をおこない，途中や事後に検証をおこなうことで事業等の採否や選択等に資する情報を提供する方式を「事業評価」という。公共事業などを対象に費用対効果の分析により広範におこなわれている評価方式であるが，限られた時間や限られた条件でおこなわれる現実の制約もある。

それでは，これらの政策基準がどのように地方自治体と国とで運用されているのか，比較しながら検討することにしよう。

2　自治体レベルの政策評価

＜評価の取り組み状況＞

地方自治体レベルの導入は，三重県の事務事業評価システム，川崎市の政策評価システム，静岡県の業務棚卸表，長浜市の事務評価システム，宮城県の行政評価の体系，三鷹市の行政経営品質評価，北海道の時のアセスメント・政策アセスメントが有名である。

ただし，新しい政策評価方式の導入状況は，国と地方では大きく異なっている。まず，県・政令市・市町村の導入状況について，総務省の「地方公共団体における行政評価の取り組み状況（平成28年10月１日現在）」に基づいて説明しよう。

2016年度で行政評価を導入している地方自治体は，1,788のうち61.4％を超え，都道府県では100％，政令市では95.0％，市区でも83.5％となっている。ただ町村では38.9％の導入状況となっており，規模の小さな自治体では評価コストが障壁になっていることが推定できる。行政評価の成果としては，「成果の観点で施策や事業が検討された」「職員の意識改革に寄与した」が多く，行政評価の課題としては，「評価指標の設定」「予算編成等への活用」が多い。

図表8-3　行政評価の導入状況（2016年度）

（単位：団体数）

	都道府県	指定都市	市区町村					合計
				中核市	特例市	市区	町村	
導入済	47	19	1,033	44	36	593	360	1,099
導入予定あり	0	0	400	1	1	42	376	420
導入予定なし	0	0	118	0	0	12	106	118
合計	47	20	1,721	47	37	711	926	1,788
導入割合 （平成25年度導入割合）	100％ （100.0％）	95.0％ （95.0％）	60.0％ （52.7％）	93.6％ （95.0％）	97.3％ （100％）	83.5％ （82.8％）	38.9％ （34.9％）	61.4％ （59.0％）

注：　全地方公共団体を対象

出典）総務省自治行政局行政経営支援室（2017b），１頁

図表8-4　導入時期について

	都道府県		指定都市		市区町村		合計	
	団体数	構成比（%）	団体数	構成比（%）	団体数	構成比（%）	団体数	構成比（%）
平成27年度以降	0	0.0	0	0.0	42	4.1	42	3.8
平成26年度	0	0.0	1	5.3	32	3.1	33	3.0
平成25年度以前	47	100.0	18	94.7	959	92.8	1,024	93.2

注：　行政評価を導入している団体を対象

出典）総務省自治行政局行政経営支援室（2017b），２頁

<評価の対象・動機>

自治体によって違いはあるが，評価対象の多くは継続中の政策・施策・事業のすべてを対象にした中間評価（再評価）・事後評価であり，自治体の基本計画・総合計画・中期計画の施策の体系を利用し，事務事業レベルは予算書の細目単位を採用することが多い。

政策評価のシステムを導入した動機は，第１に職員の意識向上を図るためであり，第２に行政活動の透明性を高め，説明責任を果たすためであり，第３に事務事業の改善・見直しによる効率化と成果向上のためである。

<評価基準の優先性>

評価基準として主として用いられてきたのは「必要性」（住民ニーズの強度），「緊急性」，「妥当性」（民間か政府か，都道府県か市町村か，関与の当否），「適合性」（手段が自己目的化していないか），「有効性」（目標・目的の達成度）であった。むしろ，「経済性」（より費用の低い代替策はないか）や「効率性」（より効果・便益の高い代替方策はないか）は副次的な基準にすぎなかった。これは，かつての事務事業評価が事業の改善・見直しを目的とし，「節約と能率」を主眼とせず，必要性・緊急性・妥当性・有効性の観点から事務事業の中止・廃止・縮小を決断していたからである。

しかしながら，地方財政が悪化し，財政健全化法の制定により地方自治体でも効率性・有効性が重視されるようになっている。また，経済性や効率性は公共事業の評価や施策レベルの評価では重要な基準である。ただし事務事業レベルから施策レベルへ評価対象を上げるならば，事業別予算の編成や発生主義ベースの決算書を作成する必要がある。

3　国レベルの政策評価

＜全府省での取り組み＞

1997年以降，中央省庁改革により全府省で政策評価の導入が義務付けられた。行政評価法，国家行政組織法第２条２項，内閣府設置法第５条２項，総務省設置法第４条16・17項にもとづき，政策評価担当部局の設置が各省庁でおこなわれている。総務省行政評価局や政策評価・独立行政法人評価委員会の設置，各府省での政策評価担当者がそれである。

ただし，国と地方では評価の対象，評価の手法と基準，評価の主体などが異なっている。西尾勝は相違点と共通点を以下のように論じている。

＜国レベルと自治体レベルの相違点＞

第１に評価対象が，国レベルが計画的・重点的であり，地方自治体が網羅的である。ここが大きく異なる。国ではすべての事務事業，施策について政策評価の対象とするのではなく，限定した対象設定をおこなっている。それに対して自治体では，事前評価，再評価，中間評価，事後評価まで幅広く評価活動がおこなわれている。古川俊一と北大路信郷によると，地方自治体は直接住民にサービスを提供するので，効果の特定化がしやすく，事業評価はしやすい。

第２に評価の手法と基準については，国レベルが柔軟な基準選択と手法の多様化をとっているのに対して，地方自治体レベルでは画一的な基準と標準化した手法を採用していることが多い。国が政策ごとに，性質ごとに柔軟な手法・基準を選択しているのに対して，自治体の方が同じ基準を採用していることが多い。

第３は評価の主体と重層構造の違いである。国では政策評価担当組織による１段階の評価が原則であり，府省大臣の実質的な政治責任は問われない。総務省の評価はあるが，「必要あると認められる場合のみ」に限定されている。内閣制度の分担管理の原則が評価活動にも影響しており，各省の評価に総務省の評価を加えたものに過ぎない。それに対して自治体は大統領制の構図が影響している。１次評価の主体を施策，事務事業の所管部局としており，それに全庁的な評価組織による２次評価，首長による３次評価という３段階構造を形式的にとっている。現実には２段階や１段階の評価を実施している自治体も多いが。

＜国レベルと自治体レベルの共通点＞

しかしながら，国と自治体でも共通した点はある。

第１は行政の透明性を高め，説明責任を果たすという制度導入の背景についてである。これは情報公開やパブリックコメントの導入と同じ脈絡から考えることができる。

第２は政策評価の基準として，効率性基準が副次的であった点である。事務事業の改善合理化よりも事務事業の整理縮小を当面の緊急課題としてきたからである。ただし，前述したように，近年は財政状況の悪化が深刻に認識されるようになり，地方自治体では効率性や有効性がより重視されてきている。首長の強いリーダーシップによって改革が進められてきた自治体もある。

第３は内部評価が主である点である。もし第三者機関が設置されていたとしても，それは内部評価を基にした助言機関または監視機関にすぎなかった。

4　評価の課題

<洗練さと簡明さの相克>

このような評価活動にも課題はある。まず，評価指標の設定についてである。政策評価の提供する情報は，西尾勝によると，①注意喚起情報，②成績評点情報，③問題解決情報，の３つがある。注意喚起情報は外部評価によるものであり，成績評点情報と問題解決情報は内部評価によるものである。これらの情報を提供する政策評価は，はたしてどのような手法を採用すべきなのであろうか。

一方において，ヘドニックアプローチやトラベルコスト法など洗練されて分析精度の高い客観的な手法がある。費用便益分析や仮想市場評価法は公共投資では一般的に用いられている手法の１つである。他方において，福祉施設がおこなっているような自己点検の評価手法は簡素でやや主観的な手法である。前者が生産性向上の手法であり，後者がアカウンタビリティ向上の手法ともいえるが，この両者は，古川俊一と北大路信郷がいうように，両立しにくい。

客観的だからといって，前者の手法がすべての事務事業で優先して採用されるべきだとは必ずしも言えない。それは，前者の手法は評価コストが膨大にかかるからである。また，それは市民には分かりにくい評価手法となろう。アメリカ議会のように一定のコストをかけて評価活動をおこなうことがコスト以上の節約を生み，それが民主主義のコストであるという共通認識があればよい。しかしながら，評価にコストをかけるあまりに日常業務を軽視することになるならば，それは本末転倒である。あまりに評価の厳密さや精度さを求めると，次の改善のステップへ移ることはできなくなる。評価シートや分析手法をいかに簡素化できるかも課題となろう。

<政策評価と事業見直しとの関係>

中長期的な目的である事業の改善や意識改革と，緊急的な目的である事務事業の廃止・見直しとの両立は可能か。前者は関係部局の合意形成が必要であり，プロセスを重視した改革には時間がかかる。後者はしばしばトップダウン的な手法でおこなわれており，それは結果重視のために，関係者の合意は形成されにくい。この事業改善や意識改革の中長期的な改革と，事業廃止・見直しの短期的な改革とは，両立しにくい面がある。

また，評価と予算査定との連結は可能かという問題がある。予算編成はある意味で前年度予算の評価の積み重ねであるので，それ自身評価活動ともいえる。ただし，厳格な連結は必ずしも生産的な結果を生まない。なぜなら，内部組織が評価活動をおこなっているため，厳格な連動をおこなえば，評価が予算を縮小させる可能性があり，逆説的ではあるが予算を縮小させないために評価活動自体を歪めてしまう可能性が出てくる。成果を出すために対象を限定するような現象，たとえば手術の成功率を上げるために成功しそうにない患者を引き受けない病院のように，成果主義は目的と手段の置換という危険性もはらんでいる。

政策評価による事務事業見直しや予算削減は理想ではあるが，内部機関では限界があり，評価と計画・予算・定員との連結を緩やかにする必要がある。しかし，緊急的には評価と予算を連動させる改革が重要である。深刻な財政危機を克服するためには，重点的な評価対象を設定し，短期集中的な徹底した緻密な評価手法を採用し，その評価を後押しする世論の形成が必要である。

＜評価の外延を求めて＞

効率性や生産性を強く求めるNPM型評価は三重県，長浜市，福岡市などで実施されており，それは顧客志向・消費者志向の姿勢の改革であった。しかしながら，具体的な手法の導入はいまだ十分とはいえず，イギリスなどに比べると効率性や経済性の基準は不徹底であった。

また，住民の立場にたった評価，生活者の視点に立った評価にするためには，市民の意見を反映させた参加方式を採用する必要がある。住民は評価基準の設定や，内部評価結果の評価，外部の第三者評価などで関与することが可能である。政府とNPOの協働で評価をおこなうエンパワメント評価の方法も重要な評価活動のひとつである。

さらに，政策が法令の規定どおりに実施されているかどうか，計画どおりに進捗しているかどうか，という過程を点検する過程評価も重要である。合法性は依然として法治国家では重要な基準であり，さらに有効性，効率性，経済性を考慮し，適切な進行管理がおこなわれているかどうかを評価することも近年は重視される。

NPM型評価の課題は有権者の視点が欠けている点であろう。政策科学やマネジメントの視点から客観的な手法の採用によって，よりよい成果が生み出されるという信念には，政治との脈絡で優先順位や基準を論じる視点が欠落している。評価は最終的には価値判断であり，すぐれて政治的な側面をもつものだからである。

西尾勝がいうように，評価とは情報の共有化を進め，公共の論議を促進し，行政活動の理解を深めるための道具にすぎない。１つの物差しによる絶対的な評価は現実に危険が多く，評価は一元化・絶対化を避け，多元的・多角的な制度設計であればあるほどよい。評価基準も，評価する主体も，多元的な重層構造であることが望まれる。それが民主主義社会における政策評価の制度設計であろう。

参考文献

伊多波良雄編（2009）『公共政策のための政策評価手法』中央経済社

財団法人行政管理研究センター編（2001）『政策評価ガイドブック』ぎょうせい

サイモン，H. A.，リドレー，C. E.（1999）『行政評価の基準』（本田弘訳）北樹出版

総務省自治行政局行政経営支援室（2017a）『地方公共団体における行政評価の取組状況等に関する調査結果』

総務省自治行政局行政経営支援室（2017b）『「地方公共団体における行政評価の取組状況等に関する調査結果」の概要』

西尾勝（1990）『行政学の基礎概念』東京大学出版会

西尾勝編（2000）『行政評価の潮流』行政管理研究センター

古川俊一・北大路信郷（2004）『公共部門評価の理論と実際』日本加除出版

宮川公男（1994）『政策科学の基礎』東洋経済新報社

宮川公男（1995）『政策科学入門』東洋経済新報社
山谷清志（1997）『政策評価の理論とその展開』晃洋書房
山谷清志編（2010）『公共部門の評価と管理』晃洋書房
山谷清志（2012）『政策評価』ミネルヴァ書房

コラム⑧：ノンフィクションを読む

しばしば理論や学説を勉強するのがアカデミックな態度であるかと勘違いしている学生がいる。何の問題意識もなく学説を並べ，何が主張したいのかわからない論文も少なくない。教師側が論文やレポートで見ているのは最新の理論や情報を知っているかどうかではなく，オリジナリティのある論理や発想があるか否かなのである。かつて私は大学院で行政学を専攻していたが，その時教鞭をとっていた辻清明先生は「自分の行政学をつくりなさい」と学生たちに諭されていた。

また，実証的な論文やレポートで必要なのはリアリティの有無である。しばしば真実は，無数の事実を羅列することではなく，特定の事実を自分の関心から再構成することから生まれる。その意味でノンフィクションに学ぶことは多い。大学で論文やレポートとして事例研究をとりあげる人は，ノンフィクションの作品を多く読むべきである。彼ら／彼女らから学ぶべき点は現実を見るセンスを養うことである。

ノンフィクションの名作は数多いけれど，本多勝一，立花隆，沢木耕太郎，佐野眞一，足立倫行，杉山隆男など定評あるライターの作品がお薦めである。西倉一喜著『中国・グラスルーツ』（文春文庫），軽部謙介著『日米コメ交渉』（中公新書），松本仁一著『アフリカで寝る』（朝日文庫）など現役ジャーナリストたちの現場主義的な取材とリアルな表現にも多く学ぶ点があると思う。ここではやや趣を異にする３人のノンフィクションの作品を紹介しよう。

辺見庸著『もの食う人びと』（角川文庫）は，世界各国の人びとの「食べる」という行為を通じて民俗・宗教・戦争・飢餓・原発・王制・スポーツ・差別・タブー・イデオロギー・風習・文化・人種などを読者に伝えるものである。もとの文章は共同通信社から配信されて地方新聞に連載されたので，記憶されている方もいるかもしれない。この本を読んだ時，何か体の中を衝撃が走るのを感じ，「こんなやり方もあったのか」という感銘を受けたのを今でも憶えている。共同通信社記者であった著者のジャーナリストとしての高い取材力や貪欲な好奇心が魅力的である。また，『自動起床装置』で芥川賞を受賞した著者の作家としての文章力にも，読者を驚愕と感動のドラマに導く要因がある。

また，斎藤貴男著『カルト資本主義』（文春文庫）は，バブル崩壊以降の1990年代にニューエイジ運動ないし新霊性運動と呼ばれる世界的潮流が日本において独自の経営風土と結びついた現象を「カルト資本主義」と名付けている。彼によると，大競争時代の不安な社会において，管理する側が新霊性の潮流を生産性向上の方便として利用し，管理される方もそれなりの処世術としてこの方便に乗じている。そして，マスコミがこのオカルト思想を助長しているという。著者の徹底した取材力とユニークな発想には脱帽である。個々のバラバラな現象が彼によって「カルト資本主義」の主張として統合される手腕は見事だと思う。

さらに，森まゆみ著『鴎外の坂』（新潮文庫）は明治の文豪，森鴎外の人生をドキュメントした異色作である。季刊地域誌『谷中・根津・千駄木』（愛称「谷根千」）の編集人でもあった著者らしく，半生を千駄木ですごした森鴎外を，小説家や軍医（医務官僚）としてだけでなく，地域や家族の１人として位置づけ直した点に特色がある。古地図が多用されており，森林太郎の起伏ある人生と坂の多い千駄木とを重ね合わせながら，地域と家族とに生きた森林太郎を叙事的に描いている。離婚と再婚，嫁姑の不和，子供への溺愛など複雑な人間模様をむしろ温かい目で描いており，それが鴎外の魅力をアピールすることに成功している。

第９章　政策過程のミクロ理論

この章の目的は政策過程の理論を合理性との関連で理解することである。まずアリソンの理論モデルを紹介し，その批判と継承について説明する。さらに合理的選択論，漸変主義，循環モデルについて批判的に検討し，理論的展開としての制度主義，アイデア論について説明する。

１　決定の本質とは

<アリソンのモデル>

外交政策の事例研究には，満州事変，シベリア出兵など多くの蓄積がある。その中でも1962年に起きたキューバ危機は，キューバに核ミサイルを持ち込もうとしたソ連，アメリカ，キューバの関係やアメリカ政府内部の政治過程を対象として，限られた時間制約の中で多くの政治的アクターがいかに決定し，いかに行動したかを研究するのに最適の事例とされている。近年の公文書の公開によって，ケネディ大統領が限られた情報の中で，自らの哲学や世界観によって人類の破滅を回避する重要な決定をしたことが明らかにされている。

アリソンは『決定の本質』の中で1962年キューバ危機へのアメリカ政府の対応を素材とした理論モデルを提示している。政府の行動をどのようにして理解すればよいのかというテーマについて，３つの理論モデルを設定してキューバ危機の事例をどのようにして理解すべきかを理論的に検討したのである。

第１は合理的行為者モデルであり，それは決定者の最適行動を模索する理論モデルである。決定主体は一枚岩的存在であり。目標や価値にむかって最適な選択がおこなわれ，意思決定については秩序だった統制がとれていることを仮定する。

第2は組織過程モデルであり，政府活動の組織アウトプットの所産として組織の決定を理解する（なお，第2版では「組織行動モデル」として再構成されている）。政策は複数の公式・非公式な組織の集合体によって形成され，標準作業手続を組み合わせた行動レパートリーによって生み出される。政治指導者の選択の所産としてではなく，組織の要因が強調される。組織の決定がルーティン化された方向へプログラム化される傾向にあり，ルーティン化された作業への志向性が組織の決定で見出されるとする。

第3は官僚政治（政府内政治）モデルであり，それは官僚制の相互交渉の帰結として政策を理解する。政策は競合・対立するプレイヤーたちの政治的ゲーム・取引の所産であり，その政治過程によって大きく政策内容は左右されるとする。官僚制は命令連鎖に従って機能する階統制ではなく，資源を求めて政策へ影響を与える各部局に分裂しており，この官僚制の分断によって政策のアウトカム，アウトプットを説明している。

＜アリソンへの批判＞

アリソンの分析のレベルは，第1モデル，第2モデル，第3モデルに移行するほど閉鎖系から開放系へ移行し，人間の認知レベルから社会レベルへと拡大している。つまり，第1モデルは人間の頭の認知レベルに直接の焦点をあてたミクロレベルであり，第2モデルは組織の内部過程に焦点をあてたメゾレベルであり，第3モデルは社会過程に焦点をあてたマクロレベルの問題なのである。また分析の規範性も，3つのモデルでは大きく異なっている。第1のモデルは最適な決定を目指すべきという規範性を色濃く有する規範モデルであるのに対して，第3のモデルは現実の過程はこのように記述できるという事実認識を深めるための記述モデルの要素が強い理論モデルとなっている。さらにベンダーとハモンドは5つの点を指摘している。

第1にアクターの限定性がある。ソ連は対象外とされ，一般的な事例では国内社会の利益集団が重要であるが，それとは異なった事例となっている。第2にアリソンが示した理論モデルと現実のキューバ危機との間に事実認識レベルで違いがある。たとえば，アメリカの陸軍，海軍，空軍，海兵隊の四軍司令官と大統領の認識ギャップがアリソンの研究では示されていない。第３に過度な単純化をおこなっており，コンテクストを軽視している。第４にアクター間の相互作用を重視し，アイデアを軽視している。第５に詳細な記述に集中しすぎで大きな構図を無視している。

＜官僚政治モデルの継承＞

このようなアリソンの理論モデルの提示は，具体的な事例へ理論を適用する標準的な研究として金字塔を打ち立てたが，現在では初版の本に批判も多い。ベンダーとハモンドによると，アリソンは限定的な合理性の概念を取り違えており，マーチやサイアートが『企業の行動理論』で標準作業手続き（SOP）を人間の合理性を補完するものとしているのに対して，アリソンは否定的にとらえているという。また，合理的行為者モデルを不利に設定しすぎである。最近の理論構築においては行為者間の関係はゼロサム関係ではなく進化ゲーム論のように２つを同時に追求できる意思決定モデルを構築している。

近年は，そのモデルの有効性を条件づける研究がおこなわれている。たとえば，ロサティのSALT（1960～70年代の米ソ戦略兵器制限交渉）研究においては，大統領府の力が弱い時には官僚政治モデルが適合し，大統領府の力が強い時には官僚制のコンフリクト・協働の重要性が低下していることが明らかにされている。さらにダンレヴィのコア・エグゼクティブ研究においては，1985～86年のウエストランド事件，イギリスのヘリコプター会社の救済をめぐる政治対立の政治過程が実証研究としておこなわれた。その研究では国防大臣と貿易産業省大臣との対立が政府内に生じ，国家の分断化が異なる政策決定の主たる要因とされている。またパットナムにより，国内政治と国際政治を連結させる「２層ゲームモデル」（two-lebel games model）の分析も試行されている。国内における受け入れ可能な妥協の幅を勝利集合（win-sets）とし，勝利集合の大きさが国際合意の可能性を左右し，勝利集合の制約が有利な利益分配をもたらすこともあるという。

2　合理的選択論と漸変主義

＜合理的選択の理論＞

合理的選択の理論とは，人間の認知過程を論理的手順で合理的に導きだす合理的行為者を前提とした議論である。まず決定者は政策選択を規定する価値を識別し，考えられうる選択肢をすべて提示し，選択による結果と達成される価値を探索し，複数の選択肢の中から価値を最大化する選択肢を選ぶ。

しかしながら，この理論モデルが示す政策決定の姿は理想型であり，現実にはそのような決定がおこなわれることはほとんどない。なぜなら，人間の認知活動には限界があるからである。すべての情報を収集することは不可能であり，それを正しく解析することも難しい。そして，すべての選択肢について費用便益を計算して提示することはできない。それらをおこなうならば，政策決定におけるコストは膨大なものとなる。前述したように，この理論モデルは規範モデルとしての性格を強くもち，理想的な政策決定の在り方を示しているものとして理解すべきであろう。

＜漸変主義とは何か＞

このような合理的行為者を前提とした合理的選択の理論への批判として登場したのが漸変主義（増分主義）の理論である。この理論が想定するのは，前述した記述モデルとしての決定の姿である。

政策決定とは現実のさしせまった弊害を除去するための政策立案であり，所属機関と対象集団の利益を最大化する観点から政策立案をおこなう。目的と手段の峻別をせず，現行業務の微修正を加える選択肢からはじめ，実現可能な2～3の選択肢の中から最善のものを選択する。政策の修正・転換を繰り返しながら，漸進的に課題を解決しようとする。

この漸変主義は，集団間の相互作用によって社会にとって合理的な政策が形成されると考える多元的相互調節の理論を前提としている。多元的な集団利益を代表する人びとの多元的な価値基準に基づく行動が相互に調節された結果，市場の予定調和のごとく公共の利益に合致した，社会的に合理性のある政策となる。ここにおいて公共政策の合理性は，個人や組織のレベルではなく，社会のレベルに設定され，妥協と合意の所産として特徴づけられている。

＜限定された合理性＞

人間の認知能力には限界がある。この前提から合理的選択の理論を修正する議論を構築したのがサイモンの理論である。

彼は意思決定を事実前提と価値前提の２つに区分し，意思決定過程を人間と人間の相互作用による決定前提・準拠枠組みの形成過程と，そこから結論を導き出す過程との双方を意味している。しかし，関連する選択肢，選択の結果，その結果を評価するための情報など，意思決定の環境条件をすべて理解することは個々の組織成員にとって難しい。つまり人間の認知能力には限界があり，原因・代替案・結果についてすべて考慮することは不可能である。それゆえ，完全合理性ではなく，限定された合理性の中で組織活動を遂行せざるをえない。問題解決にあたって，最適な解を求めるのではなく，実現可能な選択肢の中から満足いく選択をするのである。統計学的な意思決定理論で想定されるような最適化の基準ではなく，願望水準の充足を満たす現実的な満足化の基準を活用することになる。

この個人の意思決定上の合理性の限界を克服するために，組織には様々な影響力の経路が設計されている。コミュニケーション経路，組織の風土と文化，標準作業手続きによるプログラム化など押しつけがましくない組織コントロールの仕組みが開発されている。サイモンの経営行動論は意思決定者の心理的側面だけでなく，制約する構造的側面にも焦点をあてたために管理的決定の理論といわれている。構造と動機づけが理論上，統合された点は，バーナード＝サイモン理論の特徴の１つである。

3　政策過程の循環モデル

<課題設定>

政策の循環モデルといわれるものがある。そのモデルでは，公共政策が，課題設定→政策立案→政策決定→政策実施→政策評価→課題設定のライフサイクルを形成すると考える。後述するように，実際の社会においてこのような循環モデルは現実には適合しないが，１つの政策形成を理解する手立てとしては有益かもしれない。

このライフサイクルで最も重要なものは，課題の設定過程である。なぜなら，現実の社会では選択肢は２～３つ程度しかなく，どのように課題を設定し，状況を認識するかという問題構造化ができるか否かが政策決定の鍵だからである。

このような課題設定と状況分析の過程においては，人口減少，経済の国際化，産業構造の変化，家族・地域・就業の構造変化などマクロ的な経済社会の変化を理解することが重要となる。まずは経済社会の変化に政策が対応するためである。また，一般国民は経済社会と政治過程での条件付けとして，マスメディアの課題設定機能に依存することが多い。そのため，メディアが何をニュースとして取り上げるかは社会の課題設定に大きな影響を及ぼしている。逆にいえば，メディアに政策立案者が働きかけて課題設定に影響力を行使することもある。

<情報の収集・解析・伝達>

合理的モデルに従うならば，まず統計情報部門が統計調査を実施し，政策企画部門がこれを分析し，対外的・対内的に結果を公表する。組織の意思決定者は有意味な情報に基づいて，特定の課題に関して複数の選択肢を作成し，その中から最適なものを選択する。すなわち，循環モデルでは徹底した情報収集→調査分析→選択肢の作成→選択という政策形成の過程を想定している。

しかしながら現実にはこのような構図はほとんど存在しない。情報収集に基づいた選択どころか，選択を正当化するために都合のよい情報が収集されることもある。かりに事前の情報収集や調査分析がされても，意思決定と結びつかないことも珍しくない。また情報収集は現場の担当課の責任で実施されており，情報の収集と解析が強固な官房・総務統制に基づいた一元的な組織秩序の下におこなわれているのではない。

<循環モデルへの批判>

先に政策過程の循環モデルについて指摘したが，この循環モデルは理想的な規範モデルの性格を強く有しているため，批判も多い。循環モデルへの批判としてここでは2つの研究を紹介しておきたい。

第1は政策実施研究である。たとえば，プレスマンとウィルダフスキーの政策実施研究においては，連邦政府の雇用プログラムにおける実施実態がワシントンの連邦政府の当初目標と大きく異なることを明らかにしている。この研究は目的―手段の連鎖構造を条件付けている要因を明らかにした貢献がある。また，リプスキーによるストリートレベルの官僚制の研究においては，警察官，刑務官，教師，ソーシャルワーカーなど第一線職員の裁量の大きさが強調され，政策は行政と市民の相互作用から形成されるものであることが明らかにされている。

これらは循環モデルの非現実性を指摘したものであるが，理論的な修正をおこなったのが，第2の代替理論であるゴミカンモデルである。マーチとオルセンのゴミカンモデルは，意思決定は「組織化された無秩序」であることを示したものであった。目標・因果関係・参加状況が曖昧で「選択機会」「参加者」「問題」「解」の4つの流れが，それぞれの属性よりも，あらわれるタイミングによって互いに結びつき，一時的な意思決定の秩序を生みだすと考えられている。選択機会をゴミカンに，そして問題と解をゴミに比喩したものである。

このモデルにおいては，個人の認知・選好→個人の行動→組織の行動→環境の反応という合理的・論理的な因果関係の連鎖は成立しない。2つの同じ問題

（ゴミ）と解が異なる選択機会（ゴミカン）の中で異なる処理を受けることは通常の現象であり，解が問題の前に提示をされていたり，行動が選好の先に出現していることもしばしばありうる。

つまり問題，解決策，参加者，選択機会の結びつきは，属性ではなくタイミング，コンテクスト，処理量，案件の重要性などに左右される。緩やかな秩序では，採択構造（問題・解と選択機会の関係）が重要であり，そこでは発生した特定の問題（ないし解）が特定の選択機会に入ることを要請されたり許されたりする。また決定構造（決定者と選択機会の関係）も重要視され，そこでは特定の意思決定者が選択機会に参加することを許されたり要請されたりする。

政策過程の理論展開について概説してきたが，近年は制度，利益，アイデアに分けて政策過程を理論的に把握することが多くなってきた。利益についての論述は第11章に譲り，本章では制度とアイデアを中心に近年の研究を説明しておこう。

4　政策過程の理論的展開

＜新制度主義＞

多元主義にかわる1980年代アメリカ政治学の潮流は，行動科学からの脱却，多元主義への反動，過程重視の政治学への反動であった。国家論の台頭はそれを象徴するものであった。従来は国家の社会的属性・アクターに焦点をあてていたが，国家は社会を映す舞台や鏡ではなく自律した存在であり，国家はむしろ社会を規定し，社会的勢力に影響を与える存在として考えられるようになってきた。

これらの新潮流を包括して新制度論（主義）と呼ぶが，それはさらに経済学的制度論，歴史的制度論，社会学的制度論に区分して説明されることもある。経路依存性とフォーカルポイントがそこでの重要な鍵概念となる。経路依存性とは，選択に至った当初の諸条件が後に変更されたにもかかわらず，慣性のために過去のある時点でおこなわれた選択が変化しにくい現象をいう。またフォーカルポイントとは過去からの遺産，つまり相手が自分の行動に関してもっている期待と自分が相手の行動に関してもっている期待を意味している。

<アイデア論>

政策決定における選好の多くは認識・アイデア・知識・アイデンティティに規定されている。アイデア論もしくは構成主義（コンストラクティヴィズム）とは政策決定の間主観性を強調し，制度や利益ではないアイデアで政策が決定されていることを強調する考えである。

このアイデア論は国際レジームで強調されることが多いが，それは国際関係が制度の拘束性の低い，アクター間の相互作用で構成される世界であり，共通の認識やアイデンティティで協力が促進され，その帰結として国際レジームが形成されると認識されるためである。また恐慌や経済危機などの危機的状況で大きな変更がされ，アイデアが採用されることもしばしば強調される。

利益によって政策が促進されたり，制度によって政策が制約されたり，アイデアによって閉塞状況が打開されたりすることをみても明らかなように，時代や対象に利益・制度・アイデアは左右される。また，アイデアは独立変数として実証されにくく，媒介変数として操作されることが多いという制約もある。ましてや言説について，実証的には分析しにくい点は否定できない。アイデア論にとどまらず，政策過程においては，唱道連携モデル，ゲーム論，言説分析など幅広く理論形成がおこなわれており，これらについて研究はいまだ発展途上といえるだろう。

また，利益，制度，アイデアの総合的把握も必要であろう。従来は利益，制度，アイデアの関係も十分明示されていなかった。多元主義など利益に重きを置く従来の研究に批判的な立場から，分析の枠組みとして利益，アイデア，制度の補完関係という視点を提示し，政策学習という概念を用いて政策変容の分析をおこなったのが秋吉貴雄である。

<利益と制度とアイデア>

秋吉貴雄は『公共政策の変容と政策科学』でアメリカと日本の航空輸送産業

における規制改革過程を対象としている。政策分析によって生産された「知識」という認識的要因がその知識をめぐる「コンテクスト」において，どのようにアクターの行動に影響を及ぼし，政策内容に影響を及ぼしたかということに焦点を当てている。また，「アイデア」によってアクターの認識枠組みが形成され，政策の方向性に関する価値判断をおこない，問題状況を認識し，具体的な行動が選択される。政策変容の，①政策パラダイムの転換，②政策アイデアの構築，③政策アイデアの制度化，という３つの段階において，どのように「政策学習」がおこなわれるかで政策の内容が規定されることになる。

政策変容の規定要因として認識要因と制度要因をあげ，認識要因としてアイデアの混乱や推進者の不在，制度的要因として政策決定の場が閉ざされた場であること，規制当局が割拠的自律性をもっていること，「政策遺産」による制約（事業者経営基盤の格差，競争制限による内部補助政策，空港整備政策の遅れ）を指摘している。アイデアが，①行動目標の明確化，②アクター連合の形成，③制度化，という３つの形でアクターの行動に影響を及ぼし，アクターの認識枠組みを形成し，アクターの行動・政策に影響を及ぼすことが確認されている。

秋吉によると，「制度化」とは制度へのアイデアの「埋込み」という形でアイデアが制度の根幹を形成し，政策決定に影響を及ぼすことであり，「制度フィルター」とは制度によって特定のアイデアやそのアイデアを支持するアクターが政策決定の場で影響を及ぼすことが可能になるかどうかが左右されることである。アイデアと利益の間には，①制度化，②制度フィルター，という２つの関係があり，「アイデアが利益を定義する」という関係が確認されている。アイデアと制度の間にも，①制度化，②制度フィルター，という２つの関係があり，政策変容を規定する制度的要因について考察している。

参考文献

秋吉貴雄（2007）『公共政策の変容と政策科学：日米航空輸送産業における２つの規制改革』有斐閣

足立幸男・森脇俊雅編（2003）『公共政策学』ミネルヴァ書房

グレアム・アリソン，フィリップ・ゼリコウ（2016）『決定の本質　キューバ危機の

分析　第2版　Ⅰ・Ⅱ』日経BP社
河野勝（2002）『制度』東京大学出版会
河野勝・岩崎正洋編（2002）『アクセス比較政治学』日本経済評論社
サイモン，H. A.（2009）『経営行動』（二村敏子ほか訳）ダイヤモンド社
マーチ，J. G.，オルセン，J. P.（1986）『組織におけるあいまいさと決定』（遠田雄志，アリソン・ユング訳）有斐閣
宮川公男（1994）『政策科学の基礎』東洋経済新報社
リンドブロム，C. E.，ウッドハウス，E. J.（2004）『政策形成の過程』（藪野祐三・案浦明子訳）東京大学出版会

コラム⑨：現場には本質がある

現場の臨場感を伝えるには，単なる文献研究では目的を果たせない。「組織の底辺には組織の本質がある」と述べたのは現代組織論の泰斗 H.A. サイモンである。第一線に何らかの真実があるとするならば，一定の調査をおこなうフィールドワークが必要となる。フィールドワークにはインタビュー調査法，参与観察法，アンケート調査法など様々あり，詳しくは佐藤郁哉著『フィールドワーク』（新曜社）やR・エマーソンほか著『方法としてのフィールドノート』（新曜社）などを参考にしてほしい。ここでは，ヒアリングに行くときの教訓をわかりやすく紹介しよう。

第1にアポイントは必ずとらなければならない。当たり前のことであるが，重要なことである。相手の仕事を邪魔しに行くのも同然なのだから，約束の時間は必ず守ることが礼儀である。事前に電話で用件を伝え，日時を相談し，日時，訪問者，人数，ヒアリング事項，連絡先などをメール，ファックス，郵送物で送っておき，電話で確認しておくと安心である。ホームページを見たりして，事前に相手側の概説的な情報を身につけておくことは常識である。

第2にヒアリングへは複数で行くべきである。ヒアリングは実施者の独断的で主観的な解釈に陥る可能性もでてくる。初心者ならば，数人で行く方が安全だろう。記録情報を補完しあい，聞き取れなかったことを確認することもできる。また学問分野が異なる人とペアを組むと，自分とは異なる角度からの質問が出せてよい。ただし大人数で行くと視察と同じになり，相手側も準備が大変である。5人程度が限度だが，ヒアリングに慣れた人は単独でもよいかもしれない。記録するために録音をすることには善し悪しがある。録音だと話している内容を確実に記録できるが，データ化が大変な作業になるし，録音を意識して相手が話を抑制してしまう危険性

もある。私はもっぱらノートに記録するだけである。

第3に関係なさそうな情報も収集しておくべきである。自治体にヒアリングに行く場合，私は市政要覧をもらうことにしていた。高齢者福祉が目的であったとしても，人口，面積，財政状況，産業などの情報が掲載されている要覧は論文作成時に必要となることが多い。直接引用しなくても，予備知識として知っておいた方がよい。ヒアリングの項目も，少し幅広く設定し，広く網を掛けておくことが秘訣だ。資料もできるだけ多く集め，相手の持っている内部資料はずうずうしくコピーをお願いしてみよう。応じてくれたらラッキーである。

第4として，できるだけたくさんの人と会っておくべきである。幅広く情報を収集するためには，直接担当する部門や人だけでなく，内外の関連する部門や人にもヒアリングすることが重要だ。自治体の福祉課へ在宅介護についてヒアリングするにしても，ヘルパーだけでなく，コーディネーター，管理職員，市福祉課職員，市企画財政関連課職員，労働組合などにもヒアリングしておくべきだろう。出向者かプロパー職員かでは見解が異なるだろうし，管理者か現場職員かでは志向性も行動様式も異なるのが常である。現場職員が批判的見解をいわないように，中間管理職が同席するかもしれないが，別々にヒアリングした方が相手も話しやすい。できなければ，名刺を貰っておいて，後日電話やメールで確認する方法もある。

第5として，関連する他の情報も聞いておくべきである。一般事務職で自分の職場の悪口を言う人は少ない。自分のところの自慢話はそれとして聞いておいて，他の自治体や他の部門についての見解も求めてみよう。意外にも気軽に応じてくれるかもしれない。それらを相互にチェックしながら面談ができるようになれば，ヒアリングの達人である。とくに部門間で対立が激しい場合には，有効な方法だと思う。批判や悪口には誤解やバイアスが少なくないが，ある種の真実が込められていることが多い。すべての情報を疑って厳しく詰問すると，相手が警戒して喋らなくなるので，お互いリラックスしてから核心に入るとよい。当然だが，一定の勉強をして予備知識を頭に入れてからヒアリングに行くのが常識だ。「何かありませんか」というヒアリングは最悪のパターンである。

第10章　政策過程の行為者

政策過程は国民，メディア，政党，議会，利益集団，執政部，官僚制，裁判所，国際機関，外国政府などから構成されている。利益集団については次章に譲り，本章では国民，政党・議会，執政部，官僚制に限定して政策過程の行為者について理論仮説と制度の解説をおこなう。

1　国民

＜投票行動＞

民主主義社会において国民は主権者であり，選挙で投票して政治的意思を表明し，世論を通じて政策の課題設定に影響を与える行為者である。田中愛治によると，投票者は政策（争点）投票や業績投票をおこなうと理論的に説明されている。

政策（争点）投票とは政策争点に関する評価に基づく投票であり，それは自分自身の立場と政党・候補者の立場との距離を判断基準とする場合と，現状を基準とした時に政策の方向性を判断基準とする場合とがある。その仮説が成立する条件は，有権者が選挙時における政策争点を認知していること，有権者にとってその政策争点が重要な意味をもっていること，どの政党の争点上の立場が最も自分の立場に近いかを理解していること，にある。

業績投票とは過去における政党（とくに政権与党）の業績に関する評価にもとづく投票である。その背景にある考え方は，政権与党の業績がよければ賞を与え，悪ければ罰を与える「賞罰投票」の考え方である。政策（争点）投票は有権者の情報（収集・分析・処理）コストが大きいため，過去の評価の方が意思決定の方法として合理的である，というものである。

国民は選挙を通じて政党支持の態度を形成するが，近年選挙結果を大きく左右するのが無党派層の存在である。この都市部に多い高学歴の無党派層は政治的無関心の帰結でなく，合理的な戦略投票を行う行為者として理解されている。勝ちすぎた党派とのバランスを取るために，対立党派に投票するのであって，必ずしもその党派のイデオロギーを支持しているとは限らない。その背景には政党間の差異が小さくなり，大きな政策の違いがないことがある。有権者の政策選択は理念やイデオロギーに基づいた行動だけではないのである。

＜選挙制度＞

選挙制度と政党制の関係は「デュヴェルジェの法則」として知られる。一般的にアングロサクソン系の選挙制度は小選挙区制度であり，それは二大政党制を促進しやすい。小選挙区制のメリットとして，政策転換を政権政党の選択によって実現でき，安定多数の政権が実現する可能性が高い点がある。しかし投票で死票が多くなり，政党間対立が激しく政策の調整が難しくなる。

ヨーロッパ大陸系の比例代表制度は多数政党制を促進し，連立政権を成立させる可能性がある。この選挙制度のメリットは民意を反映しやすく，連立政権で政党間の政策調整が可能となる。逆にデメリットとしては，国民が支持しない政策が選択される可能性があり，つねに政権が不安定となる。連立政権において多党派の利益を充足する必要があるので，公共支出は常に拡大する傾向にある。

この２つの制度の折衷として，日本においては小選挙区比例代表並立制が導入され，2016年現在，衆議院では小選挙区295議席，比例代表（11ブロック）180議席が配分されており，被選挙人が小選挙区と比例代表の双方に立候補することができる重複立候補制，つまり惜敗率で小選挙区落選候補も比例区復活する制度が採用されている。2016年現在，参議院では都道府県を単位とする選挙区選出議員が146人，全国を単位とする比例区選出議員が96人である。2015年６月に改正公職選挙法が成立し，選挙権年齢は20歳以上から18歳以上に引き下げられた。

＜投票者と政党行動＞

国民は政党を選択することで自分の価値や信条を実現する。逆にいえば，政党が政権を獲得するためには有権者の票をできるだけ多く獲得することが必要である。このとき政党は2つの行動をおこなうと理論的に説明されている。

ひとつは政権獲得行動である。議院内閣制度において多数党派が政権を獲得して政策を実現するためには議員の「数」が重要である。法案を可決させるための議会で過半数を獲得する必要があるからである。この政権獲得のための行動として，投票者を最大限獲得できる中位投票者の政策まで政党の政策をシフトさせる必要がある。「数」のためには党の理念を離れてイデオロギーの変更も辞さない現実的な行動をとることがある。有権者をより多く獲得する可能性もあるが，従来の支持層を失うリスクもあり，政策の変更が合理的な選択かどうかは状況による。このような中位投票者の政策位置まで党の政策を変化させることは，しばしば包括政党や連立政権で見られる現象である。

もうひとつの行動は党派的行動である。党の伝統的な理念・イデオロギーに固執して理念・イデオロギーを保守し少数派も辞さない。このような理想を追う党派的行動は有権者に支持されず，多数派を形成することはできないかもしれない。しかし少数政党・野党として次回の選挙の準備をし，政権獲得能力をPRし続けることで次の政権を獲得できる可能性もある。異なる理念・イデオロギーを掲げて政党間競争をおこなう中で有権者が政党を選択することで対立する政策の選択をおこない，価値選択・体制選択をおこなう投票行動が後述する党派的景気循環の機能を果たす場合もある。

2　議会と政党

＜政党の機能＞

政党とは社会の意思を政治へ媒介する制度であり，社会から政治家を輩出する制度である。田中愛治は政党の機能を4つに区分して説明している。

政党の機能としては，第1に政策形成機能があり，これは利益表出と利益集約の機能にわかれる。利益表出機能とは企業，業界団体，労働組合，国民から利益を吸い上げる機能であり，利益集約機能とは数多くの利益を調整してまとめ上げる機能である。

第２に政治指導者の選抜と政府の形成の機能がある。これは政権をどの政党が担当し誰が執政部の長になるかを決定する機能である。議院内閣制度の場合は多数派政党が政権を担うため，政治家の選抜と政府の形成で政党が果たす役割は大きい。

第３は政治家の人材発掘と登用の機能である。政治家を発掘してくるという意味で政党は政治的リクルートメントの機能を果たす。日本において，かつて中選挙区制度ではこのような政党機能は派閥が代替していた。しかし選挙制度が変化することで，中選挙区制度での派閥間競争から小選挙区制度での政党間競争へ変化してきている。

第４は国民の政治教育の機能である。選挙や国会での政策論争によって政治的社会化は促進され，人間の成長過程で政治的価値観や態度を形成する。

＜議会の役割＞

議会は争点明示機能，国民代表機能，政策の影響機能，行政監視・統制機能，政治的リーダー選出機能を果たしており，日本において「国会は，国権の最高機関であって，国の唯一の立法機関である」（日本国憲法第41条）といわれる。高度産業民主主義国の議会を類型化したポルスビーによると，議会は２つに類型化できる。

第１は変換型議会である。それはアメリカの強い議会が典型であり，社会の様々な要求を実質的に法律（政策）へ転換する機能を果たす。第２はアリーナ型議会である。それはイギリスの弱い議会が典型であり，与野党が争点を明らかにして議論を戦わせ，次回の選挙を有利に戦うために各種の政策を有権者へ訴えるアリーナ（闘技場）として機能する。

アメリカ議会は原則的に法案提出が議員立法であり，委員会と小委員会が大きな影響力を有している。議員に対するロビイング活動が認められており，政策スタッフの充実と弱い党議拘束が特色である。ログローリング（法案の相互支持）や交差投票（他政党議員提案の法案に投票）が頻繁におこなわれ，個々の議員が政策の立案に大きな影響力を行使している。これらの特徴は政党が分権的な性質をもつことに由来している。

イギリス議会は内閣提出法案が80％（成立率90％）であり，フロントベンチャーとバックベンチャーによって議員が構成される。与党議員の３分の２が執政部の構成員（大臣，副大臣，政務官，秘書官）となり，強い党規律に拘束される。各党の候補者は党本部が決定し，落下傘のように各選挙区へ降りて行き，小選挙区の中で政党間の競争を代行する。政権与党が政策立案のほとんどをおこなうため，野党は政策へ影響力を行使する余地は少ない。むしろ野党は法案修正よりも法案の非を討論で明らかにして次回選挙での政権奪取をめざすことに徹し，アリーナ型議会で政権能力・政策能力を国民へ PR することになる。「イギリスの選挙は先の選挙が終わったその日から始まっている」といわれる所以である。

＜日本議会の理解＞

「粘着性 viscosity」とは議会の立法能力ではなく，内閣提出法案の成立を妨害し廃案に追い込む能力をさし，マイク・モチヅキは日本の自民党一党独裁体制の下で自民党が野党に法案や予算案の承認を譲歩したり，法案通過に苦労した点に着目した。その理由は，二院制，会期制，手続きにおける全会一致性，委員会制の制度の存在に求められている。この考えは議会が承認の印を押すだけの存在にすぎないという国会無能論への批判として主張されたものである。

参議院が法案を否決しても衆議院で３分の２以上の多数を得れば法案通過するが，その可能性は低い。通年制を採用している欧米と異なり，日本の国会は会期不継続の原則と年間複数会期制を採用している。執政部が議会の議事運営をある程度統制している英米と異なり，政党が審議事項や日程で執政部からある程度の自律性をもつ。本会議中心ではないので，委員会で野党の抵抗の機会をあたえる。

確かに自民党の一党支配時代においては野党の抵抗手段としては，審議引き延ばし，審議拒否，枕法案の提出がおこなわれていた。人事院勧告の実施が与野党の取引材料として用いられてきたことは周知の事実である。しかし，この粘着性論には批判も多い。この議論は変換型議会を想定しており，アリーナ型議会の観点からの分析が欠落しており，社会保険政策は粘着型審議，租税政策は討議型審議，労働保険政策は標準型審議と評価すべきではないか，という批判がそれである。そもそも野党が政策に影響力を行使することは衆議院多数派と参議院多数派が異なる党派で構成される「ねじれ国会」でしか経験的になく，粘着性論は拒否権行使が有効な状況以外，現実的な議論ではない。

かつて議会の衰退がいわれ，行政官僚制の台頭，執政部への権力集中，利益団体政治の顕著化が指摘されてきた。近年はむしろ議会の復権ともいうべき1999年の国会改革，つまり党首定例討論，政府委員制度の廃止，副大臣制度導入により，日本においてもイギリスをモデルとした政治改革がおこなわれている。

3　執政部

<議院内閣制>

議院内閣制は権力融合の政治制度である。執政長官である首相は議会の多数派により選任，解任（不信任）される。議会の多数派の支持を得ている限り，首相は解任されない。行政権と立法権は分立し，行政権と立法権は首相の手で融合される。

モンテスキューは『法の精神』の中で「イギリス人の自由の秘訣は執行権（国王），司法権（貴族），立法権（平民）の三権が分立しているからである」と述べている。またバジョットは『イギリス憲政論』の中で「イギリス憲法が機能する秘訣は，むしろ執行権と立法権とが結合し融合している点に存在する。両者を結合するハイフン，さらに両者を締め合わせるバックルは，内閣である」と論じている。

ただし，例外としての混合型もある。スイスのように，間接選挙で議会から選出された首相が固定任期を務める自律内閣型もあれば，かつてのイスラエルのように，直接選挙で国民から選出された首相が議会運営を左右する首相公選型もある。一般的に議院内閣制の首相の方が大統領より強いリーダーシップを発揮できると観念されている。ただし，それは議会多数派の「質」に左右され，それを規定するものは多数派の構成と政権与党の集権度に求められている。つまり，政権与党が単独なのか連立なのか，選挙制度が小選挙区制か比例代表制か，政党の公認権，公職の人事，選挙資金に左右されるのである。

＜大統領制と半大統領制＞

大統領制とは権力分立の政治制度である。執政長官である大統領が議会とは別に選出され，その任期は規定されており，議院内閣制度のように変更されない。アメリカの大統領は議会で可決された法案に拒否権をもつが，上下両院が３分の２以上の多数で再議決すれば，法案の拒否権は覆される。行政権と立法権は分立しており，「分裂政府，分裂統治 divided government」の状態が通常にある。つまり，議会の多数派と大統領の所属政党が不一致であり，法律や予算の通過が困難な例がしばしば起きる。それゆえ大統領制の大統領はリーダーシップが発揮しにくいと理解されているわけである。議会選挙とは別に国民による選挙によって選出され，大統領制の大統領は原則任期終了まで職務を遂行する。

半（準）大統領制とは権力分有の政治制度である。議会からの自律性をもつ大統領と議会多数派の信任に依拠した首相とで行政権が分有される。大統領与党が議会の多数を占めている場合には，議会と大統領は協調関係にあり，政策・法案・予算はスムーズに議会を成立する。しかし，大統領に反対する政党が議会で多数派をしめた場合には，議会で信任される首相を大統領が任命することになり，首相と大統領が異なる理念やイデオロギーをもつ共存状態となる。フランス第五共和制の「共存 cohabitation」がそれである。アメリカと異なり，フランスの大統領は議会の解散権をもつ一方，法案への拒否権は保有しない。フランスの場合は大統領と首相が共存し，いずれも執政長官として行政権を分担把握する。たとえば，外交と国防は大統領，その他の内政は首相という分担がそれである。

議院内閣制度，大統領制度，半（準）大統領制度の何れが強いリーダーシップを発揮するのかは，比較政治学の重要な論点である。これらは，拒否権の内容，政権政党の政治的支持，大統領の首相任命権などの制約条件に左右される。

＜党派的景気循環と政治的景気循環＞

ここでAとBの２つの政党が政権をめぐって政治的に競争・対立していると仮定しよう。A政党は大きい政府を志向し積極的なケインズ政策を採用し，B政党は小さい政府を志向し緊縮財政を方針とする。二大政党制の下では，国民はA政党とB政党を交互に政権を担当させ，党派の選択により景気循環を起こさせていると考えるのが「党派的景気循環」の理論である。イギリスのように保守党と労働党の二大政党が政治的競争をすることによって，市場で消費者が商品を選択するがごとく政党を選択することが経済サイクルの創出になっているという議論が成立する。

これに対してどの政党が政権を担っても，政権初期は緊縮財政政策で政権末期は積極経済政策を採用するとするのが「政治的景気循環」の理論である。この理論仮説によると，たとえば，任期の決まっているアメリカ大統領は共和党であれ民主党であれ，就任直後は緊縮財政政策を採用し，政権末期は積極的財政政策を採用することが多いとする。これを選挙サイクルという。初期は納税者に合意の得られやすい緊縮政策を採用するが，政権末期には納税者に合意の得にくい拡大政策にも着手し，積極的な経済政策を用いて選挙支持者へ利益誘導をおこなうのである。

党派的景気循環が有力か，政治的景気循環が説明力があるのかは，議論のあるところである。ただし，議会の解散権を保有する議院内閣制度においても，景気上昇と選挙実施は同時期の傾向にあるが，その実態はアメリカと全く異なる。つまり日本の総理大臣は，景気の良い時期を選んで議会を解散し，選挙をおこなうのであって，選挙をおこなって景気を回復させているわけではない。これは首相が解散権を保有する制度条件が存在するからにほかならない。

4　官僚制

<代理人としての官僚制>

近代官僚制は社会問題を解決する道具として生まれた。一方において，官僚制が他の集団と異なるのは，専門能力の大規模かつ継続的な動員という点に特色をもつことである。政治の統制の下で作動する意味で，官僚制は他律的な技術の集団として存在しているが，他方において，統治過程において自律的な権力の主体としても存在しており，主人たる政治家や国民を凌駕する政治社会を形成している。

民主主義社会において主人は主権者たる国民であるが，その信託をうけて国民の意思を実現するのが政治家である。そのため，官僚制は政治家を間接的な媒体として国民の厚生を高めるための道具として存在している。つまり行政官僚制は主人である国民の代理人として社会に存在するのである。

エージェンシーの理論においては，組織は主人（principal）と代理人（agent）との依頼契約の束として考えられている。主人が自己目的を達成するための意思決定行為を代理人に委託することによって，両者の契約関係が成立する。代理人は命令連鎖のインセンティブ契約を通じて行動し，主人は代理人の行為を統制する必要性に迫られる。このエージェンシーの理論の基本要素は，主人に源を発したコントロールが階層的に分解されていること，市場に条件づけられたインセンティブ契約，価値最大化に基づく意思決定にある。契約の連鎖構造の中で代理人は主人から権限を調達している。主人と代理人を，国民と政治家，政治家と官僚制，官僚制と利益集団に言いかえることができる。

＜統治の中の官僚制＞

統治の機能を立案，調査，調整の機能に分類するならば，アメリカは何れにおいても議会や大統領の政治主導によって統治機能が担われている。次章で述べるように，アメリカは権力の所在が多元的であり，議員は高学歴であり半数近くが法律家・大学院修了者となっている。議会・議員は政策決定で大きな役割を担い，議員１人に数十人のスタッフが配置されるなど議員の政策スタッフは充実している。また，議会の付属機関として，会計検査院（GAO），議会図書館，議会予算局（CBO）など数千人のスタッフが存在している。大学教員や研究機関研究者の政治任用は多く，枢要な政策決定にかかわるスタッフは大統領府・各省庁での政治任用となっている。政策決定者の労働市場は流動的かつ多元的である。

これに対して日本においては，官僚制が日本最大のシンクタンクであり，政策の調査・立案・人事で自律性の高い専門集団を形成してきた。また，利害調整で大きな役割を果たし，大臣など政治家の指示を受けることなく，官庁の「原課」は政党・業界団体・労働組合との日常的なコミュニケーションを通じて調整機能を維持してきた。

しかし，細川内閣以降，内閣主導の政策決定が目指され，橋本政権においては内閣機能の強化が施行され，内閣府の創設，内閣官房の改組，幹部職員の閣議了承などがおこなわれてきた。

このアメリカモデルと日本モデルの中間が，ヨーロッパのモデルである。行政官僚制の役割はアクター間の調整役と法案作成における技術的役割に特化しており，政党・労働組合・中立系の諸シンクタンクにおける政策立案・調査機能が卓越している。また，利益集団と官庁との協調体制が確立されており，人事統制・企画立案・利害調整での政党の役割は大きい。国により程度の差はあるが，政府（政党）・経済界・労働界の協調体制（コーポラティズム）はアメリカや日本以上に制度化している。

行政官僚制は一方において合理的な機械として存在し，それは専門知識を動員する組織として，効率の技術を蓄積させた体系として，他の社会集団より比較優位の立場にあった。そこにおいて官僚制は政治的意思を受動する道具として存在していたといってよい。他方において，国民や政党を凌駕する政治的な権力主体として存在し，それは単なる機械的な執行機関としてではなく，能動的な機能であることが求められている。技術と権力のバランス，規律と裁量のバランス，自律と他律のバランス，そして受動と能動のバランスをいかに設計するかが，現代行政官僚制の課題であろう。

参考文献

伊藤光利・田中愛治・真渕勝（2000）『政治過程論』有斐閣
井堀利宏・土居丈朗（1998）『日本政治の経済分析』木鐸社
岩井奉信（1988）『立法過程』東京大学出版会
内山融（2007）『小泉政権』中公新書
大山礼子（2003）『国会学入門　第２版』三省堂
大山礼子（2003）『比較議会政治論』岩波書店
佐々木毅ほか（2011）『ゼミナール現代日本政治』日本経済新聞社
建林正彦ほか（2008）『比較政治制度論』有斐閣
田中愛治（2003）「政党」久米郁男ほか『政治学』有斐閣
バジョット，W.（2011）『イギリス憲政論』（小松春雄訳）中央公論新社
ポルスビー，N.W.（2009）「立法府」加藤秀治郎・水戸克典編『議会政治』（加藤秀治郎・和田修一訳）慈学社
モンテスキュー，C.（1989）『法の精神』（上）（野田良之ほか訳）岩波文庫
山口二郎（2007）『内閣制度』東京大学出版会

コラム⑩：年をとるということ

与える側と与えられる側とが明確に分離している現在の福祉観は，近代特有のものである。たとえば，中世における福祉の考え方は近代のそれとは大きく異なっている。杉野昭博によると，中世の慈善文化には，「霊媒」「病人」「浮浪者」「障害者」「巡礼」という象徴メディアが存在していた。この漂流者たちは，「聖なるもの」として現世に対する外在性，逸脱性，非日常性，異人性をもっているがゆえに，現世に幸運をもたらす「来世」からの使者として考えられていた，というのである。盲僧や巡礼が村を訪れ，村人がこれらの人びとへ施しを与え，その村に豊作という「幸運（福祉）」をもたらす，という精神構造が成立していたことになる。

福祉とは幸せ・幸福を意味しているのであるから，これら象徴メディアを通じた来世と現世とのコミュニケーションこそ，中世慈善文化の本質だったといえる。杉野によると，施される者が施しを求めたのではなく，施す者が施された者に「幸福(福祉)」を求めた点が重要だというのである。施す側が施される側に依存し，施す側の方が切実に施しを求めているという，近代人からみると逆説のような文化が存在していたことになる（杉野1995：189-191)。

現代の日本でも，このような精神文化は残存している。沖縄は古い日本文化が残っている場所だが，そこで面白い話を聞いたことがある。石垣島のメインストリートには大きな看板が立てられ，そこにはいつも白い髭の老人が座って焼酎を飲んでいるそうである。夕方になると，その白い髭の老人は飲み屋を廻る。飲み屋の方も，その老人が来たことを嫌がらず，小瓶の焼酎を用意していて，老人へ渡す。いわば，白い髭の老人は「まれびと」「福の神」であって，縁起の良い印ということであろう。仙台四郎という「縁起物」も，仙台に住んでいた障害者である四郎という人の人形やお札が商売人に有りがたがられているもので，同じ文化といえる。物理的には施す側が精神的に施される側となる現象は，近代以前には日常的なものであって，現代社会の常識は数百年前の中世では非常識なことだった。このことは私たちの福祉観念やボランティアの互酬性の考え方を再検討する必要性を示唆している。

さらに，情報化は老人の観念さえ，変化させている。たとえば，将棋士の羽生善治は二十歳そこそこで将棋のタイトルを総なめした。これは情報社会の発展と無関係ではない。かつて過去の将棋の対戦情報は本に記録されているだけであったが，近年はコンピュータに保存されている。そのため，コンピュータを利用して過去の対戦を十分に学習し，若い棋士たちは想定される将棋の定跡を事前にシミュレートしている。情報交換をしながら，研究会も盛んである。

このように，情報の蓄積が容易になり，情報が個人の専有物にできないようになると，年をとって記憶を蓄積する価値が低くなる。かつては情報を共有する方法がなかったため，若者より老人の方が情報を蓄積しており，社会では発言が強く，実際に権力をもっていた。そのため，村社会において高齢者は最高の情報蓄積者かつ伝承者であったが，情報が公開され共有される現在では，高齢者はかつてほど尊ばれることなく，年をとることがありがたがられることは少ない。

このような考えに対し，戸井田道三の『忘れの構造』（筑摩書房，1984年）は，「忘れる」という一般に否定的にみられがちな行為を積極的に肯定・推奨している点に特色がある。忘れることに積極的意義を見いだしたという点で，赤瀬川原平のいう「老人力」よりも先駆的かもしれない。その哲学的エッセイの中で戸井田が主張することは，「忘れるから構想力が自由をわがものにしてふるまえるのではないだろうか」という問いであった。

かつて私が修士論文を執筆していたときに，先輩から「理論のことはいったん忘れろよ」とアドバイスされたことがある。理論枠組みで世の中の現象を切って見せようと焦るとトータルに捉えきれないし，空回りする可能性があるという趣旨だと当時の私は理解した。貴重なアドバイスにより，いったん勉強した理論を忘れるということを通じ，事例研究も空虚なものにならずにすんだと思う。今思えば「老人力」のなせる技だったのかもしれない

参考文献

赤瀬川原平（1998）『老人力』筑摩書房

杉野昭博（1995）「現代社会福祉の視点⑵—福祉の思想と文化—」古川孝順ほか編『社会福祉概論　①これからの社会福祉』有斐閣

戸井田道三（1984）『忘れの構造』筑摩書房

第11章　政策過程のマクロ体制

この章では政策過程をマクロ的に理解することが目的である。まず，権力分立と法律による行政の原理について説明する。つぎに，代議制の危機を克服するための政治体制として，直接民主制とコーポラティズムを検討する。多元的権力システムとして，多元主義とネオ・コーポラティズムが模索されていることを示す。

1　法律による行政

＜権力分立の政治装置＞

権力は腐敗する。そして恣意的な権力行使がおこなわれる危険性がある。権力は主権者たる国民によって統制されるものでなければならない。そのため，近代においては2つの権力抑制装置が設計された。

第1は権力分立制度である。国と地方に権力を分立させ，さらに立法，司法，行政の三権に分立させる。このような権力分立の制度は，複数の権力を相互に抑制均衡の状態におくことにより恣意的権力行使を抑制するために構想された。ジョン・ロックの『市民政府論』やモンテスキューの『法の精神』が，その構想の示された著作である。

彼ら思想家たちに共通することは，辻清明によると，権力に対する猜疑と悲観が根底に存在することである。しかし権力の恣意的行使を根絶することはできないので，次善の策であるけれども，消極的な政治装置として権力分立制度が制度化していったのである。モンテスキューは「すべて権力を持つ者は濫用しがちである。彼は極限までその権力を用いる。そのことは普段の経験が示すところである」と権力の恣意的行使の危険性を指摘している。またジェファーソンは「自由な政府は，信頼ではなく猜疑にもとづいて樹立される。私たちが権力を委託しなければならない人びとを，制限した政治構造によって拘束しておくことは，信頼ではなく，猜疑があるゆえである」と述べ，猜疑に基づくアメリカの政治制度（連邦制と三権分立制）の積極的な意義について説明している。

＜法律による行政の原理＞

権力分立の制度は権力主体の間の相互監視システムで国民に対する恣意的権力行使を抑制しようとしたのであるが，実際には行政権が他を圧倒していた。立法や司法にくらべて，国王を頂点とする行政機構は大きな権力を保持したままであった。そのために行政を統制する積極的な政治装置として，法律による行政の原理が構想された。これが第２の政治装置である。法律による行政の原理とは，藤田宙靖によると，「行政の諸活動は，法律の定めるところにより，法律にしたがって行われなければならないという法原則」をさしている。法治主義の憲法原理は，法律優越の原理，法律留保の原理，法律による裁判の原理によって構成されている。

第１の法律優越の原理とは，議会の制定する法律が勅令・枢密院令など法律以外の立法形式に対して優越していることをさす。第２の法律留保の原理とは，国民に義務を課し国民の権利を制約する行政行為はすべて法律に基づかなければならないというものである。第３は法律による裁判の原理であり，それは法律に違反する行政行為は裁判によって無効となるというものである。これら法律による行政の原理の基本的考え方は，近代政治の基本原則となっている。

＜法治行政原理の限界＞

法律による行政の原理が成立した時代の行政活動は，小規模であり，低い専門性しか有しておらず，規制行政が主な活動であった。しかしながら，19世紀後半から行政活動は大きく変容した。その背景にあるのは，産業化と都市化，家族・近隣・コミュニティの機能低下，官僚制強化の社会的要請であった。

行政活動の変化は，法治行政の想定していない経済社会の変化の帰結であった。それは法治行政の限界を示すものであった。第１は行政立法の増大である。行政活動を制約するはずの法律を行政官が作成することになる。第２に委任立法の増大である。法律には細目を規定せず，下位の法規範（勅令・政令・省令）に委任することになる。第３に給付行政の拡大である。法権限を主要資源とする規制行政とは異なり，給付行政は財源や人的資源を主要資源とする。給付行政の拡大は法律によって統制しにくい領域を拡大させることになった。いずれにせよ，近代の政治原理である法治行政は大きく見直しをおこなわざるを得なくなった。

2　代議制の危機と民主主義

＜代議制の限界＞

近代の代議制度は代表をめぐる２つの考え方に基づいている。それは「何を代表するのか」という課題である。ひとつの考え方は委任代表というものであり，その考え方は議員とはその議員に投票した選挙民＝「主人」の忠実な「代理人」であると考えるものである。もうひとつの考え方は，国民代表である。その考え方は，選挙民は議員の優れた政治的判断力を信頼して１票を投じるのであって，両者の間では国民全体の利益を追求してもらうための一種の白紙委任がおこなわれていると考えるものである。

国民の代表を政治家として選出し，国民の代わりに議論してもらう制度，つまり代議制民主主義は20世紀初頭，問題点を表出させた。

第１の問題点は代表の擬制という原理的なものである。委任代表の考えからすると，代議制民主主義は国民の意思を本当に代表しているのかという疑問が提示されるようになってきた。ヘーゲルは「代表の観念は議員と選挙民との信頼関係または同質性のうえに成立している」と述べ，ルソーは「代表の観念は実体をもたず，イデオロギー的機能しかもたない」と指摘していた。

第２の問題は大衆デモクラシーでの問題点である。政党や議員だけでなくマスメディアが国家と社会を媒介する機能を果たすようになってきた。辻清明は「社会集団の政治機能」の中で，利益集団の噴出により政党の媒介機能や議員の代表機能が低下したことを明らかにしている。

このような代議制の危機に伴い，代議制に代わる選択肢として構想された政治制度が直接民主制とコーポラティズムである。

<直接民主制>

ルソーが樫の木の下での直接民主主義を唱えたのは，小規模な社会における民主主義の理想型をそこに見いだしたからであった。主権をもつ有権者が立法の是非に関する価値判断を自ら決する制度，つまり主権者による自己決定の制度は，スイス・ゲマインデの住民集会，アメリカ・ニューイングランドにおけるタウン・ミーティングに起源をもつものである。それらは19世紀スイスから20世紀アメリカへ，そして西欧諸国へ普及していった。そして現代においては，これらの直接民主主義の政治制度は，レファレンダム（国民投票）やイニシアティブ（国民発案）として制度化している。

しかし，この直接民主主義の制度も問題点が残るものであった。第１に規模の大きさである。直接民主主義は小規模の空間で有効であり，大規模な政治社会では必ずしも十分機能しない。第２に直接民主主義には討論と審議による合意形成，合意と妥協の過程が欠落し，調整と統合という政治機能が発揮できにくいのである。

<コーポラティズム>

コーポラティズムとは，職能団体や身分など利害集団を国家のもとに統合する協調的な社会制度・思想・運動を意味する。この政治制度の積極的な意義は，政治代表の単位を「地域」から「職能」へ変更した点である。代議制民主主義は選挙区に代表単位を区割りするが，コーポラティズムは自分が所属する地位や職に代表単位を求める。かつてのフランス身分制議会，ドイツやフランスの経済議会，イタリアファシズムのように政党・労働組合を内包した翼賛的な政治体制がこの例である。

コーポラティズムの特徴は，構成員があらかじめ決められた集団の中に組み込まれ，その集団の代表者が国家の政策決定に関与することにある。代議制における個人の自発的な政治参加，政策をめぐる政党間競争と対称的な特質をもつ。この政治装置は職能代表間の対立が生じやすく，合意と妥協の形成が困難であり，権威主義的な集権的なシステムとなりやすい。実際にコーポラティズムはイタリアのファシズム，スペインやポルトガルの権威主義体制を生んだため，第二次世界大戦後は欧米諸国で否定的に捉えられることになった。地域代表原理にもとづく代議制に変わる制度は具体的に提示されることなく，代議制はそのまま各国で継続されていくことになる。その代議制民主主義をさらに修正しようとしたのは，アメリカにおいては多元主義の考え方，ヨーロッパにおいてはネオ・コーポラティズムの考え方である。

3　多元的権力システムの模索

<多元主義とその批判>

多元主義とは，市場の競争のごとく多元的な利益集団が自己の利益を追求して政治活動し，目標を実現させる形態である。この考え方は，集団間の相互作用によって社会的に合理性ある公共政策が形成されるとする。多元的な集団利益を代表する人びとの多元的な価値基準に基づく行動が相互に調整された結果，市場の予定調和のごとく公共の利益に合致した，社会的に合理性のある公共政策となる。いわば政治を市場のアナロジーで考え，市場における企業間競争で最適なサービス提供がされるように，政治的利益を求めて集団間が競争することで最適な資源配分が生まれると考える。

この多元主義に対する批判としては，マイノリティの保護になっていないのではないかという批判，現状を肯定する理論ではないかという批判がある。それに対しては政治過程で多元的利害を調整する制度を構築すべきであり，実際に労働基準，環境保全，消費者保護などが法制度として設けられていると主張するのである。

多元主義左派の立場に立つロウィは利益集団自由主義，つまり多元的民主主義を批判し，依法的民主主義（法の支配）の必要性を説いた。彼がおこなった多元的民主主義への批判とは，①民主的な意思決定を巧妙にねじまげることで民主政治を墜落させた，②確固とした基本方針を書いた計画しか策定できないため，政府の権威を無力化した，③一般的な原則や規範原理を欠いているため，正義の問題を考慮できない，④民主主義を支える公式な法手続きを無視することで民主政治を墜落させた，というものである。

＜ネオ・コーポラティズムとその背景＞

もうひとつの修正案はヨーロッパにおいて考案されたネオ・コーポラティズムである。これは1970年代の石油危機以降に注目を集めた政策決定方式であり，利益団体による利益媒介，国家による政治介入，政府・労働・経営の三者の協議による政策決定を特徴とする。賃金，社会保障，雇用など社会経済政策が協議の対象となっている。

篠原一によると，歴史的経緯として３つの点が指摘されている。第１に第一次世界大戦の総力戦体制によって資源の最大動員と政治的安定化がはかられた。第２に第二次世界大戦後ケインズ主義的介入の普及によって，福祉国家の下での政府の役割が拡大し，不況時の有効需要が創出した。第３に1970年代に統治能力の危機に陥り，石油危機以降の賃金，物価，税金をめぐる社会対立が生じ，国家への協力，集団間の調整，政治システムの安定がはかられた。労働組合は賃上げ要求，ストライキ行動を自己抑制する代わりに，経営団体は雇用，物価安定などを約束することになる。

ヨーロッパにおいて，このような職能間の調整方式が発展した要因として篠原一によると，３つが説明されている。第１に多極共存型デモクラシー，つまり比例代表制により多党制，連立政権が形成されやすく，それらの政治形態により民主主義体制の安定化がはかられている。第２に，委員会などで政策決定することが多く，社会団体は委員会で諸利益を要求する傾向にある。第３に社

図表11-1　コーポラティズムにおける政府，利益団体の配置・関係

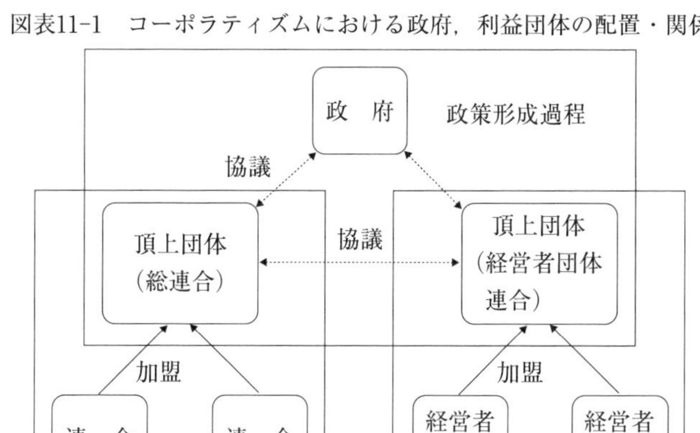

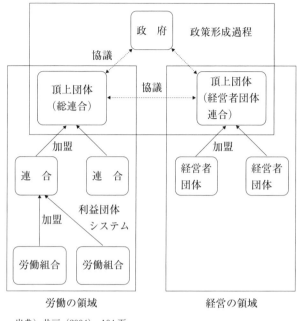

出典）井戸（2004），104頁

会民主主義党の活動が活発であり，労働組合の社会的地位が高く，社会民主主義政党の政権獲得可能性がある。

＜ネオ・コーポラティズムの意義と限界＞

ネオ・コーポラティズムは，石油危機以降の経済危機を克服する戦略・選択肢として着目された。イギリスなどアングロサクソン系諸国が採用した市場主義を積極的に活用する自由主義的な戦略・選択とは対称的なものであった。しかしながら，ネオ・コーポラティズムには問題も多い。

第１に政党，労働組合，経営団体が調整をおこなうため，憲法や議会制民主主義と必ずしも一致しない政治解決の機構を重用することである。正統性の問題があり，寡頭的で反民主的な決定メカニズムという否定的な評価もできる。

第２にネオ・コーポラティズムは集権的な凝集性を前提としているが，その

図表11-2　先進諸国のコーポラティズム度

	シュミッターのコーポラティズム・ランキング			キャメロン指標			
国	集権度	独占度	コーポラティズム順位	集権度	独占度	組織度	コーポラティズム度
オーストリア	1	3	1	0.8	1.0	50	90
ベルギー	3	8.5	7	0.6	0.6	55	66
イギリス	12.5	11	13	0.3	0.4	45	31.5
カナダ	12.5	8.5	10.5	0	0.4	27	10.8
デンマーク	8	1.5	4	0.4	0.8	54	64.8
フィンランド	5	4.5	4	0.6	0.8	47	65.8
フランス	10	13	12	0	0.2	24	4.8
ドイツ	9	6	8	0.2	0.8	32	32
イタリア	12.5	13	14	0.2	0.2	41	16.4
オランダ	2	8.5	6	0.6	0.6	28	33.6
ノルウェー	5	1.5	2	0.7	0.8	65	97.5
スウェーデン	5	4.5	4	0.7	0.8	70	105
スイス	7	13	9	0.4	0.6	24	24
アメリカ	12.5	8.5	10.5	0	0.4	21	8.4
日本	—	—	—	0.1	0.2	16	4.8
オーストラリア	—	—	—	0.3	0.4	40	28

注：　シュミッターのランキングは，各国をコーポラティズムに近い順から並べた場合の順位。逆に，キャメロン指標では，コーポラティズム度の値が大きいほど，各国はコーポラティズムに近いとされる

出典）井戸（2004），112頁

ような集権システムがヨーロッパにおいても成立しなくなってきている。利益集団が断片化しており，産業システムも第二次産業から第三次産業，そしてソフト化経済へ発展し，経営者団体も労働組合も全国的な規模の凝集性を失う。市場主義や人事・賃金決定の分権化も進展している。またケインズ主義の有効性も疑問視され，国家の経済へのコントロールが弱体化している。

ただし日本においても，地域の経済効果や雇用誘発効果を考慮し，自治体職員の雇用を積極的に進め，その代わりに賃金水準を下げる大分県姫島村などの自治体の例もある。ネオ・コーポラティズムはナショナルからメゾ・ミクロ・

ローカルへと焦点が移っているということもできる。

参考文献

伊藤光利・田中愛治・真渕勝（2000）『政治過程論』有斐閣
井戸正伸（2004）「開放経済とコーポラティズム」新川敏光ほか『比較政治経済学』有斐閣
稲上毅ほか（2006）『ネオ・コーポラティズムの国際比較』日本労働研究機構
篠原一（1983）「団体の新しい機能」『岩波講座　基本法学２　団体』岩波書店
辻清明（1950）「社会集団の政治機能」『近代国家論［第二部　機能］』弘文堂
辻清明著・郵政省人事部能率課編（1951）『行政の話』みすず書房
西尾勝（1990）『行政学の基礎概念』東京大学出版会
藤田宙靖（1996）『行政法入門』有斐閣
モンテスキュー，C.（1989）『法の精神（上）』（野田良之ほか訳）岩波文庫
山口定（1989）『政治体制』東京大学出版会
ロウィ，Th. J.（1981）『自由主義の終焉』（村松岐夫監訳）木鐸社
ロック，J.（1968）『市民政府論』（鵜飼信成訳）岩波文庫

コラム⑪：古典に親しむ

古典といわれる本を読むことに関しては，相反する２つの見解がある。ひとつは古典を読むことに否定的なもので，とくにアマチュアの学部学生が読んでも理解できないし，研究者（プロ）になる予定の人が読めばよいという意見である。もうひとつは古典を読むことに積極的なもので，その見解をもつ人びとは様々な古典の本を大学の１年生の時期から読むことを推奨する。

私の結論は折衷的（性格に似て曖昧かつ妥協的？）であり，理想は後者で，現実は前者というものである。古典と呼ばれるものは数多くの人びとに読まれてきたものであるから，やはり大きな価値があるし，現在の思想と現実に強い影響を与えている。古典の読了は難しいかもしれないが，やはり挑戦してほしい。しかしながら，古典の講読を推奨することは，学生たちが一番嫌う「時間の無駄」をさせることになりかねない。演習の教科書として用いる場合は，教師がその本を解説し，何回か講義をしながら用いる方がよいのかもしれない。といっても，古典を読みたいという強者（つわもの）もいると思うので，古典を読むときの注意を３点ほど紹介しておきたい。

第１は執筆時の時代背景を知ることである。たとえば，経営学の古典であるテイ

ラーの『科学的管理法』は，19世紀末のアメリカ合衆国に中米から労働者が大量に入ってきて工場で働いていた時代に執筆された。テイラーは教育水準の必ずしも高くなかった工場労働者たちにインセンティブを与えて効率的な管理手法を確立しようとしたのである。『科学的管理法』は階統制組織というよりも底辺の広い組織を想定したものといってよい。このような時代背景を知れば，『科学的管理法』が現代の官僚制組織に直接当てはまらないことは当たり前だし，そのような批判は見当違いであることが理解できる。

第２は執筆時の学説上の位置づけを知ることである。たとえば，従来から官僚制に対しては，ミル，バジョット，マルクスと否定的な論者が相次いだ。しかしウェーバーは『経済と社会』の中で従来の消極的見解を逆転させ，官僚制に積極的な意味を見いだした。

ウェーバーの官僚制研究は彼と親交のあった，ミヘルスの『政党社会学』の影響を受けている。ミヘルスは少数の指導者が多数の大衆を支配すると説く「少数支配の鉄則」で有名であるが，ウェーバーはこの考えを継承し，官僚制化が行政組織だけでなく政党・労働組合・教会など全般的に見られることを主張した。いわゆる全般的官僚制化の議論である。さらにヘーゲルの官吏制度の議論を発展させたり，当時のアメリカにおける経営理論・組織理論の発展に影響されたりしている。

第３は執筆者の人物像を知ることである。たとえば，『ザ・フェデラリスト』はアメリカ独立革命の後に憲法案を批准する際，連邦制の必要性を新聞で市民へ強く訴えた実践的な文章である。三権分立制や連邦制にみる権力の必要と制約に関する様々な見解が述べられ，政治機構の研究として古典の位置を占めている。しかし執筆者のハミルトン，ジェイ，マディソンの３人は必ずしも見解が一致していたわけではなかった。後にハミルトンからマディソンはたもとを分かつことになり，マディソンはフェデラリスト党を離脱している。

ハミルトンは熱心な集権論者であったが，それは彼の出身や育ちと無関係ではなかった。彼は西インド諸島の出身で苦労してコロンビア大学へ進み，ワシントンの副官としてアメリカの戦場を行き来した。それ以外は，ほとんどを商工業が盛んだった北部ニューヨークに基盤をおいて上流階級と交流していた。ハミルトンの現実主義は遅れたアメリカを発展させるために統一した政治機構が必要と考えるものであり，アメリカがイギリスのような商工業を基盤とした貿易によって栄える海洋国家を理想としていた。しかし，それは当時のアメリカにおける自営農民たちの感情には合わなかった。むしろハミルトンの考えは少し早すぎ，ある意味では理想主義的であった。

それに対してマディソンは南部ヴァージニアの富裕な大農園の出身であり，不自由なくプリンストン大学へ進んだ。弁護士やヴァージニア邦（現在のヴァージニア州）議会議員として過ごし，学者肌の紳士ともいうべき人であった。その経験が大きく影響した。

財務長官としてハミルトンが独立戦争中の債務や各邦の債務を新政府が負う代わりに中央銀行の設立をはかり，工業育成政策を採ろうとしたことにマディソンは強く反発し，むしろアメリカが工業国でなく農業国であるべきと主張し，その意味で海洋国でなく，ジェファーソンのいう大陸国であることを保守しようとした。また，たたき上げで政治指導者となったハミルトンが邦を実質的に中央政府の下部的機構とする中央集権的統一政府を理想としたのに対し，生まれながらの指導階層であったマディソンは主権をもつ邦の連合でもなく，中央集権的な統一政府でもない，折衷的な連邦制を構想した。

そして代表の原理に対しても見解が異なった。ハミルトンが行政府の強化と司法府の優位を強調したのに対し，マディソンは立法府の優位を危惧しながらも大衆による政治をめざした。どのような意見であっても，それは出身・経験・性格と無関係ではないのである。

参考文献

ウェーバー，M．(1960・1962)『支配の社会学』Ⅰ・Ⅱ（世良晃志郎訳）創文社

斎藤眞（1995）『アメリカとは何か』平凡社

テイラー，フレデリーク，W．(2009)『新訳　科学的管理法』（有賀裕子訳）ダイヤモンド社

ハシルトン，A.，ジェイ，J.，マディソン，J．(1999)『ザ・フェデラリスト』（斎藤眞・中野勝郎訳）岩波文庫

フランクリンほか著，松本重治責任編集（1980）『フランクリン　ジェファーソン　マディソン　トクビル』中央公論社

第12章　公共空間のガバナンス

公共政策は客観的な基準を決定・実施することで運営されているのではない。その基準を審議・討論しながら設定する合意形成の過程が重要なのである。本章では科学技術社会論で議論されているリスクコミュニケーションを手がかりにして，合理性，専門家の役割，民主主義，参加の意味を考える。

1　リスクとコミュニケーション

<リスク社会>

かつてドイツの社会学者ベックは，かつての物質的リスクと科学と社会の構造に原因をもつ社会的リスクとを分けて考えることを主張した。ベックの『危険社会』によると，「神や自然という外界を原因として発生したかつてのリスクとは異なり，現代のリスクは科学と社会の構造に原因をもつ」という。また，環境工学の立場から中西準子は健康リスク評価と生態リスク評価とを区分し，環境影響を定量的に評価するためには，人間に影響を与える健康リスク評価と生物・生態に影響を与える生態リスク評価とに区分する必要性を唱えた。

現代においてリスクの開示は原則すべて公開されるべきものとされている。BSE（牛海綿状脳症）問題の例にみるように，リスク開示を強く求める消費者が一方にあり，他方において消費者へのリスク開示によって生産者が二次被害者となるリスクも考慮しなければならない。このような複雑なリスク構造を関係者が理解する手法としてリスクコミュニケーションの必要性があり，ゼロリスクを求める消費者の理解を得ることが重要となっている。

<科学と政治：２つの合理性>

科学的に解明できない不確定要素を含む，科学と政治の交錯した領域をワインバーグは「科学を超えた問題群」と考え，ベックは科学的合理性が推論と仮定という砂上の楼閣の上にあり，経済・政治・倫理などの分野と大きな関わりをもっているという。ここで科学的合理性とは数量化し表現することが可能なリスクを推定することを目的としたものであり，社会的合理性とは科学者が答えを出せないことや科学者が研究の対象としなかったリスクの性質を問題にしている。

政策の合理性や公共性は専門家の独占物から開放され，「妥当性」という社会基準が重視され，妥当性基準を形成するための討論・審議・熟議という手続き合理性が社会から要求される。つまり信頼とコミュニケーションの提供こそが公共圏形成のための重要な行政サービスといえる。

図表12-1　科学的合理性と社会的合理性の境界領域

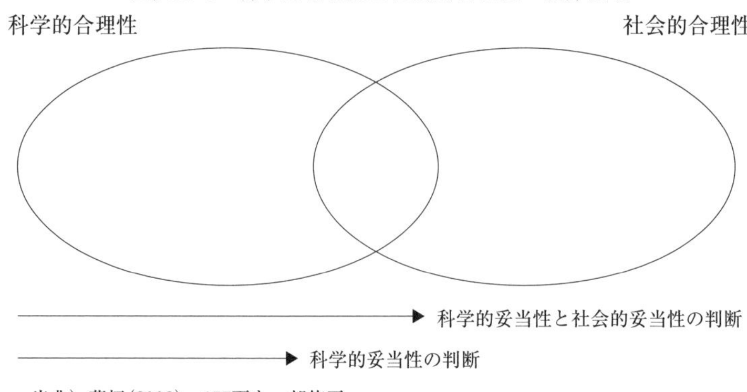

出典）藤垣(2002)，157頁を一部修正

<専門家と市民>

一般的に専門家が専門知識を保有して科学者は判断の材料を提供し，一般市民は専門知識を保有していないものと理解されることが多い。普遍性や客観性を求める科学的見地からすれば，一般市民は「欠如モデル」に該当する。しかしながら，近年は経験知や地域知を保有する市民・住民を積極的に評価するこ

図表12-2 「一般市民の科学理解（PUS）」研究の２つの視点

欠如モデル型 PUS の前提	社会学的考察に基づく PUS
一般市民とは原子化した個人の集積	一般市民には多様性が存在し，それらは固有のしかもしばしば互い重なり合う「地域知（local knowledge）」を備えている
「無知」とは知的無能力の関数もしくは真空であり，より多くの専門的事実を獲得することによって軽減されるものである	無知とは，科学技術の諸制度との関係における市民の社会的位置やアイデンティティーから構成されたものであり，積極的な反省的思考の結果として生じたものである
市民の基本的価値観は科学や技術のそれと同じである。つまり，生物世界と無生物世界に関する予測を行い，その支配力を最大化することである	市民はしばしば異なった価値観を持ち，それゆえ異なる認識論的関心を持っている。例えば，人間の支配力を超えているとみなされた力に対しては，妥協し，あるいは適応しようと望む
科学者ではない一般市民は確実性とリスクゼロの環境を望み，また期待する。彼らが科学に熱心に取り組もうとしないのは，根底にこのようなナイーブさがあるからである	市民がリスクゼロのようなものを期待しているとみなすための証拠はほとんどなく，彼らは専門性を備えた諸制度を信用したがっているが，その信頼が掘り崩されてきたと感じているのである
有効な知識（＝科学知識）を利用する社会的機会は，社会全体に均質に与えられている	社会には権力と相互依存の構造が組み込まれている。こういった構造は人々がアクセスできる知識の量や種類のみならず，行為の可能性にも影響を与える

出典）小林（2002），127頁

とも多い。

たとえば，大分県八坂川の改修工事に際して設置された河川改修影響検討調査委員会においては，環境アセスメントの調査項目について地元の生物学の高校教師から異議申し立てがおこなわれた。また東北電力の原発説明会においても，反原発運動に取り組む農民から，原発炉心予定地から700mは非居住区であり，720m以降は居住可能とする説明に対して，このような線引きが妥当なのかという疑問が呈された。

このような一般市民の科学理解を考えると，一般市民が無知であることを前提とする議論は難しい。むしろ，国土交通省の淀川方式のように，専門家と一般市民との協働で決定過程を制度設計する方が健全であろう。また他方において，公共の意思決定に科学者集団を利用するメリットは大きい。審議会における科学者集団の利用法としては，環境社会学者のレンによると，①対戦型，②信託型，③合意型，④利益代表型に区分される。対戦型はアメリカの審議会にみられ，公共の監視に対してオープンであり，科学的証拠と専門知識を提供することに役割がある。信託型はイギリスの王立協会アカデミーのように閉ざされたサークルであり，パトロンのお抱えの専門集団としての性格をもつ。合意型は日本の審議会のように手続きルールは流動的であり，密室の合議で決定される。利益代表型は利益集団が専門家を雇用し，専門家同士で意見を競わせる方式である。

それでは具体的にリスクコミュニケーションの手法はどのように制度設計されているのであろうか。以下，ワークショップ，コンセンサス会議，パブリック・インボルブメント，討論型世論調査の４つについて説明することにする。

2　リスクコミュニケーションの手法

＜ワークショップ＞

ワークショップとは参加と双方向を特徴とするコミュニケーションの場であり，まちづくり，コミュニティ，男女共同参画，環境保全，外国人問題などの分野でしばしば用いられる。もともとワークショップとは作業場，工房，研修会の意味で用いられてきた。

その特徴は第１に参加，つまり参加者の主体性と自主性を尊重することにある。第２に体験，つまり感情・直感，体と心の全体的理解を重視することである。第３として，相互作用，つまり参加者が集団の中から互いに学びあうことを特徴としている。

このワークショップは問題解決の方法を見いだすためというよりも，学習的要素の強い決定方式であり，結果よりも過程を重視する制度設計といえるだろう。

<コンセンサス会議>

コンセンサス会議とは1980年代半ばに始められた市民参加型のテクノロジーアセスメントであり，議論するテーマの例としては，遺伝子治療，遺伝子組み換え食品，地球環境，不妊症などの科学テーマが選ばれることが多い。倫理的・道徳的課題であり，２つの対立する答えが両立し，共に市民から支持されているテーマが選ばれている。コンセンサス会議はデンマークからアメリカに普及し，日本でもかつて「遺伝子組み換え農産物を考えるコンセンサス会議」として農林水産省の外郭団体，社団法人農林水産先端技術振興センターで実施されたことがある。

運営委員会では市民パネルと専門家パネルによる公開による議論が何度もおこなわれ，場合によってはその議論がテレビ中継やインターネットなどで公開されることもある。そして報告書の作成・公表という手順となる。

ここでは素人である市民の積極的な役割が重視され，市民は専門家への質問と討議により専門知識の吸収・学習がおこなわれ，専門家は市民への説明により経験知や地域知を検証する過程が求められる。

しかしながら，コストが膨大にかかること，最終報告書の内容に公式な決定が拘束されるわけではないこと，という理由もあり，日本において積極的に用いられている方式ではない。

<パブリック・インボルブメント>

パブリック・インボルブメントとは，政府や利害関係者が意見や参画を求められる合意形成の過程であり，道路建設や公共施設の建設などで用いられる行政側主体の意思決定過程である。計画初期段階から利害関係者に関心をもたせ，状況を認知させ，コミュニケーションをはかることにより，計画案では見いだせなかった条件を発見することに意義がある。

図表12-3　市民参画プロセス

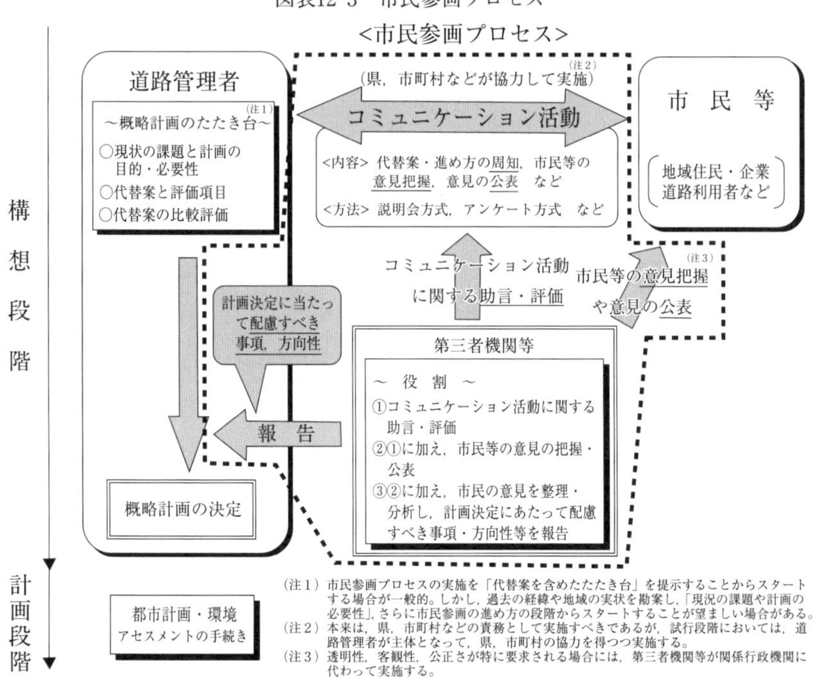

出典）屋井・前川監修（2004），43頁

しかしながら，コンセンサス会議と同様に，限界もある。たとえば，住民に「権限付与 empowerment」をしたわけではない。参画のレベルとしては，「協議 consultant」または「関与 involvement」であり，「協働 collaboration」にも及ばない。むしろ計画推進側が取り込むことを意図して行なう可能性もあり，価値中立的な立場からおこなわれるものではない。

世論調査，国民投票，諮問委員会，パブリックコメントなど参画方式には様々なものがあるが，それぞれ特性があるので，その特性を生かした設計を行なう必要がある。市民参加を推進すればよいというわけではなく，効果と限界を理解したうえで状況に応じた設計が求められている。たとえば，中学校跡地の売却についてパブリックコメントを市役所が求めたとしたら，跡地を利用しているサークルや中学校 OB・OG から反対のコメントが大量に寄せられる。

反対が寄せられたからといって，売却を止める決断が正しいとは限らない。むしろ反対の声の中から行政側が知りえない貴重な情報が収集できるかどうかが重要である。

＜討論型世論調査＞

討論型世論調査（DP）とは，教育，エネルギー，環境，移民，生命倫理など合意が形成しにくい賛否分かれるテーマについて，世論調査と討論を組み合わせて合意形成をおこなう民主主義の手法である。この手法はフィシュキンによって提案され，1994年イギリスで始まり，現在では多くの先進諸国で採用されている。2012年日本においても，エネルギー政策について討論型世論調査がおこなわれた。

一般の世論調査とは異なり，第1に無作為抽出の世論調査をおこなったのち，第2の段階で討論イベントが開催される。参加する人へ議題についてアンケートがおこなわれ，集団討論や専門家との質疑応答を繰り返して，これらの討論の後に再度同じアンケートが実施される。これら討論の過程を経て意見がどのように変化したかを調査し，この調査結果を政策決定で考慮するのがこの手法の特徴である。

無作為抽出の世論調査により社会の縮図としての要素が構成されることになり，討論による意見の変化を見ることで熟慮された思考の過程を読み取ることも可能となる。

図表12-4　討論型世論調査の流れ

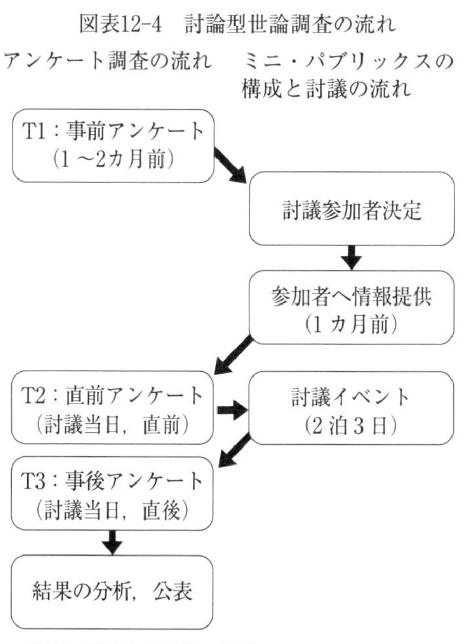

出典）篠原編（2012），15頁

3　公共圏と複雑性

＜公共空間の次元＞

公共性の次元は複雑である。長谷川公一は，①市民社会における社会統合の問題，②透明性と説明責任，社会的公正と効率性をいかに担保し，公共サービス水準を確保するかという問題，③新しい公共圏を担う市民像，という公共性の特徴をあげている。また，公共性の意味として斎藤純一は，①国家が関係する公的なもの，②すべての人びとに関係する共通のもの，③誰にでも開かれている，という条件を提示している。

公共財の説明の際に示したように，公共性は政府の独占物ではないし，専門家によって強要されるべきものでもない。むしろ市民によって形成されるべきものであり，社会的マイノリティにも公共空間を担う責任がある。このような考えの思想的支柱はハーバーマスとハンナ・アレントの２人である。

＜ハーバーマスの市民的公共性＞

ハーバーマスは，17世紀後半から18世紀の市民的公共性を復権させることを主張している。かつてはブルジョワジーたちが議論を通じて世論を形成していた。公共空間とは討議による公論の形成を通じて合意形成をおこなう空間であった。公的権力に対する批判的領域が「市民的公共性」であり，そこにおいて公権力を審判する公衆が生まれる。

しかしながら19世紀において，公共性は大きく構造転換をしてしまった。マスメディアや世論などのコミュニケーション手段を通じて公私のカテゴリーに包摂できない社会圏が成立し，公共性は「存在」するものではなく，「作りだされるもの」となっている。操作される公共性でなく，批判的公共性へ期待し，コミュニケーション的自由が公論形成の重要な手段であることをハーバーマスは強調している。

<アレントの公共性>

ハンナ・アレントは古代ギリシャのポリスを想定した公共空間を提示する。「労働」ではなく「活動」こそ人びとの営みであり，複数性（多数性），つまり多数の人がユニークさを競う活動こそ公的自由であると主張する。コミュニケーションなき同一性を否定し，協調しながら活動することが重要であると述べている。そこにおいて，人間が互いに「異なるもの」という次元を越えて抜きんでようとする言論と活動に公共的なものを見いだそうとしている。

4　熟議民主主義の可能性

<熟議民主主義とは何か>

熟議（審議・討議）民主主義とは成員の選好集計でなく，選好が修正されて合意形成に至る民主主義の過程を意味している。多元主義や功利主義への批判がそこに込められており，義務論や共和主義へのシンパシーが内在している。その特徴は，①選好が熟議の中で変容すること，②熟議の過程の中で合意を形成できると考えること，③決定の正統性は選好が選択される結果ではなく，熟議の過程での手続きにあると主張すること，にあるという。

その歴史的背景はやや複雑である。第１に欧米で議会の機能への評価が高まっていることがある。第２に社会道徳に関する激しい対立を解決する方法として熟議民主主義が提案されていることである。第３に事前に討議のない住民投票等直接民主制への批判・疑問が示されていることがある。第４に議会・審議会など公共的な空間に多様性を確保することが求められていることである。

<ハーバーマスの熟議民主主義論>

ハーバーマスによると，熟議民主主義とは市民による討議・協議に理性的価値を認める考え方であり，利益の集合体，利害の調整から政治秩序が形成されるという自由主義的見解を採用しない。それは自由主義と共和主義の統合であり，公共圏において熟議は合意形成のために存在する。『事実性と妥当性』によると，行政機関，市民，専門家の間で多様性を確保しつつ，より強いコミュニケーションをおこなう非制度的機構が求められており，コミュニケーションにおける議会内外の構造的結合が必要なのである。

<熟議民主主義の制度設計：その課題>

それでは，熟議民主主義の制度設計としてその課題は何であろうか。

第1に，リスクコミュニケーションの説明で示したように，参加といっても民意をくみ取るという形式を確保しているだけではないか，公聴会や聴聞会と変わらないではないか，という批判があろう。形式的な合理性を追求しているだけではないか，という疑問点があるだろう。討議が重要といっても，すべての構成員が納得し，同一の意見にまとまる可能性は皆無である。討議を尽くす時間と仕組みを十分設計することが重要であり，主催する側のコストと市民の能力に左右されることが多い。理念を示しているのであって，具体的な制度設計には様々なものが想定できる。

第2に代表性・正統性の問題である。政治は多様な利害の調整・統合の機能を果たしているが，リスクコミュニケーションは代表性の付与ではない。議会のような公式な政治制度との関係で議論すべき問題であると批判されている。

第3に熟議民主主義の制度設計ではしばしば計画に反対の人びとが多数となってしまう点である。サイレント・マジョリティ（声なき多数派）の意見をどうすくい取るか，が重要なのであって，そのための住民参画の制度をどのように組み合わせて設計するかが鍵である。近年は討議型世論調査など複数の民主主義の制度を組み合わせて相互補完性を高める試みがされている。しかしながら，これらは民主主義のコストとして認識されて制度設計されるが，多様性や複数性の確保とはいっても限界はある。その限界を認識して具体的な制度設計をおこなうべきであろう。

図表12-5　市民参加の諸形式

参加の方法	参加者の性質	時間の幅と継続期間	特徴／メカニズム	事例
国民投票 Referendum	潜在的には全国民，全地域住民。現実にはそのある部分。	ある一時点での投票行為。	投票は通常，二者択一。参加者全員が同じ影響力を行使。結果の拘束力は強い。	バイオテクノロジー：スイス 廃棄物貯蔵：スウェーデン
公聴会 Public hearings/inquiries	関心ある市民だが，会場のサイズによって人数は制限される。本当の参加者は講演する専門家と政治家。	数週間，月，年と続くこともある。たいていは週日の勤務時間に行われる。	諸団体が計画に関するプレゼンテーションを行う。一般市民は発言できるが，答申に直接の影響力を持たない。	多数
世論調査 Public opinion surveys	かなりの数のサンプル（例えば100とか1000）で，関心ある人々の代表とするのが普通。	その場限り。せいぜい数分間。	質問紙や電話によって行われる。さまざまな質問が含まれ得る。情報収集のために用いられる。	放射線施設：米 遺伝子組み換え食品：英
交渉によるルール作り Negotiated rule making	少数の利害当事者の代表（一般市民の代表を含むこともある）。	さまざま。日／週／月単位の厳しい期限が設定されるのが普通。	利害当事者（およびスポンサー）の代表による作業部会。特定の問題（通常は規制）に関するコンセンサスが要求される。	米環境保護庁が使用
コンセンサス会議 Consensus conference	一般的には，事務局によって一般市民の「代表」として選ばれた10～12人の（テーマに関する知識のない）市民。	専門家による説明などの予備会議と３日間の本会議。	素人市民と独立のファシリテーターが利害当事者パネルによって選ばれた専門家と市民の討論を進行する。会議は一般公開。鍵となる質問に対する結論が作成され報告書や記者会見で公開。	食物への放射線照射：デンマーク 大気汚染：オランダ 植物バイオ：英
市民陪審 Citizen's jury/panel	一般に，利害者当事者パネルが，地域住民をほぼ代表するように選んだ12～20人の市民。	さまざまだが，数日間（４日から10日）の会議を含む。	素人市民と独立のファシリテーターが，利害当事者パネルによって選ばれた専門家と市民の討論を進行する。会議は非公開が普通。鍵となる質問に対する結論が作成され報告書や記者会見で公開。	独，米，英に例あり
諮問委員会 Citizen/public advisory committee	スポンサーが，さまざまな集団や地域を代表するように選んだ集団。（本当の一般市民を含まないこともある）	かなりの期間にわたって開かれる。	スポンサーに任命されたグループがいくつかの重要な論点を検討。産業界の代表との相互交渉がある。	廃棄物処理場の汚染除去：米
フォーカス・グループ Focus groups	市民の代表として選ばれた５～12人の一般市民。複数のグループが一つのプロジェクトに関わることもある。	一回の会議。通常２時間以内。	一般的な問題に関する自由討議で，録音，録画される。ファシリテーターによる介入や方向付けはほとんどない。意見／態度の測定に用いられる。	食品のリスク評価：英

出典）小林　(2002)，142頁

参考文献

足立幸男・森脇俊雅編（2003）『公共政策学』ミネルヴァ書房
アレント，H.（1994）『人間の条件』（志水速雄訳）ちくま学芸文庫
金森修・中島秀人編（2002）『科学論の現在』勁草書房
小林信一・小林傳司・藤垣裕子（2007）『社会技術概論』放送大学教育振興会
小林傳司（2002）「科学コミュニケーシュン」金森修・中島秀人編『科学論の現在』勁草書房
小林傳司（2004）『誰が科学技術について考えるのか』名古屋大学出版会
小林傳司編（2002）『公共のための科学技術』玉川大学出版部
篠原一編（2012）『討議デモクラシーの挑戦』岩波書店
中西準子（1995）『環境リスク論』岩波書店
ハーバーマス，J.（1994）『公共性の構造転換（第２版）』（細谷貞雄・山田正行訳）未来社
ハーバーマス，J.（2003）『事実性と妥当性（下）』（河上倫逸・耳野健二訳）未来社
原科幸彦編（2005）『市民参加と合意形成』学芸出版社
原田久（2011）『広範囲応答型の官僚制』信山社
フィシュキン，J. S.（2011）『人々の声が響き合うとき：熟議空間と民主主義』（曽根泰教監修，岩木貴子訳）早川書房
藤垣裕子（2002）「科学政策論」金森修・中島秀人編『科学論の現在』勁草書房
藤垣裕子（2003）『専門知と公共性』東京大学出版会
ベック，U.（1998）『危険社会』（東廉・伊藤美登里訳）法政大学出版局
屋井鉄雄・前川秀和監修，市民参画型道路計画プロセス研究会編（2004）『市民参画の道づくり』ぎょうせい

コラム⑫：歴史に学ぶ

歴史は楽しい。そして面白い。人文科学ではなく社会科学にとっても必要不可欠な分野である。たとえば革命の歴史は常に課税への反発の歴史でもある。というのは，民衆の革命が支配者の課税に反対して起こされることが多いからである。アメリカ独立戦争しかり，フランス革命しかり。現代ならば，新税導入への反対による政権交代といったところか。それゆえ社会科学である以上，歴史を学ぶだけでなく，歴史に学ぶ態度をもってほしい。

第１に歴史は繰り返し，過去の経験に学ぶことが大きい。第二次世界大戦後の日本財政史は緊縮財政と積極財政との繰り返しであるが，これはなにも今に始まったことではない。たとえば，江戸時代の側用人（後に老中）であった田沼意次は積極的に有効需要をつくりだす経済政策を実施していた。株仲間を公認する代わりに冥

加金や運上金を課して，鎖国政策を緩和して銅や俵物を輸出し，大規模な新田開発や蝦夷地開拓を計画した。これに対して田沼の政敵であった松平定信は緊縮的な改革をおこない，大名や旗本に倹約を求めた。田沼と松平は対称的な経済政策をとったのである。

また昭和初期，憲政の常道といわれる二大政党による政権交代がおこなわれたが，そこでも政友会内閣が積極財政，民政党内閣が緊縮財政といった政策をとった。公共選択学派がいう「党派的景気循環」が実現していたのである。

第２に歴史的要因が現実の組織や個人の行動に影響することがある。歴史上繰り返されてきたことは組織や個人の頭脳に記憶され，それが哲学や風土として公共政策に影響することがある。たとえば，かつて日本の森林行政では「保続性原理」と呼ばれるドイツ森林経営技術が山林局（現在の農林水産省林野庁）に制度化することになり，組織哲学として昇華していった。

また，昭和20年代の生活保護行政は生活保護を所得保障の機能を果たすものと見ていたが，実質的に医療保障の機能を半分担っていた。しかし厚生官僚は戦前の救護法以来の生活保護＝所得保障という思考から脱皮できずに，厚生省社会局は慣性の法則のごとく対応が遅れることになった。ともに歴史が公共政策のパフォーマンスに影響した貴重な事例であるが，歴史を知らなければこのようなダイナミズムは理解できない。机上で理論いじりをしているだけでは政治行政の解明は進まないのである。

第３に歴史が思想と思潮を形成し，大きな脈絡から現実社会を理解することに役立つ。明治初期にはアメリカやフランスの思想や制度が政府機構・法律・教育・軍隊・警察・地方自治などの制度へ大きく影響を与え，実際に具体的な制度設計で参考とされていた。しかしながら，民権運動の高まりに伴い，明治政府は次第に準拠国家をドイツへ変更し，林学・医学・法学などの学問分野や思想にドイツの思想や制度が多大な影響を与えたことは周知の事実である。

第二次世界大戦終了直前の1945年７月，イギリス人は英雄チャーチルの保守党を選択せずにアトリーの労働党政権を選んだ。労働党政権は福祉国家を建設し，実際に死に至る貧困はほとんどなくなった。税と社会保障による所得再分配が実施され，経済パフォーマンスを調節する財政金融政策が実施されたのである。この時，ケインズ経済学の最盛期であった。しかしながら1970年代半ばの石油危機以降，イギリス国民は選挙で保守政権を登場させ，行財政構造の改革が実施された。このとき新古典派経済学が主流となった。そして経済危機が克服された後の20世紀末に労働党ブレア政権が誕生し，第三の道が選択されている。そこでは単純な市場主義とは異なる学問形成が求められている。このような歴史から，政権の選択で景気変動の波を乗り切ってきた，したたかなイギリス国民像を描くことができるだろう。そして，そのような国民の期待にあわせて新しい思潮が生まれ，新旧の学問が交代することも理解できるだろう。

歴史は人間によって作られたのであり，そして人間は歴史によって果たすべき役割を与えられてきた。歴史上おこる様々な事件は，はたして歴史の偶然なのだろうか。それとも必然なのであろうか。人間と歴史との関係を考えるとき，偶然を社会科学としていかに秩序づけるかを考えてきた科学史にも思いが及ぶことになり，知的な興奮に満たされるのは私だけであろうか。

参考文献

武智秀之（1996）『行政過程の制度分析』中央大学出版部
西尾隆（1988）『日本森林行政史の研究』東京大学出版会

第13章　産業政策

本章の目的は，産業政策の歴史的展開を理解すること，政府の役割やあり方について考察することにある。産業政策という分野は，市場に対する介入と自由放任について考えるのに最適な事例であり，本章では組織化による政策手法について学ぶ。

1　産業政策とは何か

＜産業政策への批判と模倣＞

産業政策とは「統治機構の下での資源配分に関する『市場の失敗』に対処するための政策介入」である。産業政策という言葉は，第二次世界大戦後，通商産業省（以下，通産省と略す。現在の経済産業省）など経済官庁が特定の産業に対して様々な形で介入してきた政策の総称である。

国家と社会が分離していた英米では「industrial policy」という言葉はなかった。国家が社会へ継続的に介入する形態が一般的ではなかったからである。しかしながら，日本の産業政策は批判と模倣の対象として広く知られるようになり，イギリスでは産業（貿易）省，アメリカでは通商代表部として，産業・貿易に関する中央政府の組織が設置された。日本の黒字と閉鎖的市場慣行に注目が集まり，貿易摩擦・経済摩擦が不公平な産業政策の帰結として，研究や実務の両面で関心がもたれてきた。また発展途上国にとって，日本は経済発展のモデルのひとつとして，日本の経済成長と政府の役割が注目されてきた。このようにして日本の産業政策は，批判と模倣の対象として広く認識されるようになってきたのである。

＜産業のライフサイクル＞

ここで産業政策はライフサイクルにあわせて，産業基盤政策，産業育成政策，産業組織政策，産業調整政策の４つに分類されている。産業基盤政策とは，産業が出現する前にその出現・誕生を促進する政策であり，工業用地，道路港湾，工業用水，電力供給など産業一般のインフラ整備をおこなう。産業育成政策とは，始動期や成長初期に産業成長の障害を取り除き成長を加速させ，有望産業を保護育成する政策である。産業組織政策とは，分野ごとの内部組織に関する政策であり，長期・成熟期に産業の再編成や生産・投資の調整をおこなう。産業調整政策とは衰退産業・劣位産業の転換・消滅をはかる政策である。

図表13-1　産業のライフサイクル

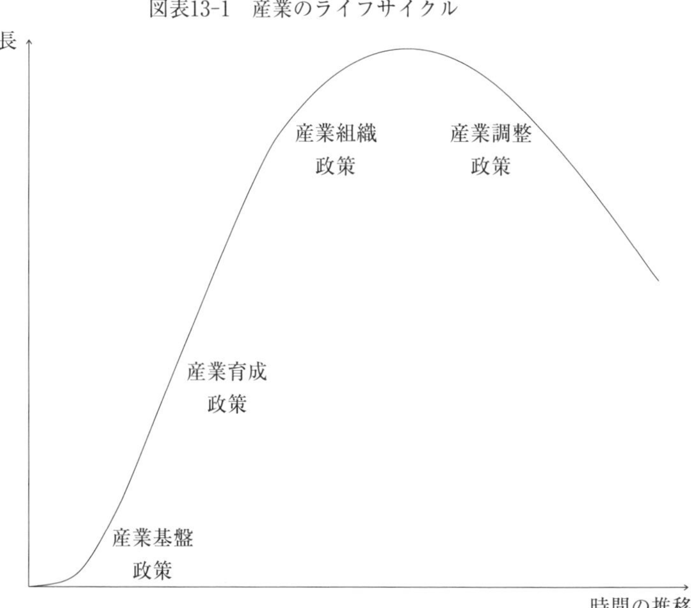

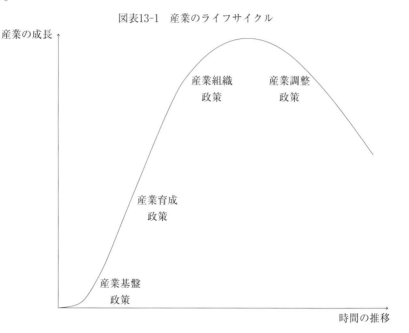

＜国家と市場の関係＞

一方において，このような産業政策は重農主義・重商主義として近代化に遅れた国でかつてから行なわれてきた。政府による補助や直接経営によって産業の発展が促進されてきた。国家介入・関与を積極的におこない，他国との経済競争を勝ち抜き，国の富を蓄積させようという政策である。日本においては富国強兵，殖産興業のスローガンの下で明治時代以降，推進されてきた。

他方において，近代化が進み市民社会が成熟した英米においては，自由放任の思想が芽生え，アダム・スミスが唱えたごとく「神の見えざる手」によって市場が機能すべきだと主張する論者もいた。市場メカニズムへの信頼があり，その市場メカニズムを適切に作動させる公正かつ中立的なルールの作成と維持に政府の役割が存在すると考えたのである。

近代化が進むにつれ，一般的には前者から後者へと進む傾向にあるが，農業保護のように介入と統制の政策手法を保持し続けている先進諸国は多い。

では，日本の産業政策はどのような歴史的展開を経て変化してきたのであろうか。その歴史的展開を３つに区分してみてみよう。

2　戦後日本の産業政策

＜復興期＞

復興期はまだ戦時統制経済を支えた経済思想が色濃く残存していた。直接的政策介入の政策として，「傾斜生産方式」は第二次世界大戦直後の典型的な産業基盤政策であった。この傾斜生産方式とは，貴重な資源である政府資金・輸入原材料・外国為替を重要戦略産業に優先して配分するものである。当時の重要産業とは，石炭鉱業と鉄鋼業であった。

これが1940年代後半になると，外為法・外資法による許認可権限と産業合理化審議会を通じて策定された合理化法案を基礎として，「産業合理化政策」が実施された。傾斜生産方式と産業合理化政策とは直接的な政策介入という点で共通した特徴があるが，産業基盤整備から産業育成政策へと比重が移っていく点に異なる点がある。重要戦略産業を産業全体として優遇した傾斜生産方式とは異なり，産業合理化政策は産業内の技術的に優れた企業を選別的に優遇する点に政策の特色がある。1952年に臨時物資緊急調整法が失効し，この時期を境にして直接的統制の産業政策手法から競争市場の維持管理へと政策の比重を移していったと見てよいだろう。

＜高度成長期＞

日本の高度成長期は，日本の産業政策がもっとも有効に機能した時期にあたる。当時はまだ重要品目は完全自由化しておらず，高い関税などで輸入を制限することにより，国内産業を育成した。復興と経済自立のための産業振興から自由化と国際化の下で国際競争力を促進する方向へ大きく舵を切っていく時期であった。当時の通産省を題材とした小説である城山三郎著『官僚たちの夏』（新潮文庫）では，佐橋滋をモデルとして国際貿易派と対立する国内産業保護派の風越信吾という通産官僚の姿が描かれている。

産業保護の主たる手法としては設備投資の調整がおこなわれた。企業間の熾烈な過当競争によって過剰な設備投資がおこなわれ，結果として日本企業の国際競争力が低下してしまうことを恐れたのである。当時の通産省は鉄鋼・合成繊維・石油精製・石油化学・紙パルプなどの産業への直接介入をおこなった。これらの政策実施を正当化する法案が1962年に国会へ提出された特定産業振興臨時措置法（特振法）である。この法案は結局廃案となったが，この典型的な産業組織政策は生産の標準化や特化，産業コンビナートの編成，設備投資の合理化，企業合併，産業再編成をおこなうためのものであった。

たとえば，三菱重工業の成立，日産とプリンスの合併，八幡製鉄と富士製鉄の合併（新日本製鐵）は通産省が推進した産業組織政策である。しかし新藤宗幸によると，自動車産業は通産省の行政指導に抵抗して，企業合併をおこなわなかった。ホンダはバイクから自動車の市場に参入していった。結果として，それは企業間の技術革新を促進し，自動車は日本のリーディング産業にまで成長するのである。企業が自主的・自発的に行政指導へ協力するのはその産業政策が企業利益と一致する場合のみであり，逆にいえば通産省の権威は相対的に低下し企業の地位は上昇していた。重化学工業ではない新しい産業分野に対しては，直接統制手法の効果は限界があり，産業政策は次第に誘導的なソフトな政策手法へと変化していったのである。

＜転換期＞

石油危機以降の産業政策は，マクロ的にみれば直接的介入から誘導的な政策への変化として位置づけされる。日本は石油危機を契機として，重化学工業中心の産業構造から脱皮せざるを得なかった。かつては基幹産業であった鉄鋼，金属，造船，木材，化学などは構造不況業種となり，これらの産業は産業調整を経ることになった。代わりに日本の成長を支えたのは，自動車・電機などの輸出産業であった。このような産業構造の変化に伴って，産業政策の手法も大きく変化した。伊藤大一によると，当時の産業政策の変化は以下の３点に存在する。

第１が構造不況業種の調整援助であり，その典型例が特定不況産業安定臨時措置法（特安法）の制定である。赤字が継続している特定業種を指定業種とし，銀行融資を保証するための信用基金の創設と過剰設備投資を調整するためのカルテルが合法化された。アルミ，造船，紡績，化学肥料，合成繊維が当時の指定業種である。

第２の変化はハイテク産業における研究開発投資の促進であり，超 LSI（大規模集積回路）技術研究組合の設立が成功例としてしばしば取りあげられる。研究開発共同組合や大型研究開発プロジェクトに参加する企業に優遇税制策を与え，補助金を交付することを通じて，先端技術における共同研究開発を促進する措置がとられた。

第３は貿易摩擦への対応である。諸外国と貿易交渉をおこない，国内では不況カルテルに対する独占禁止法違反，企業活動のグローバル化に伴う市場比率の寡占化に対する対応が求められている。転換期において産業政策の性質は，能動的・介入的・規則的な手法から，受動的・指針的・仲介的な手法へと比重を移していった。

3 「日本の奇跡」の謎

<経済テクノクラートの役割>

チャルマーズ・ジョンソンの『通産省と日本の奇跡』においては，日本における産業政策の歴史的展開と通産省の役割に関する分析がおこなわれている。アメリカを規制志向型国家，韓国・台湾をハードな権威主義体制国家，そして日本を発展志向型国家と位置付けている。日本では経済における政府の役割は民間部門と分担されており，公的部門と民間部門は共に市場を発展目的のために作動させる方法を作りだしてきたという。それが産業政策であり，そのための通産省であった。

つまり彼によると，戦後日本の奇跡的経済成長の政治的要因は経済テクノクラートによる経済運営にあるという。日本の政策決定においては，通産省や大蔵省などの行政官僚制が主導的な役割を担っており，通産省と産業構造審議会は経済分野の参謀本部として日本の経済成長を推進してきた。また，行政官僚制の人的構成や政策に関する発想について，戦前と戦後に連続性を見いだしている。

<1940年代体制とは>

たとえば，1931年の重要産業統制法の制定は強制加入カルテルの形成を促進するものであり，これをきっかけにして各種の事業法・組合法が定められた。国家と社会の融合，つまり政府介入によるカルテル助長政策は，大恐慌をきっかけにして各国で始まったが，日本においてそれを正当化したのは1938年の国家総動員法制定と1941年の国家総動員法改正であった。それによって重要産業に統制会・統制組合・統制会社のピラミッド型の団体構造がつくられ，急速に統制経済化していった。このモデルを導入したのは，満洲国で計画経済の手法を経験していた革新官僚たちであった。

この統制システムは，ナチスドイツの統制計画経済やソ連のゴスプランをモデルにして，限定された資源を戦争目的に総動員する「総力戦体制」のため，企業を行政の代理人として統制しながら，企画院の作成した物資動員計画による計画的な資源配分を実現する制度であった。この限定された資源を戦争目的に総動員する総力戦体制での合理的資源配分システムは日本型システムの起源とまでいわれている。野口悠紀雄はこのシステムを1940年体制と呼んでいる。

＜取引コストの逓減：組織化による効率性＞

効率達成の方法には，競争と組織化（階統制）の２つがある。コースやウィリアムソンによる「内部組織の経済学」は，競争による効率性の達成以外にも，組織化による効率達成の可能性を指摘している。取引コストが高い場合は市場交換より内部組織化の方が効率的であり，組織化のコストが高い場合は「組織の失敗」が生ずる。

ウィリアムソンによって提唱された取引コストの理論は，企業組織の発生に着目してその本質に迫ったコースの考えを発展させ，経済的決定の調整機構として市場と組織（化）の２つをあげている。

ウィリアムソンによると，市場メカニズムと階統制構造の制度的形態を採用する決定要因は取引コストにある。この２つの制度形態のうち，もっとも有利な制度形態は取引コストのレベルに左右される。そのコストは市場交換に関するものであり，契約の書面作成や監督のコストが例としてあげられている。交換の過程が困難ないし複雑な場合，取引コストは高くなる。たとえば，詳細な契約が準備され，処理されなければならない場合，生産物の質を評価することが難しい場合がその例である。このような状況では，階統制組織の方が市場交換の過程よりも効率的となる。

ウォルシュは，取引コストがゼロの場合に市場の失敗問題は解決され，取引コストが高い場合には組織化での対応の方が効率的となるという。逆に組織化のコストが高くなれば，それは組織の失敗になりかねない。

4　産業政策の変化と連続

<仕切られた競争仮説>

日本経済には2つの相反するイメージがある。ひとつは日本株式会社モデルであり，もうひとつは過当競争モデルである。日本株式会社モデルはあたかも日本経済は一体化した組織となっており，政府と主要産業企業との間には，一つの企業内部で見られるように，命令連鎖の構造が存在するという。実際には政府から企業へ非公式に行政指導という名で指示がだされ，補助金・人事・税制・融資という手段で企業行動を制約してきたことも事実である。過当競争モデルは集中豪雨的輸出競争，設備投資競争，預金獲得競争など企業間の熾烈な競争市場のメカニズムをあらわしたものであり，日本が自由主義経済の下で市場のメカニズムを作動させていることを前提としている。

このように相反する2つの側面をうまく説明するモデルとして提示されたのが「仕切られた競争仮説」（村上泰亮）である。これは，産業別に分離されたサブシステムの中では激しい競争があり，政府規制の役割は主として仕切りをつくり維持することにあると主張する。競争的行動そのものを直接規制することではなかったというのである。

村上泰亮の仮説はやや現状肯定的な仮説であるが，ジョンソンの仮説ほど民間マインドを無視しておらず，バランス良い説明となっている。ただし，ジョンソンの対象時期は高度成長期までであり，村上の対象時期は高度成長期以降という違いがある。そして，現代においては仕切られた競争の実態も，課題が多い。新規企業が参入しにくい点，産業間の不公平が確保されないという点が，その課題としてあげられる。

<産業における変化と連続>

行政主導型カルテル関係を前提とした産業政策は，1970年代前後より行き詰まりに直面したといわれる。伊藤大一によると，その理由は第1に各企業が成長して力をつけ，従来の産業政策の枠に入らなくなってきたこと，第２に公害問題・消費者問題が政治問題化したこと，第３に輸出拡大にもとづく国際的圧力の高まりが理由としてあげられている。伊藤大一は産業政策の変化と連続について，以下のように説明している。

変化の側面としては，独占禁止法の解釈をめぐって通産省（経済産業省）と公正取引委員会との間で寡占の解釈をめぐって交渉と対立が続けられてきた。とくに企業活動がグローバル化するにつれて，日本市場では寡占状態でも国際市場では寡占状態ではないという状況をどのように法解釈するのかという新しい課題も生まれている。重化学工業から知識集約型産業へ中心産業が移行するにつれて，超LSI研究組合のように新しい政策手法が有効な事例も増えてきた。

ただし，衰退産業に対しては，カルテル形成による産業保護という政策手法を採用していることは連続して見られる傾向である。産業組織政策や産業調整政策は依然としておこなわれており，比重は変わったにせよ，この点は産業政策として継続して採用されている手法である。日本が資源小国であり，他国との貿易によって成立している国であることは将来共に変わらない。

＜競争促進政策か？競争抑制政策か？＞

このような産業政策の変化について，内山融は『現代日本の国家と市場』の中で競争抑制政策から競争促進政策へというマクロ的な傾向を指摘している。たしかに，市場のメカニズムを適切に作動させ，自由貿易を可能にする条件を整備することに政府の重要な役割があることは，間違いない。マクロ的な傾向としては日本も特殊な国から脱しているとも評価できる。

ただし，産業再生法（産業活力再生特別措置法；1999年施行，2009年改正）のように，業績回復が見込まれるものの負債が大きく新規融資や社債の発行が難しくなった企業へ資本注入する手法が採られていたことを見ても，従来の産業政策がなくなったわけではない。しかも産業再生法の要件は子会社などを含め国内で５千人以上雇用していること，金融危機の影響で四半期の売上高が前年同期比20％以上減少していること，であり，これは産業間の不公平という「仕切られた競争」のロジックのままともいえるのである。

はたして国家と社会のあり方は，市場重視なのか，国家関与なのか，その重層構造はどのように説明すれば説得力があるか，興味尽きないところである。

参考文献

伊藤大一（1990）「産業行政における変化と連続」日本行政学会編『国際化時代の行政』ぎょうせい
ウィリアムソン，O. E.（1980）『市場と企業組織』（浅沼萬里・岩崎晃訳）日本評論社
内山融（1998）『現代日本の国家と市場』東京大学出版会
大山耕輔（1996）『行政指導の政治経済学』有斐閣
岡崎哲二・奥野正寛編（1993）『現代日本経済システムの源流』日本経済新聞社
沖本，D. I.（1989）『通産省とハイテク産業』（渡辺敏訳）サイマル出版
香西泰（2001）『高度成長の時代』日経ビジネス人文庫
後藤晃・鈴村興太郎編（1999）『日本の競争政策』東京大学出版会
小宮隆太郎ほか編（1984）『日本の産業政策』東京大学出版会
ジョンソン，C.（1982）『通産省と日本の奇跡』（矢野俊比古監訳）TBS ブリタニカ
新藤宗幸（1992）『行政指導』岩波新書
野口悠紀雄（1995）『1940年体制』東洋経済新報社
村上泰亮（1986）『新中間大衆の時代』中公文庫

コラム⑬：良き師を選ぶ

勉強のコツは良き論文をできるだけ多く読むに尽きる。しかし学生自身には何が良き論文なのかはわからない。このセンスは良き教師から盗むしかない。講義や演習で教師が何に依拠して話しているか，どのような論文を紹介するか，耳を澄ませて聞くべきであろう。それゆえ，良き教師に出逢えるかどうかは，学生にとってもっとも重要なことである。幸いにも，私は数多くの良き教師に恵まれたが，しかし，この出逢いはしばしば偶然のなせる技でしかない。

大学院時代，今は亡き辻清明先生（政治学・行政学）のクラスに出席していたとき，先生の話の中に気になる言葉遣いがあった。それは「最近は……」という言葉の意味内容である。当時23歳の私が「最近」という言葉を使う際には，２～３年前から現在までのことを指して用いていた。

しかしながら，私がクラスでの話を丁寧に聞いていると，辻先生の「最近」は50年以上の時間を意味していたような気がする。たとえば，「最近は普通選挙になっ

たけど，以前はね，……」とか，「最近の行政学はアメリカの影響を受けているけどね，……」といった具合である。

日本の選挙が不平等制限選挙から普通選挙に改革されたのは大正デモクラシーの時代であるし，日本の行政学がアメリカ行政学の積極的な摂取を本格的に取り組んだのも，第二次世界大戦後のことである。だから，少なくとも数十年のスパンで「最近」という概念を使っていたことは間違いない。当時の辻先生は70歳を越えていたから，少壮の私は先生の孫のような世代であった。なによりまして年齢差が大きかった。しかし，研究歴だけではなく，歴史感覚のスケールについても，その大きさを強く感じざるをえなかった。歴史的経緯の重要性を再認識し，自分の近視眼的な物の見方について反省した記憶がある。時間という軸を意識しだしたのも，この頃からである。

また，大学院の授業の教室から研究室へ帰られる時を捕まえて，修士論文の構想について数分まくしたてたこともあった。先生は嫌な顔ひとつされず，頷きながら私の話を聞かれていたが，話が終わる頃，「どこまで資料を集められましたか」と一言いわれた。資料やデータを集める以前の段階であったので，「まだ構想の段階ですので」と言い訳におわった気がする。一言のアドバイスではあるが，これも先生の実証主義的な考え方（というより信念みたいなものだったと思う）をお教えいただいたものと考えている。

クラスでは第１回目に，受講者ひとりひとりに出身地，学部の出身大学，学部時代の指導教授などについて，お尋ねになるのが常だった。「ああ札幌はいいところですね。私も，戦後，北海道大学で教えたことがありますが，日本でも一，二を競うほど，美しい大学です」とか，「出身は慶應義塾大学の経済学部ですか。あそこは法学部より経済学部中心の，日本では珍しい大学ですね。それは別に悪いことではなく，健全な姿かもしれませんね」という話をされた。相手をリラックスさせ，学生と共通の利害関心をもとうとされる，良心的な教師に特有な教育的配慮だったと思う。行政学のクラスでは講義形式をとられ，その次の学期における政治学のクラスでも講義方式をとられる旨を学生に伝えられたとき，私は「また講義ですか」と言ってしまったことがある。今から考えると失礼極まりなく，恥ずかしいかぎりの暴言だけれども，先生は長老泰然とした風で怒りもせず，しかもクラスでは対話形式で，新しい試みをされたのである。これにはまったく恐縮してしまった。当時の私は（現在でも時々そうであるが，）恐い者知らずで，「先生は，○○であるべき，という評価と，○○と考えるべき，という認識と，レベルがしばしば混在されている」と批判し，先生はしばし呆然と言葉を失われたこともあった。このあと，先輩に「武智君は勇気がある」と誉められた（皮肉られた）記憶がある。辻行政学に対する私の評価は現在も変わらないが，まったく失礼な学生と思われたに違いない。

このように，辻先生の想い出は尽きないが，意外にも先生と接していた時間は必ずしも多くはなかった。それにもかかわらず，当時の記憶は鮮明であり，私が「こういう教師になれればいいな」と感じたことは事実である。相手への同情的理解。物言いすぎないが相手の軌道を外さないよう制御するコメント。これら日常会話の中から，政治学のものの考え方を学んだ気がする。立場はかわって，現在私も教師になったが，はたしてどれほど学生の役に立っているか。私にとって，辻先生は理想的な教師としてスタンダードな存在でありつづけており，大学院時代をふりかえるたびに紐泥たる想いをしている。

第14章　公益事業と公共事業

公益事業を政府がおこなう根拠には「自然独占」がある。ストック整備に大きなコストがかかるため，電気，ガス，鉄道，上下水道などの公益事業は地域独占の形態が正当化されてきた。公益産業が費用逓減産業といわれるゆえんであろう。しかし民営化や技術革新によって，この根拠は揺らいでいる。本章では社会資本，公益事業，公共事業の問題をとりあげ，水道，道路，住宅の問題を検討する。

1　豊かさとは何か

＜社会資本とは何か＞

社会資本とは道路，港湾，上下水道，鉄道，通信，電力，公園，学校，病院，住宅など国民生活に影響を及ぼす公共施設のことをいう。公共投資は国の予算でおこなう投資と地方単独事業でおこなうものがあり，この公共投資に民間企業がおこなう社会資本整備を含めて社会資本という。

公共投資の機能は長期的には公的資本ストックの建設であり，短期的な目的は景気対策，つまり有効需要の引上げへの貢献である。極論として，景気対策としての公共投資は公的資本ストックとして将来まで有効に使用されなくてもよく，当面の景気刺激策が有効ならば，無駄に浪費されてもかまわないという考えもある。この長期的視点と短期的視点との両方が公共投資には必要であるが，従来は長期的視点が乏しかった。設備投資だけでなく消費も景気を測る重要な指標となってきたため，景気対策としてのメリットも小さくなった。

＜生活小国の理由＞

日本はかつて経済大国，生活小国であるといわれ，宮澤喜一内閣では生活大国をめざすことが目標として掲げられた。国民が豊かさを実感できないのは，デフレで物価は下落しているにもかかわらず税や保険料の負担は増大していること，そして生活関連の社会資本整備が貧弱であったことに起因する。住宅保障を福祉国家建設の重要な要素として考えたヨーロッパ諸国と異なり，日本は経済インフラの整備を優先させてきた。膨大な公債額を発行しており，欧米に比べても低くない公共投資水準にあるにも関わらず，社会資本整備は十分整備されたとはいえなかった。高い公共投資水準と社会資本の不足感のギャップはどこに原因があったのであろうか。宮島洋は５つの日本の特徴をあげている。

第１はストックの蓄積が少ないからである。スウェーデンのように国内が戦場となることがなくストック整備が完成された国とは異なり，戦争体験などで日本はストック蓄積が少なかった。第２は生活環境の整備が遅れていた点である。第３は地価が高く，事業費に占める土地取得コストが大きくなる。第４は短期的計画に基づいていることである。第５は談合などによる工事費の高い見積もりがあげられる。

＜社会資本と財政＞

日本の場合，予算の単年度主義が長期的計画を阻害している。また予算決定方式のインクリメンタリズム（漸変主義）や官僚制の慣性は，公共事業シェアの変化の少なさの要因となっている。省庁別の公共投資配分が固定化し，ルーティン化それ自身が大きな政治問題であった。また，農村に比べて，都市への投資は少なかった。これは政治資源の動員力に関して，農村の方が優っていたからである。

しかしながら，小泉政権期から配分比率は変化し，農村整備，治山治水，道路，港湾整備など農村への投資配分比率は低下し，住宅や上下水道の都市部への配分比率は上昇する傾向にある。

日本財政においては，慢性的に歳出と歳入のギャップが存在している。その

図表14-1　住宅・社会資本整備の推移

指標＼年度末	指標の定義	昭和40	45	50	55	60	平成2	7	12	15	16	17	18	19	20	21	22	23	24	25
高規格幹線道路（km）		–	–	–	–	–	5,074	6,567	7,843	8,540	8,730	8,839	9,047	9,332	9,468	9,711	9,855	10,052	10,490	10,685
高速自動車国道（km）		190	649	1,888	2,867	3,759	4,869	5,930	6,861	7,343	7,363	7,389	7,422	7,553	7,641	7,787	7,895	8,021	8,332	8,408
本州四国連絡道路（km）		–	–	–	7	38	107	108	164	164	164	164	180	180	180	180	180	180	180	180
一般国道の自動車専用道路（km）		–	–	–	–	–	98	182	341	485	627	689	804	887	927	1,004	1,023	1,083	1,167	1,252
都市高速道路延長（km）		40	164	199	263	332	465	552	617	671	685	689	695	714	722	726	747	752	762	773
国道・都道府県道改良率（％）	改良済区間延長／実延長	38.9	52.9	62.2	67.3	71.3	75.4	78.5	71.5	73.0	73.4	73.8	74.2	74.6	75.0	75.3	75.6	75.9	76.2	–
市町村道舗装率（％）	舗装済延長（簡易舗装を含む）／実延長	4.4	12.0	27.0	41.3	54.4	65.5	70.2	73.4	75.1	75.5	75.9	76.2	76.5	76.8	77.2	77.5	77.8	78.1	–
1人当たり都市公園等面積（m^3／人）	都市公園等面積／都市計画区域内人口	(542) 2.4	2.7	3.4	4.1	5.1	6.0	7.1	8.1	8.7	8.9	9.1	9.3	9.4	9.6	9.7	9.8	9.9	10.0	10.1
下水道処理人口普及率（％）	下水道処理人口／総人口	8	16	23	30	36	44	54	62	67	68	69	71	72	73	74	75	75.6	76.3	–
都市計画道路整備率（％）	改良済延長／都市計画決定延長	26	27	32	36	40	45	49	51	53	55	55	56	57	58	59	60	61	62	–
氾濫防御率（％）	洪水による氾濫から守られる区域の割合	–	約24	約28	約32	約38	約43	約51	(H8) 約52	58.4	59.1	59.7	60.2	60.9	61	61.5	62.1	62.6	–	–
人口・資産集積地区等における中期的な目標に対する河川の整備率（国管理区間）（％）		–	–	–	–	–	–	–	–	–	–	–	–	–	–	–	–	約72	約74	約75
急傾斜地崩壊対策整備率（％）	整備済箇所数／要対策箇所数	–	–	–	–	(557) 13	(562) 18	(H4) 22	(H9) 25	–	–	–	約25	約26	約26	約26	約27	約27	約27	約27
1人当たり延べ床面積（m^2）		(538) 16.4	(543) 18.6	(548) 21.3	(553) 23.2	(558) 25.7	(563) 27.9	(H5) 30.8	(H10) 32.8	(H15) 35.5	–	–	–	–	(H20) 37.3	–	–	–	–	(H25) 39.4
1室当たり人員（人）		(538) 1.16	(543) 1.03	(548) 0.87	(553) 0.77	(558) 0.71	(563) 0.66	(H5) 0.62	(H10) 0.59	(H15) 0.56	–	–	–	–	(H20) 0.55	–	–	–	–	(H25) 0.53
1住宅当たり延べ床面積（m^2）		(538) 72.52	(543) 73.86	(548) 77.14	(553) 80.28	(558) 85.92	(563) 89.29	(H5) 91.92	(H10) 92.43	(H15) 94.85	–	–	–	–	(H20) 94.13	–	–	–	–	(H25) 94.42
新幹線営業キロ数（km）		553	553	1,177	1,177	2,012	2,033	2,037	2,153	2,387	2,387	2,387	2,387	2,387	2,387	2,387	2,620	2,620	2,620	2,620
空港滑走路延長（km）		–	93.4	123.3	139.2	149.8	164.7	181.5	198.9	206.2	210.4	215.6	216.6	220.6	220.6	229.1	232.1	232.1	232.4	232.4
港湾岸壁延長（km）		–	–	4.8	5.2	6.1	7.7	10.9	16.4	20.5	20.8	22.5	22.5	23.2	24.2	24.6	24.8	25.2	25.7	26.0

出典）国土交通省（2016），391頁

図表14-2　住宅・社会資本の整備水準・目標，国際比較

分野	指標	日本：現在水準	日本：21世紀初頭における目標	諸外国の現状：英国	諸外国の現状：ドイツ	諸外国の現状：フランス	諸外国の現状：米国
下　水　道	下水道処理人口普及率	76% ('12年度末)	–	97% ('10)	96% ('07)	82% ('04)	74% ('07)
	人口100万人以上の都市	99%					
	人口５万人未満の都市	48%					
都市公園等	都市計画対象人口１人当たり面積	全国10.1m^2 東京区部 45m^2 ('13年度末)	おおむね 20m^2	26.9m^2 ロンドン ('97)	27.9m^2 ベルリン ('07)	11.6m^2 パリ ('09)	52.3m^2 ワシントンD.C ('07)
住　　宅	１人当たり床面積	39m^2 ('13)	–	39m^2 ('10)	46m^2 ('10)	44m^2 ('06)	62m^2 ('11)
	１戸当たり平均床面積	94m^2 ('13)	–	92m^2 ('11)	99m^2 ('06)	100m^2 ('06)	157m^2 ('11)
	持家	122m^2	–	103m^2	130m^2	120m^2	157m^2
	借家	46m^2	–	68m^2	78m^2	74m^2	114m^2
道　　路	高規格幹線道路延長	10,685km ('13年度末)	14,000kmのネットワークの構成	3,617km ('12)	12,879km ('12)	11,465km ('12)	101,866km ('11)
	１万台当たり高規格幹線道路延長	1.38km ('12年度末)	–	1.08km ('11)	2.73km ('11)	3.01km ('11)	4.12km ('11)
	全道路延長 (幅員5.5m以上)	339,038km ('11年度末)	–	419,671km ('11)	643,702km ('11)	1,052,380km ('11)	6,561,643km ('11)
	道路密度	0.90km/km^2 ('11年度末)	–	1.72km/km^2 ('11)	1.80km/km^2 ('11)	1.92km/km^2 ('11)	0.67km/km^2 ('11)
治　　水	治水安全度の目標	1/200	–	1/1,000	–	1/100	約1/500
	堤防等整備率	荒川 約66% ('13年９月末)	–	テムズ川 (高潮) 完成('83)	–	セーヌ川 完成 ('88)	ミシシッピ川 下流堤防 整備率 約93%('11)
鉄　　道	混雑率	165% 東京圏 ('13年度)	2015年までに 150%	149% ロンドン ('91)	–	152% パリ ('91)	71% ニューヨーク ('91)
航　　空	世界主要都市圏における空港整備の状況 (滑走路数)	東　京 成田　2 羽田　4 計　6	東　京 成田　3 羽田　4 計　7	ロンドン ヒースロー2 ガトウィック2 スタンステッド1 ルートン1 シティ1 計7 ('13)	ベルリン テーゲル2 シェーネフェルト1 計3 ('13)	パリ シャルル・ドゴール4 オルリー3 計7 ('13)	ニューヨーク J・F・ケネディ4 ニューアーク3 ラ・ガーディア2 計9 ('13)
		大　阪 関西　2 伊丹　2 神戸　1 計　5	大　阪 関西　2 伊丹　2 神戸　1 計　5				
港　　湾	各国の水深16m級の岸壁の供用の状況 (バース数)	10 ('14)	–	3 ('14)	23 ('14)	6 ('14)	20 ('14)

出典）国土交通省（2016），392頁

ため，税金へ依存せず公共投資をおこなうために，郵貯と厚生年金を原資として財政投融資で公共投資を推進してきた。財政投融資は予算とともに国会への提出・承認が必要であり，第２の予算ともいわれる。しかし予算統制が難しく，透明度も低かった。そのため，小泉改革によって一部の特殊法人で財政投融債の発行がおこなわれ，金融市場を通じた自主運用が始まったが，財政投融債の発行は一部の特殊法人に限られており，改革は断片的であった。そして，多くの特殊法人は独立行政法人へ移行することになった。

2　水道事業

<諸外国の民営化>

欧米では水道事業は民間企業で運営されていることが多く，すでに水メジャーによって管理運営されている水道事業も少なくない。

イギリスにおいては，約1,600あった上下水道事業体が1973年までに10の地域水管理公社に統合され，1989年に水道法に基づいて民営化され，その株式が売却された。イギリス最大の水道事業者であったロンドンのテムズ水道事業会社はドイツの電力事業供給会社であるRWEに買収された。水道事業の規制に関しては，水道事業規制局（OFWAT）が料金規制，設備投資規制，サービス内容の監視，消費者保護の業務を担当している。

フランスにおいては，多くのコミューンにおいて公設民営が運営の方式として採用されている。1998年現在，委託契約された５社から人口全体の78％がサービスを受けている。水道料金については自由価格制が採用されており，国の関与は少ないが，契約期間中に料金の値上げが不可となっている。民間企業への委託契約は以下の３つの方式による。

第１はマネジメント方式（契約期間３～５年）である。これは施設の建設・更新，資金調達，施設の所有についてはコミューンが責任を有し，施設の運営の特定部分を民間に委託している。第２はアッフェルマージ方式（契約期間５～10年）である。これは民間企業がコミューンから施設を借り受け，施設の更新，料金徴収，運転資金の調達を含む施設の運営・維持・管理全般にわたって民間企業が権限と責任をもつ。第３はコンセッション方式（契約期間20～30年）である。これは施設の建設や更新，資金調達を民間企業に責任をゆだねる。

＜日本の水道事業＞

水道事業は取水，浄水，配水，末端給水など市民生活に対する影響が大きく，公共性や公益性が高い事業として理解されてきた。1890年に水道条例が制定され，公衆衛生上・防災上の理由から公営が原則とされた。1952年に地方公営企業法が制定され，独立採算制に基づく事業経営の原則がとられた。1957年に制定された水道法では，水道を「導管及びその他の工作物により，水を人の飲用に適する水として供給する総体」と定義し，水道事業は原則として市町村が運営するものとされたのである。

しかし2002年に水道法が改正され，管理業務の第三者への委託を制度化した。2003年には地方自治法が改正され，指定管理者制度が創設され，民間事業者を管理者に指定することで水道事業を柔軟に運営することができるようになった。ただし下水道事業については管理者が市町村に限定されており，上水道事業と比べて民営化は限定的である。

自治体の60％が1950年代から1960年代において水道の供給をはじめており，多くの施設・設備で老朽化が進んでいる。現在の水道事業の普及率は2010年で97％を超え，自治体にとっては設備の維持や更新には大きなコストがかかる。従来から自治体直営の観念の強かった水道事業においても，広島県三次市や群馬県太田市で民間による水道事業の運営がおこなわれている。

＜水道事業の新たな可能性＞

日本の水道事業は小規模の事業者が多く，人口３万人未満の事業者が70％を占めている。そのため，効率的な水道事業の運営が求められており，民営化に加えて広域化も求められている。北海道の釧路市と釧路町の水道事業統合，滝川市，砂川市，歌志内市，奈井江町の水道事業統合（中空知広域水道企業団），福岡県の芦屋町と北九州市の水道事業統合など，小規模自治体では事業の効率性を高めるため，隣接する自治体と水道事業を統合する傾向も生まれている。

料金の設定は二部料金制度となっている。つまり，基本料金（口径別，用途別）と従量料金とで構成されている。大口使用者に節水を促すために逓減型の制度を導入しているが，これが料金格差を生み出しており，大口使用者の上水道離れが生じている。企業の工場など大口使用者には地下水を独自にくみ上げるところもあり，個人においてはミネラルウォーターを購入する消費者も多くなった。大口需要は減少しており，しかも高齢化で水使用量は減少するものと予想され，効率的な水道事業はますます困難となっている。

漏水の防止，施設のメインテナンスなど日本の水道事業が保有してきた技術力は高く，上水道事業の運営に苦慮している途上国にその技術を輸出している東京都や北九州市などの自治体もある。水ビジネスは企業と商社と地方自治体を含めて大きな転機を迎えているのである。

3　道路

<地域間の再分配政策>

無駄な公共事業の存在が批判の対象になって久しいが，その評価は居住している場所によって大きく異なる。一方において，大都市部の住民にとって政治的にゆがんだ意思決定の象徴として認識され，他方で地方の住民にとっては地域間格差の是正として必要不可欠な存在として理解されることもある。

公共投資の政治的配分の典型例として地域間の再分配政策がある。地方交付税交付金，地方譲与税，国庫支出金がそれである。このような再分配政策の中でも，自治体にとって中央政府の補助金を確保することは，地域の富を豊かにすることにつながるものと認識されていた。このような財政錯覚は受益と負担の不一致によって生じ，中央政府が補助金という誘因を設計し，地方自治体が積極的に誘因を充足しようと行動してきた帰結である。地方自治体には公共事業によってできた公共施設が満ちており，国レベルは建設国債による赤字財政構造が残ることになった。

かつて，農村は都市に人を送り出している場所であり，地域間の再分配政策は「子どもが親に送金しているようなものだ」といわれてきた。しかしながら，低成長期においてこの主張は成立しない。都市と農村の政治対立は大きくなり，道路の建設においてはこの対立構造は最も明確に浮上することになる。

＜道路の政策決定過程＞

日本の議会制民主主義においては１人１票の地域代表制を採用しており，議席の配分は農村に比重が置かれていて１票の格差は解消されていない。過疎地の利得（レント）追求活動は，政治的権利の不平等配分の帰結ともいえるが，逆に言えば過疎地のマイノリティの社会的不平等を修正する行動とも評価できるのである。

その正当化の根拠は，農村の貧しさや都市への人口移動があげられている。また従来の自民党政権においては，農村が政治的基盤のひとつであった。しかしながら，地域間の再分配政策が日本経済全体へダメージを与えるほど大規模なものならば，再分配政策自体の見直しをおこなわなければならないであろう。自民党の小泉政権から民主党政権において，道路予算の見直しがおこなわれてきた。

＜道路の集権と分権＞

道路は誰が管理維持しているのか。道路法の道路とは，高速道路，一般国道，都道府県道，市町村道であり，そのほかに私道，一般自動車道，農道などが道路の一種である。たとえ市町村道であっても，建設・維持は国や都道府県の高額補助金であり，道路の財政構造は集権システムである。国道の管理はかつて機関委任事務であったが，現在は道路法に基づく事務の場合，地方自治体がおこなう事務のうち，指定区間外国道の道路管理者としての事務が法定受託事務，それ以外の事務が自治事務となっている。

かつて国道昇格運動が自治体首長たちによって展開された。市町村道や県道を国道にしてほしいという要望である。市道や県道の方が都市計画上，自治体の計画の中で建設できるのであるから，自治の観点からは国道にしない方が望ましい。しかしながら，財源を確保するという点からみると，国道にした方がより自治体の負担は少ないので，国道昇格を希望したのである。

高速道路建設費は高速道路の使用料金をプールしたもので賄われている。かつて高速道路の利用者負担の費用で高速道路を建設し，将来は使用料を無料にすることとされていた。しかし全国で高速道路が建設され，無料化は反故となり，利用者負担は新たな道路建設費用と化した。新たな道路の受益は農村住民が受け，その負担は都市住民がおこなうこととされたのである。民主党政権において高速道路の無料化が実験されていたが，受益と負担の不一致や都市と農村の対立をいかにして解決するかが政治の力に問われている。

4　住宅

＜3つの住宅政策＞

住宅政策は3つの方法で実施されている。

第1は公共住宅建設である。公共賃貸住宅の提供や公共分譲住宅の供給がそれである。共に民間企業と競合している業務であるが，前者は低所得者など民間住宅市場では賃貸住宅が確保しにくい人びとへ住宅を提供する積極的役割があり，後者は民間住宅市場では持ち家が確保しにくい人びとへ住宅を提供する役割があるだろう。

第2は住宅補助である。家賃補助をすることで一定の世帯を呼びこみ，歪んだ人口構成を是正しようとする自治体もある。都心部では若年層の世帯に対して，過疎地では定住者を確保するため，家賃補助の政策がおこなわれている。

第3は税制と金融の政策である。固定資産税の軽減措置，所得税の住宅取得控除，持ち家相続税の優遇措置，譲渡所得税の一部控除，企業に対する社宅供給への税制優遇策などがそれである。経済政策を通じて安定的な住宅供給と住宅取得を図る政策がそれである。

＜住宅政策の正当化根拠＞

政府の失敗は住宅供給の非効率性・非柔軟性にあるが，金本良嗣によると市場の失敗への政府対応は２つの観点からおこなわれている。

第１は公平性の観点からであり，所得と資産の格差是正の目的でおこなわれている。低所得者に良質な住宅を保証するための賃貸住宅であり，優良な賃貸住宅建設者への政府金融からの融資，中堅所得層向けの持ち家促進金融税制上の政策がそれである。

第２は効率性の観点からであり，それは近隣外部性の点から正当化されている。つまり，近隣の住宅の質は住環境の重要な構成要素である。住宅補助などで住宅の質の改善がされると，近くの住民は正の外部性を与えることになる。このような外部経済をもつ住宅政策は資源配分の効率性を高めることになる。

また，次善の策の点からも正当化されている。他の政策による歪みや住宅市場における市場の失敗を是正する策として，公共住宅の提供が是認されることがある。

たとえば，かつて借地借家法は借りる側に有利な既得権利が配分される側面があった。この法律を是正することが最善の策であるが，それができない場合は次善の策として住宅政策が積極的に採用される。子どものいる世帯向けの賃貸住宅が少なくなるので，それを補うために賃貸住宅への優遇策や公共住宅の供給が必要である。また，生産緑地に対する相続税の優遇措置は，土地税制の歪みとされてきた。これでは住宅地の供給が過少になるため，住宅に対して補助をおこなって住宅供給を拡大させることが必要である。

これらは法改正がおこなわれて，現在は次善の策としての住宅政策の意味は薄らいでいるが，改正がおこなわれるまでの期間は効率的な住宅供給の必要性から肯定化されてきた。

＜住宅の政治力学＞

ヨーロッパにおいて労働者が支持する政党が政権を支配していた際には住宅政策は福祉国家建設の重要な要素であった。それは政治的支持をおこなう労働者に住宅を低価格で提供する再分配政策を意味していたからである。

イギリスのサッチャー政権は労働者に住宅を低価格で売却し，持ち家を推進していった。労働者が資産をもつ意味は大きく，労働党の政治基盤を切り崩す政治的効果は絶大であった。日本では自民党政権において持ち家政策が推進され，国民の多くは住宅資産を保有しているか，保有を望んでいる。家や土地という守るべき資産を保有する人びとを作り出すことの政治的意味は大きく，住宅政策は保守的な支持層を形成するための，優れて党派的な政策のひとつなのである。

参考文献

石井晴夫編（1996）『現代の公益事業』NTT 出版
井堀利宏（2001）『公共事業の正しい考え方：財政赤字の病理』中央公論新社
井堀利宏・土居丈朗（1998）『日本政治の経済分析』木鐸社
植草益編（1997）『社会的規制の経済学』NTT 出版
金本良嗣（1997）「住宅に対する補助制度」岩田規久男・八田達夫編『住宅の経済学』日本経済新聞社
岸井大太郎・鳥居昭夫編（2005）『公益事業の規制改革と競争政策』法政大学出版部
公益事業学会編（2005）『日本の公益事業』白桃書房
国土交通省編（2016）『平成26年度　国土交通白書』
後藤晃・鈴村興太郎編（1999）『日本の競争政策』東京大学出版会
塩見英治編（2011）『現代公益事業』有斐閣
長峯純一・片山泰輔編（2001）『公共投資と道路政策』勁草書房
西野文雄監修・有岡正樹ほか著（2001）『日本版 PFI』山海社
野田由美子（2004）『民営化の戦略と手法　PFI から PPP へ』日本経済新聞社
八代尚宏編（2000）『社会的規制の経済分析』日本経済新聞社
宮島洋（1992）『高齢化時代の社会経済学：家族・企業・政府』岩波書店
武藤博巳（2008）『道路行政』東京大学出版会

コラム⑭：古きものこそ新しき

日本の研究者は最新の理論に敏感である。新制度論が流行ればそれを追いかけ，ソーシャル・キャピタルの議論が盛んになればそれをサーベイする。各理論内容には精通しているが，さて自分のオリジナリティある理論構築となると，あまり力を注がないのである。

政治学の具体的なデータは選挙データと行政機関の財政データしかないので，データに基づく実証主義の立場をとると，政治学の対象はきわめて限定されたものになってしまう。私の場合，K.ポパーのように反証可能性を重視する立場はとらない。選挙データによる政治過程分析や財政データを用いた政策分析を除いて，政治学の事実認識はより粗いパラダイムを通じておこなわれる。その意味で，T.クーンのパラダイム論は有効だと思うし，理論仮説は理論でしか倒せないという立場は昔から変わらない。

もう少し厳密にいうと，実際に経済学の古い理論を倒すのは時代の社会態度を背景とした新しい理論であり，それはケインズ経済学→新古典派経済学→ポスト新古典派経済学という系譜をみても明らかだろう。ただし新しい理論構築には，きわめて規範的かつ実践的な問題意識が存在するのも事実であるが。

さて，小難しい話はこれくらいにして，新しい理論やパラダイムが生まれるときには，対抗仮説となっている理論の前に流行した理論が再構成され，新しい衣を羽織って再登場することが多い。新しい理論構築を考えている人は，新しい理論をサーベイするだけではなく，むしろ古いものに注目すべきである。「古きものこそ新しき」とはよくいったものである。

私自身は行政学や公共政策という専門分野を専攻しているが，蠟山政道先生の研究業積でもっともすぐれた業績であると思うもののひとつは，蠟山政道著『英國地方行政の研究』国土社，である。この本は昭和24年に出版されているので，もう半世紀以上たっている。蠟山政道先生は元東京大学教授で日本の行政学の創始者，河合栄治郎事件に憤激して東大を辞めた人である。蠟山先生の業績には，『行政学講義序論』（『行政学原論』の復刻版），『政治學原理』，『比較政治機構論』など数々の名著があるが，この『英國地方行政の研究』は蠟山行政学の中でもっとも評価されるべきものだと思う。今，手にとって読んでみてもまったく古さを感じさせない。私がはじめて読んだときの感想は，「この時代にこんなことをいっているなんて凄い」というものである。この感想は私が修士論文を書いていたときのものであるが，現在もまったく変わらない。当時，修士論文を書くため私は昭和20年代～30年代半ばまでの生活保護行政を調べていた。今では法定受託事務と自治事務にかわったが，当時は機関委任事務で遂行されていて，もっとも統制の強い事務のひとつとされていた。私は学会で支配的な機関委任事務の厳格な統制イメージに疑問を抱き，その運用はむしろ柔軟なのではないか，と思うようになっていた。通常は第一線に裁量があり，緊急時に統制が可能なシステムであると解釈するべきではないか，と漠然ながら構想するようになっていた。ちょうど，その時に読んだのが蠟山政道先生の『英國地方行政の研究』であった。

この本で蠟山先生は地方行政の学説的考察・社会科学的考察を加えた後に，イギリス地方自治の制度的発展を検討している。そして歴史的分析の後に，地方行政の分析には構造的認識と技術的把握が必要であると述べている。とくに圧巻なのは行政的統制の記述であり，その発想には多くを学んだ。というより，当時の私はやっと昭和24年の段階にたどり着いたというのが正確かもしれない。地方自治の行政的統制を二律背反として理解している点に新しさを感じたのである。少し長くなるが，旧字体を現代文に直してここで引用しておこう。

「われわれが，この行政的統制の発展に多くの関心寄せる所以は，個別と全体，自由と能率，個性と標準という如き，現代政治における二律背反的目的を含蓄する現実問題が，この行政的統制によって解決されている点である。少なくともこの行政的統制の目標がその解決に向かって置かれていることである。それは，中央と地方との関係という本研究の主題に対して，その解決への鍵がこの一個の点に潜んでいることを示唆しているのである。この中央と地方との関係について，あらゆる方面の社会科学の理論的考察，地方制度の発達に関するあらゆる歴史的研究，伝統的な政治的機能の構造的認識という各種の視点からする検討を経て，遂に到達したところが，行政的統制を技術的に把握するという新しい観点なのである。それによって行政的統制の可能性が証明せられるのみならず，新しい行政学が一個の社会的技術的としての可能性を証明しうるや否やも，かかってかような具体的な現実的問題ととりくむことによってえられる試練の結果にかかっているのである」。

はたして，現代行政学はこの課題にどこまで応えたのであろうか。私自身どれだけ理論的に貢献しただろうか。

第15章　環境保全政策

環境問題とは大気汚染，水質汚濁，土壌汚染，騒音，振動，地盤沈下，悪臭など生活環境を悪化させて生命・健康・福祉の状態を低下させる現象をいう。環境保全政策は外部不経済をどのように制御するかが課題であり，本章では歴史的展開，理念と政策手段，環境省の組織基盤について説明する。

1　環境保全と環境政策の展開

＜高度成長と公害問題＞

1950年代半ば以降，公害問題が表出した。四大公害問題，つまり熊本県水俣湾周辺地域における有機水銀中毒（水俣病），新潟県阿賀野川流域における有機水銀中毒（第二水俣病），富山県神通川流域でおきたカドミウム汚染，三重県四日市コンビナートの工場からの亜硫酸ガスの問題である。

高度成長の陰の部分として，公害問題を契機に各地で住民運動が噴出し，これらへの対応として地方自治体では，公害規制，条例の制定，環境アセスメントの制定など公害対策が進められた。公害対策は地方自治体が先行したが，国においても1960年代後半から1967年公害対策基本法の制定，1971年の環境庁の設置，1973年の公害健康被害補償法の制定が相次いだ。しかし石油危機で保全・保護から開発・発展へと再び振子は揺れ，国の積極的な対応はしばらく待たなければならなかった。

＜公害問題から環境問題へ＞

次の段階では，公害という外部不経済が特定化していたのではなく，問題は拡散し，複雑化した。アレルギーの問題やゴルフ場周辺の農薬被害などがそれである。たとえば花粉症は，花粉症の原因である杉などの植林をおこなっている山林所有者にすべての責任があるわけではなく，排気ガスなどとの化学反応で花粉症の症状が生じるのである。ゴルフ場周辺の農薬被害には地下水に対する環境汚染がある。農薬の直接被害を受ける地域住民だけでなく，その地下水を飲料とする遠隔地の住民も被害を受ける。

たとえば山梨県道志村は豊かな水源地で有名であるが，道志村にゴルフ場が開発されることによって水源が汚染されることを横浜市は恐れた。1996年に公益信託方式で道志水源基金をつくり，民有林のボランティアをおこなう横浜市民のバス代などの活動資金としている。1997年に公益信託方式で道志水源林基金（横浜市が10億円，村が1,000万円）を設立し，観光，産業振興のために役立てている。

このような環境問題においては，被害者と加害者が不特定多数であり，公害のように発生企業が特定化しにくい，もしくは発生者が不特定多数存在する点が特徴である。そのため，公害対策とは異なる政策手法の必要性が生じている。つまり，環境保全対策として経済インセンティブの手法が多用されるようになってきたのである。

＜地球規模の環境保全＞

第３の段階は地球レベルに環境問題が拡散していることである。国際社会はアナーキーな組織なき秩序であり，大量生産・大量消費社会においてフロンガスと化石燃料の使用は地球温暖化・酸性雨という環境被害を招いている。公定力のような法的強制力をもたない国際社会において，環境保全を促進することは難しい。国家間の合意に基づく環境保全しか実行できないのであるから，その合意形成の政治力学が重要である。このような地球環境の悪化は石弘光によると，３つの所産であるという。

第１は先進諸国の裕福な浪費によるものである。第２は中進国の経済発展優先・環境軽視によるものである。第３は発展途上国における貧困特有の問題であり，焼き畑農業や輸出による外貨獲得のために森林伐採をおこなうなどの環境破壊である。

このように環境問題は重層構造をもち，その外部性の制御は難しい。以下では環境保全の理念について確認しておく。

2　環境保全の理念

<循　環>

近年，大量生産・大量消費・大量廃棄の社会システムを見直していく機運が高まっている。これは環境汚染に対する危機意識が向上した帰結であり，省資源，リサイクル，廃棄物の極小化を可能とする産業構造・生活様式・技術革新を組み込んだ経済社会システムの実現がめざされている。自然再生エネルギーに関する関心も高まり，原発事故を契機に，実現を早めていく世論も形成されている。

図表15-1　循環社会の姿

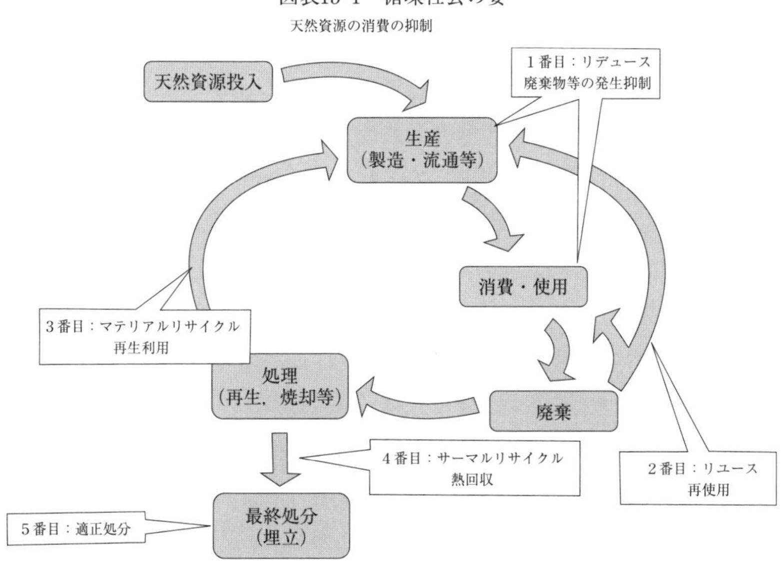

出典）環境省編（2011），209頁

2000年は循環型元年であり，リサイクル諸法の成立をみた年であった。次章で後述するように，2016年現在では容器包装，自動車，家電，食品，建設，小型家電のリサイクルが実施されている。発生抑制，再使用，再生利用の循環型社会がめざされているわけである。

<持続可能性>

1984年に国連に設置された「環境と開発に関する世界委員会」（ブルントラント委員会）では1987年までに４回会合がもたれ，『地球の未来を守るために』という報告書が提出された。その報告書では，「持続可能な開発」の概念が打ち出された。つまり持続可能性とは，将来のニーズを満たす能力を損なうことのないような状態で現在の世界のニーズも満足させることを意味している。

この持続可能性という考えは，1992年リオでの国連環境サミットから各国へ普及し，現在では環境を含めて多くの分野で用いられている概念である。年金制度の持続可能性，財政の持続可能性などがその例である。

<公正と共生>

環境問題は年金や公債発行と同様に世代間の公正が問われる問題である。政府には将来世代への配慮という役割が期待され，市民や企業に対しては将来世代への倫理的責任や世代エゴイズムの排除が求められている。

一般的に共生での生物多様性とは，多様性を確保することが人間に有用だからという功利主義の立場からのもの，生物の生存権は生態系の頂点に立つ人間の保護義務であるとする義務論の立場からのもの２つがある。現在地球上では１日に100種類の生物が消滅しているといわれているが，はたして生物を絶滅から救済して生物多様性を維持する根拠は何であろうか。

近年は環境汚染をおこなったものがコストを負担するという「汚染者負担原則」（PPP原則）や廃棄物の社会コストを消費者や販売者ではなく，生産者にまで拡大して求める「拡大生産者責任」の考えが定着し，具体的にこのような理念が法規制に盛り込まれることになる。

3　環境保全政策の仕組み

<直接規制>

環境保全の手段としては規制が原則である。規制という手段は局所的・緊急的な汚染，生命・健康・生物種に被害を与える汚染の制御に最適な方法であり，経済インセンティブの手法が全般的に用いられている現代においても，環境制御の基本的な政策手法となっている。

規制の公式なフローチャートとしては，環境基準の設定をおこない，汚染の測定をし，基準違反に関して行政処分がおこなわれる，というものである。しかしながら，国よりも都道府県の横出し・上乗せの基準設定が積極的におこなわれていることが多い。行政処分は最終手段として用いられるものであるので，日常は公害防止協定などの行政契約や勧告・指示などの行政指導という政策手法が用いられている。

しかし規制手段にも限界がある。第１に個々の企業情報について政府が限定的な把握しかできない。第２に規制は企業へ環境保全の正のインセンティブとはならない。第３に政府のコストは大きく，歳入増には直接つながらない。

<環境税>

環境税とは，炭素税，排水課徴金，公害健康被害補償法の賦課金などの方法が用いられており，経済インセンティブの政策手法の典型である。このメリットとしては，汚染削減のコストが低くてすみ，加害者と被害者が不特定多数の場合，制御がより有効となる。外部不経済を市場メカニズムで制御するので，削減コストを節約する技術革新のインセンティブを企業に与えることが可能である。

類型としては，環境部局の課徴金，財政当局の炭素税の２つの方法がある。前者は汚染物質の排出量を測定し，それを課税算定の基礎として排出量単位を決定するものであり，主として環境部局による課徴金として設計されている。

図表15-2　OECD 諸国における環境税・

環境税などの手法	オーストラリア	オーストリア	ベルギー	カナダ	デンマーク	フィンランド	フランス	ドイツ	ギリシア
自動車燃料：									
有鉛／無鉛(差別)	*		*		*	*	*	*	
ディーゼル(質による差別)					*	*			
炭素／エネルギー税					*	*			
硫黄税									
その他物品税(付加価値税を除く)	*	*	*	*	*	*	*	*	*
その他エネルギー製品：									
その他物品税	*	*	*		*	*	*	*	*
炭素／エネルギー税					*	*			
硫黄税					*				
No_x 課徴金									
自動車課税：									
販売／物品／登録税の差別			*	*	*	*			*
道路／保有税の差別			*	*	*			*	
農業への投入：									
肥料									
農薬					*	*			
その他製品：									
電池			*		*				
プラスチック袋					*				
使い捨て容器			*			*			
タイヤ				*	*				
CFC／ハロン	*				*				
使い捨てカミソリ			*						
使い捨てカメラ			*						
潤滑油課徴金						*			
油汚濁課徴金	*					*			
直接税の規定：									
環境投資／特別償却	*			*	*	*			
雇用者の支払う通勤費用を課税収入とみなす	*				*	*		*	
無料駐車を課税収入とみなす	*								
公共交通機関利用の場合の通勤費用を非課税									
航空運輸：									
騒音課徴金	*		*				*	*	
その他の税				*					
水課徴金／税：									
水道課徴金	*				*	*		*	
下水課徴金	*				*	*		*	
排水課徴金	*							*	
廃棄物処理／管理課徴金：									
一般廃棄物	*			*	*	*	*	*	
廃棄物処理課徴金	*	*	*		*		*	*	
有害廃棄物課徴金	*		*			*		*	

出典）石弘光（1999），108－109頁

課徴金の概要（1995年１月１日以降）

アイスランド	アイルランド	イタリア	日本	ルクセンブルク	メキシコ	オランダ	ニュージーランド	ノルウェー	ポルトガル	スペイン	スウェーデン	スイス	トルコ	イギリス	アメリカ
* *	* *	* *	*	* *	* *	* * *	* *	* * * * *	* *	* *	* * * * *	* *	* *	* *	*
	*	*	* （*）	*	*	* *		* * *		*	* * * *	*		*	*
* *	* *	* *	*		* *	* *		* *	*	*	* *	* *	* *		*
								* *			* *				
* *								* *			*				* *
								*	* *	*	*			*	* * * *
			（*）			*		* *	*		*	*			*
*					* *			* *	* *	*	*		*	* *	* *
* *	*	*	（*）			* *		* * *	* * *	* *	*	* *	*	* *	* *

図表15-3　OECD 諸国における経済的手段の活用状況（1992年 1 月）

	排出への税・課徴金（うち使用者課徴金）	生産物への税・課徴金（うち差別課税）	デポジット・リファンド	排出権取引	その他（基準違反,課徴金ほか）	計
オーストラリア	5(2)	1(0)	3	1	2	12
オーストリア	3(1)	4(2)	3			10
ベルギー	7(2)	2(2)	1			10
カナダ	3(2)	7(3)	1	2	2	15
デンマーク	3(2)	10(2)	2			15
フィンランド	3(2)	10(2)	2			15
フランス	5(2)	2(1)				7
ドイツ	5(2)	3(3)	2	1		11
ギリシア	2(1)	1(0)				3
アイスランド	1(1)	1(1)	2			4
アイルランド	2(2)	1(1)				3
イタリア	3(2)	2(0)				5
日　本	3(1)	1(1)				4
オランダ	5(2)	4(2)	2			11
ニュージーランド	1(1)					1
ノルウェー	4(2)	8(2)	3			15
ポルトガル	2(0)	1(1)	1			4
スペイン	3(2)			–		3
スウェーデン	3(2)	11(2)	4	2		20
スイス	3(2)	2(2)	1			6
トルコ	1(0)					1
イギリス	1(1)	1(1)				2
アメリカ	5(2)	6(1)	4	8	2	25
計	73	78	31	14	6	202

出典）石弘光（1999），86頁

後者は汚染排出量の測定値に対する明示的課税を間接的に代替するものであり，主として財務当局による炭素税として設計されている。

ただしこれらの手法にも問題点はある。環境という財の波及効果を制御できない点である。効率かつ有効に制御するためには広域的な対応が必要であり，より集権的なシステムを設計するか，水平的な政府間関係を構想するしかない。つまり，河川流域の市町村間で河川保護の条例を結ぶ方法など，自治体間の条例や国家間の条約が合意形成として求められるのである。

＜環境アセスメント＞

環境アセスメントとは，地域開発や都市計画などの開発行為に先立ち，開発が大気・水・土・生物などに与える影響を予測・評価して防止策や代替策を比較・検討することである。この環境アセスメントは自治体で先行した。1977年に川崎市，1979年に北海道，1981年に東京都と神奈川県で環境アセスメント条例が制定された。国レベルにおいては，環境庁案は通産省や経済界の反対で法案作成が遅れ，1981年に後退した法案が提出されたが廃案となった。1997年に環境影響法が制定され，1999年１月に施行となった。

環境アセスメントについては，事前の情報提供の役割を果たしており，スクリーニング（事業対象の絞り込み），スコーピング（事業の内容・項目・手法の絞り込み），アセスメント準備書と評価書の公告縦覧という内容から構成されているのが一般的である。しかしながら，調査項目や手法などについてその実効性や成果が疑問視されることもあり，推進者・専門家・住民の合意に基づきアセスメントの推進が実行される必要があるだろう。

4　環境省の役割

＜理念官庁としての環境省＞

国土庁と同様に，1971年に環境庁は総合調整の省庁として設置された。それは環境問題には多くの省庁が関与しており，省庁間の調整が必要な分野だからである。逆にいえば，セクショナリズムの壁をいかに克服するかが環境行政の鍵であり，政治のリーダーシップと行政の調整力による政策の立案と実施が求められている。

環境省に対しては，環境保全の番人としての役割を期待する人も多いと思う。しかしながら，環境省自体に実施権限が多くなく，後述するように政策決定の組織基盤で自律性を留保されている。1,000人足らずの職員数にもかかわらず，その業務量は多く，国民に理念を提示しながら理念官庁として調整役に徹するのが実態の姿である。

＜理念と権限のギャップ＞

2001年に廃棄物処理に関して厚生省より権限が移管されたが，容器包装リサイクル以外のリサイクル関連法については他の省庁の所管事務となっている。理念と実施権限とのギャップは大きく，理念の提示，基準設定・ルール作成に限定されることが多い。調整の対象となる省庁は，厚生労働省，農林水産省，林野庁，国土交通省，経済産業省，警察庁，外務省，総務省などであり，その調整が成功しないと法令として上程することができない。逆にいえば，他の省庁の反対があれば，環境省の原案どおりに法令が形成できない困難さがある。

また他省庁と異なり，大規模な顧客集団は少なく，政治的支持を調達することは難しい。逆にいえば，国民一般に対して政策を訴えることはできるのであるが，利益集団の捕虜官庁となる可能性も少ない。

人的資源としての環境省職員は，出向者と生え抜き組みの混合であり，それは環境庁が設置された際に，大蔵省，厚生省，総理府，通産省，経済企画庁，林野庁，建設省などから職員を出向させ，職員を構成したからである。出向者数は減少傾向にあるが，今でも利害ある課は他省庁の出向ポストとなっている。事務次官は財務省出身者と厚生労働省出身者のたすき掛け人事であったが，2008年７月に環境省生え抜きの総合環境政策局長が事務次官になり，それ以降，環境省生え抜き職員が事務次官を歴任し，人事の自律性は高まりつつある。

図表15-4　環境省の人的構成（平成22年９月現在）

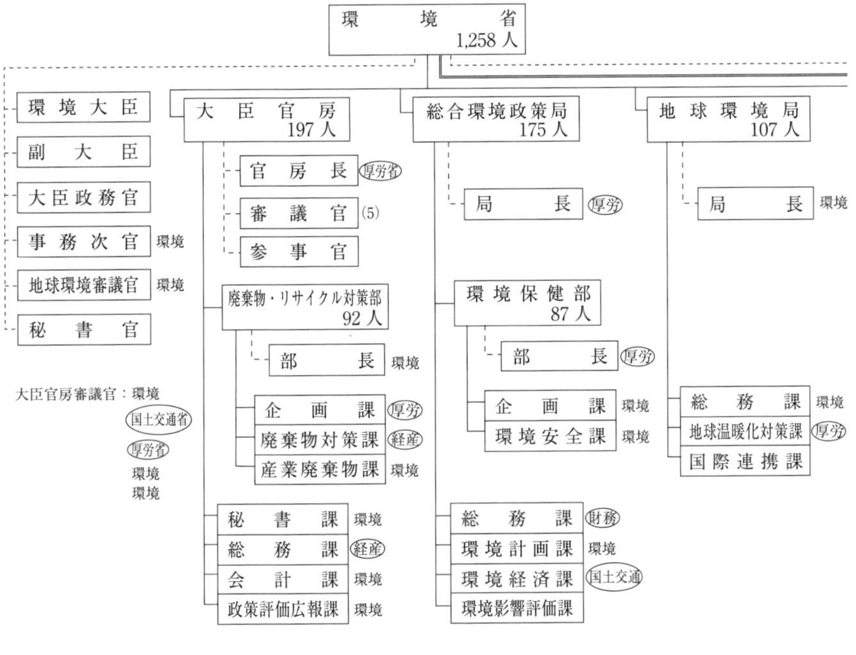

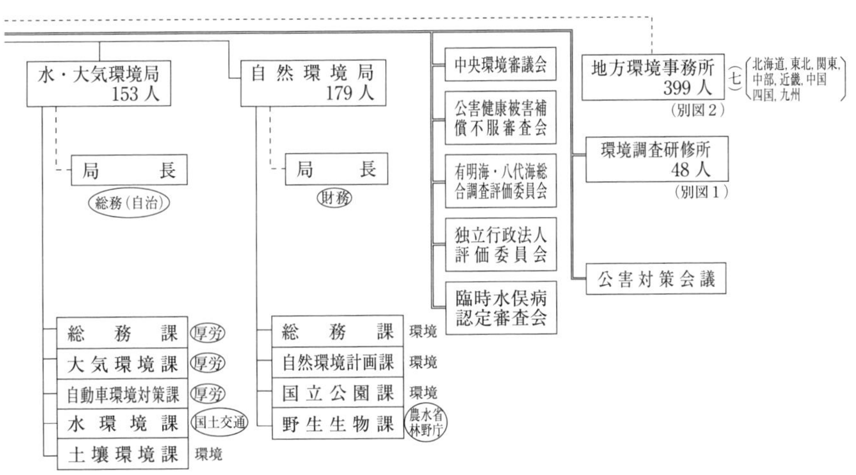

出典）米盛康正編（2010）より作成

＜政治的リーダーシップの可能性＞

環境保全への強いコミットメント，緑や水の専門家としての高い自負にもかかわらず，その政策の立案と実施は制度的制約に阻まれ，経済合理性との調和をいかにはかるか，という大きな課題も実現しなければならない。都道府県が環境保全において大きな影響力をもつ理由のひとつが知事の政治的リーダーシップであるが，国レベルでも総理大臣や環境大臣の政治的リーダーシップに期待することは可能である。官庁セクショナリズムを超えて政治の力で調整機能を果たすことが，環境省の制度制約を補完する数少ない選択肢のひとつなのかもしれない。

参考文献

石弘光（1999）『環境税とは何か』岩波新書
植田和弘ほか（1991）『環境政策の経済学』日本評論社
大嶽秀夫編（1984）『日本政治の争点――事例研究による政治体制の分析』三一書房
大塚直（2010）『環境法（第３版）』有斐閣
環境省編（2011）『平成23年版　環境白書・循環型社会白書・生物多様性白書』日経印刷
環境省編（2020）『令和２年版　環境白書・循環型社会白書・生物多様性白書』日経印刷
寺西俊一（1992）『地球環境問題の政治経済学』東洋経済新報社
寺西俊一・石弘光編（2002）『岩波講座　環境経済・政策学第４巻　環境保全と公共政策』岩波書店
原科幸彦編（2007）『環境計画・政策研究の展開』岩波書店
原科幸彦（2011）『環境アセスメント』岩波新書
細田衛士（2012）『グッズとバッズの経済学（第２版）』東洋経済新報社
細田衛士・横山彰（2007）『環境経済学』有斐閣
諸富徹（2000）『環境税の理論と実際』有斐閣
米盛康正編（2010）『環境省名鑑－2011年版』時評社

コラム⑮：議論を好む

論文，レポート，口頭発表をおこなうとき，自分の考えを主張することは重要である。しかし，その主張は事実や論理（理由・理屈）に支えられたものでなければならない。アカデミック・スキルズで身につけなければならないものの１つに，この議論の方法がある。

議論は主張，論拠，根拠から構成される。主張とは根拠から導き出された結論・判断であり，論者の一番言いたいことである。根拠とは主張を導くもとになる証拠・事実・データであり，論者間でより共有性の高いものが望ましい。論拠とは根拠と主張とをつなぐ役割をするもの，いわば根拠の意味づけを意味している。

福澤一吉によると，主張とは自分と異なる意見に対して発せされる反論であり，主張は論拠や根拠を伴って論証される。主張の正当性は論証プロセスの吟味によって論証されることになる。この論証プロセスを経て結論に至る言動を議論という。

①議論の中に発言者の主張が明示されているか，②発言者の主張が成立するための根拠や論拠を提示されているか，③隠された根拠に関する言及があるか，④主張への論理の飛躍がないか，⑤質疑応答において，聞かれていることに答えているか，を議論スキルとして身につけておかなければならない。ただし，大学の教育を含めて，一般社会でおこなわれる実際の議論は主張を繰り返すことが多く，根拠と論拠は区別しにくいことも多い。常に議論をする際にはチェック・ポイントを確認しておくとよいし，日頃からディベートなどで，トゥールミン・モデルの実践，つまり議論のレッスンをおこなっておくことが望ましい。

参考文献

福澤一吉（2002）『議論のレッスン』NHK 生活人新書

第16章　廃棄物処理政策

廃棄物（ごみ）の社会的コストは誰が負担するのか，その負担の考え方はどのようなものか，その解決メカニズムは何か，が本章のテーマである。廃棄物（ごみ）は身近な存在ではあるが，それは様々な問題をもつ興味深い分析対象であり，アプローチしやすいテーマのひとつである。

1　廃棄物の急増とその背景

＜廃棄物とは何か＞

映画「恋に落ちたシェークスピア」に，16世紀末ロンドンの街をシェークスピアが歩いている際，ロンドン市民が建物の２階からゴミを投げ捨てるシーンがある。当時はまだ廃棄物処理という観念がなかった時代であるが，現代では公衆衛生上このような行為は許容されていない。

廃棄物（ごみ）とは，家庭・産業界から排出されるものであり，廃棄物処理法によると，一般廃棄物と産業廃棄物に区分することができ，一般廃棄物は家庭系廃棄物と事業系一般廃棄物に分類することができる。産業廃棄物とは事業活動に伴って生じた廃棄物のうち法令で定める20種類の廃棄物をさし，それ以外の廃棄物を一般廃棄物という。事業活動で排出される廃棄物から産業廃棄物を除いたものを事業系一般廃棄物といい，それ以外の一般廃棄物を家庭系廃棄物と呼ぶ。

また，PCB（ポリ塩化ビフェニル）含有部品や煤塵など人の健康や生活環境に被害を生じるおそれのあるものを特別管理一般廃棄物として，厳重に管理することとしている。

図表16-1　廃棄物の区分

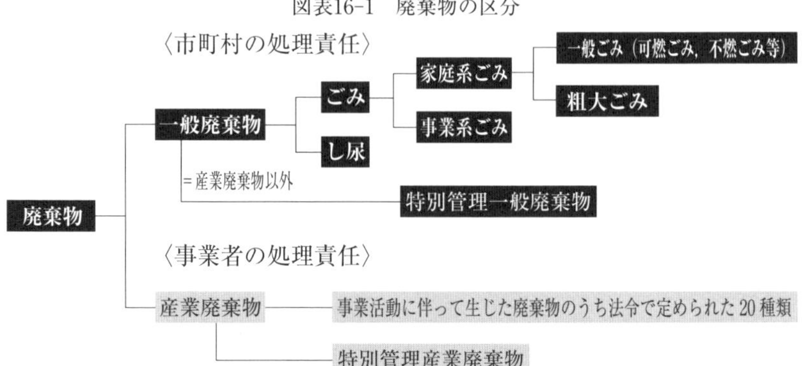

注：1　特別管理一般廃棄物とは，一般廃棄物のうち，爆発性，毒性，感染性その他の人の健康又は生活環境に係る被害を生ずるおそれのあるもの。
　　2　事業活動に伴って生じた廃棄物のうち法令で定められた20種類：燃え殻，汚泥，廃油，廃酸，廃アルカリ，廃プラスチック類，紙くず，木くず，繊維くず，動植物性残渣（さ），動物系固形不要物，ゴムくず，金属くず，ガラスくず，コンクリートくず及び陶磁器くず，鉱さい，がれき類，動物のふん尿，動物の死体，ばいじん，輸入された廃棄物，上記の産業廃棄物を処分するために処理したもの。
　　3　特別管理産業廃棄物とは，産業廃棄物のうち，爆発性，毒性，感染性その他の人の健康又は生活環境に係る被害を生ずるおそれがあるもの。
出典）環境省編（2022），138頁

＜清掃行政から廃棄物処理行政へ＞

かつて廃棄物に対する対策は，清掃行政と呼ばれてきた。しかし現在では廃棄物処理行政という名称が用いられている。その理由は２つある。

第１は対象の変化である。単なる生ごみからプラスチックごみへの対処，さらにはOAごみや紙ごみの増加，つまり家庭（生活）系ごみから事業系ごみ・産業廃棄物へと，対象が急速に広がってきたのである。

第２の理由は，処理の方法が多様化してきたことである。かつて昭和30年代は街中の家庭ごみを清掃車が持ち去り，それを埋立場で埋め立てるだけであった。しかし埋立地・処分地が確保しにくくなり，衛生上の問題もあり，昭和40年代からはごみを焼却するようになった。この後さらに，行政による清掃行政にも，3R（reduce：発生抑制，reuse：再利用，recycle：再生利用）のリサイクル，民間委託，住民参加など複雑な構図が生じてきた。とくに昭和60年代からはごみは急増し，急速な対応を求められている。

図表16-2　ごみ総排出量と１人１日当たりごみ排出量の推移

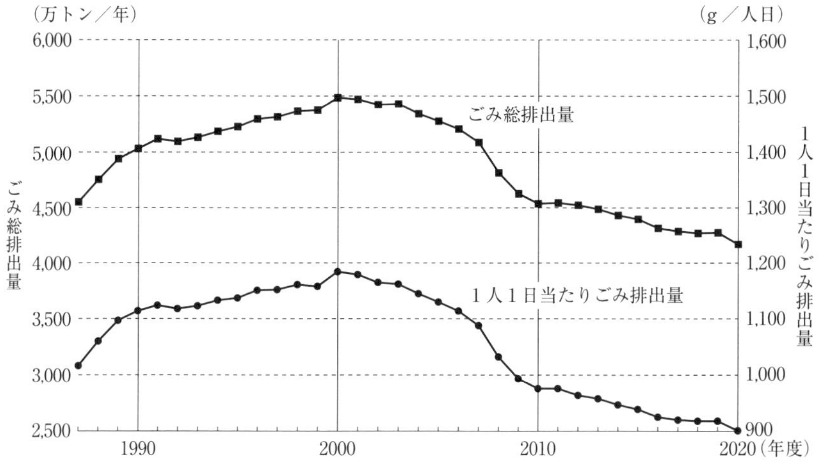

注：1　2005年度実績の取りまとめより「ごみ総排出量」は，廃棄物処理法に基づく「廃棄物の減量その他その適正な処理に関する施策の総合的かつ計画的な推進を図るための基本的な方針」における，「一般廃棄物の排出量（計画収集量＋直接搬入量＋資源ごみの集団回収量）」と同様とした。
2　１人１日当たりごみ排出量は総排出量を総人口×365 日又は 366 日でそれぞれ除した値である。
3　2012年度以降の総人口には，外国人人口を含んでいる。
出典）環境省編（2022），138 頁を一部改訂

＜ごみ問題の焦点＞

ごみの排出量の多さは豊かさの所産であり，それは経済成長，都市への人口集中，産業形態の変化，ライフスタイルの変化など経済社会の要因に影響されている。

また，政治行政上の論点としては，最終処分場・不法投棄をめぐる住民運動，広域行政，行政と民間の役割分担，需要と供給の相乗関係，政策実施上の問題など枚挙にいとまがない。

さらに，２つの人間像を想定した制御，つまり利己的人間と自省的・禁欲的な人間を想定した規制，経済インセンティブ，教育・情報提供という政策手法の設計が求められている。

ごみの社会コストは誰に求めるのか，入口規制か出口規制か，という課題もある。一方において，生産者・輸入業者・販売業者に課徴金を課し，リサイク

ルコストを求める方法があり，他方において消費者にリサイクルのコストを課す方法もある。前者は経済・消費にマイナス影響が出るし，後者には消費者が負担を回避して不法投棄が生じる可能性が出てくる。

2　廃棄物処理の仕組み

<現在の廃棄物処理>

一般廃棄物の収集運搬と焼却業務は原則市区町村の所管であり，産業廃棄物のそれは都道府県及び政令市の所管とされている。ここで所管というのは処理計画を立てることであって，実施業務を実質担うことではない。一般廃棄物の収集運搬とその処理業務のうち，家庭系ごみは民間業者に委託されていることが多いし，事業系ごみは事業主の責任で処理することになっていることが多い。企業は指定業者と契約を結び，料金を支払って回収・処理を委託しているのである。その理由は，その量が大量であること，応分の負担をすることが望ましいと考えられていること等があげられている。そして市町村の焼却場へ持ち込まれ，中間処理による減量化がおこなわれ，最終処分場へ持ち込まれる。

産業廃棄物の場合，すべて事業者の費用負担で運搬処理がおこなわれる。実際は都道府県の許可を受けた業者が委託を受けて処理し，都道府県はこれを監督する責任がある。半数近くが焼却場で中間処理されるが，都道府県の監督が及ばず，都道府県の圏域を越えてごみが移動し，不法投棄が後を絶たなかった。

<広域行政需要の増大とその対応>

ごみは外部不経済の波及効果を顕著に示す事例である。地域間の紛争解決と広域化による効率運営が求められる。前述したように，廃棄物の広域移動は頻繁に起きている。かつては東京ごみ戦争のように，埋め立て地の江東区と排出地の杉並区が地域間の対立を生みだし，東北ゴミ戦争のように，千葉市の生ごみが青森県田子町の民間処理場へ運ばれるという青森事件から起きた地域対立

図表16-3　首都圏の産業廃棄物の広域移動状況（平成17年度）

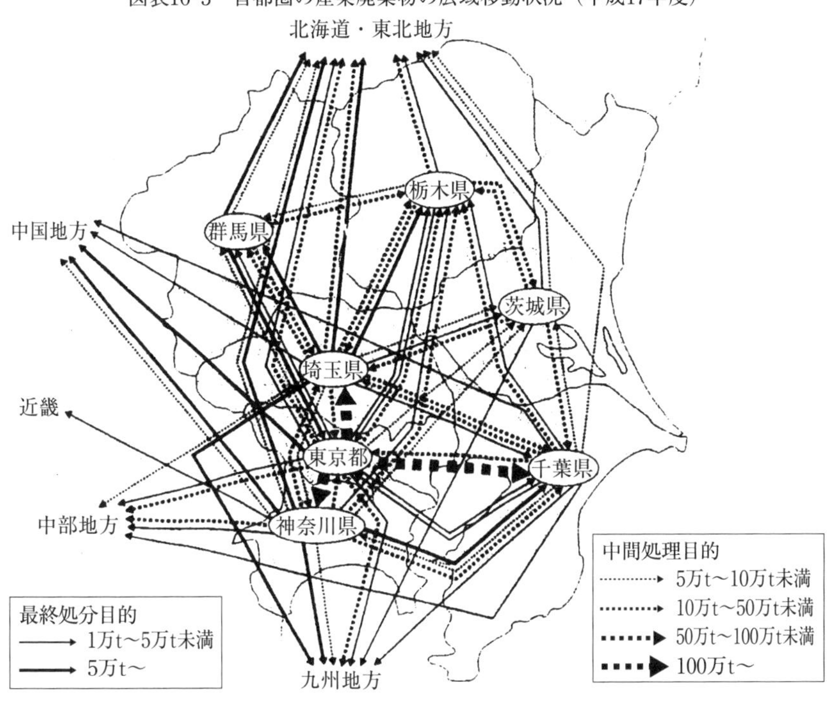

出典）環境省編（2010），199頁

も生じている。

ごみ処理は一部事務組合または広域連合という形態で，収集・中間処理の業務を共同運営することでスケールメリットを発揮することができる。ダイオキシンの発生を抑制するための高温度処理には大規模な焼却施設が必要であるが，環境省の補助金が交付されるにせよ，地方自治体ごとに設置することは地方自治体の負担が大きい。そのため，地方自治体の共同設置という形態を取ることも少なくない。

また産業廃棄物は自治体の圏域を越えて移動するため，共通の事業管理が必要である。たとえば，青森，岩手，秋田の三県では産業廃棄物税を共通で実施している。このような移動する廃棄物を管理するためには，都道府県や国の広域対応が求められる。

<需要と供給の複合問題>

ごみの需要と供給の関係は複合的な構造を有している。

第１に需要が供給を規定するだけではなく，供給が需要を規定する点も存在する。つまりごみの排出量増大にともなって収集回数を増やすだけでなく，収集回数を増やすことによってさらに潜在需要が顕在化することがある。いわば相乗的な構造である。

第２は供給の多元性である。ごみ収集は，公務員による直営，市町村の外郭団体，回収をおこなっている企業，町内会，子ども会，一般住民など多様な主体によって担われている。

第３は需要の主観性である。需要にすべて対応し，それを充足することが望ましいわけではない。市民や企業に対してはごみを出さない誘因を示さなければならないし，優先順位を設定して，多元的な供給主体の代替・補完の関係を綿密に分析したうえで，必要な需要にサービスを提供する必要がある。

３　廃棄物の減量とリサイクル

<需要の抑制>

先述したように，ごみの需要は複合的な構造をもつ。政府は需要を充足する方法もあれば，逆に需要の発生を制御し，需要が顕在化する程度を抑制し，供給先の選択をおこなう方法が設計されなければならない。

第１は需要そのものを抑制する方法である。デンマークやドイツでおこなっているように，生産者に対して税や補助金を通じて，ビンや缶などリターナブルな容器を奨励し，紙やプラスチックなどの容器の利用を抑制する方法がある。レジ袋に課税をおこない，スーパーからレジ袋を実質なくすことでごみの発生を抑制することも，日本の自治体でおこなわれている。これは需要そのものの発生原因を把握し，原因者による自己解決，外部不経済の内部化を図る方法ともいえる。

第2は行政需要としての顕在化を抑制する方法である。リサイクルへ市民に参加してもらい，リサイクルシステムの一翼を担ってもらい，分別を負担してもらう方法である。廃品回収業者に対して助成することで，リサイクル市場を活性化する方法もありうる。コンポストの購入費用を自治体が助成し，生ごみの需要を抑制することもおこなわれている。拡大生産者責任を適用してメーカーや販売業者へ処理責任を負わせる地方自治体もある。

図表16-4　ごみ処理の有料化事例

平成17年2月の中央環境審議会の意見具申を受け，平成17年5月に，廃棄物処理法に基づく基本方針を改正し，一般廃棄物の処理に関する有料化の進め方を示しています。地方公共団体においては，その地域の実情を踏まえつつ，有料化の導入の推進が期待されています。

例えば，福岡県北九州市では，平成10年7月という比較的早い時期に，①ごみの資源化・減量化の促進，②ごみステーションの美観の保持，③ごみ収集の安全性・効率性の確保を目的に，政令指定都市で初の家庭ごみ処理有料化を導入しました。制度導入にあたっては，市民説明会の開催（議会議決前約120回，議決後約680回，合計約800回）や地域住民1万人と市職員2,000人の協働による早期指導の実施など，きめ細かな対応を行いました。この結果，有料化導入前後の比較でごみ量は約10％減量を達成しました。

しかし，①ここ数年はごみ量の横ばい傾向が続いたこと，②ごみ処理量の20％減量，リサイクル率25％以上（現15％）の新たな目標を掲げたことなどから，「ごみ処理手数料の見直し」と「分別・リサイクルの仕組みの充実」という2つの施策に新たに取り組むこととしました。処理手数料の見直しについては，すでに有料化を実施している全国の自治体の金額や，実施されている分別・リサイクル施策，その減量効果などを参考に，平均的に20％の減量効果が期待できる金額として，平成18年7月1日から，見直し前と比較して3倍以上の価格に設定されました。

見直し後		見直し前	
大きさ	料　金	大きさ	料　金
大　袋（45リットル）	50円	大　袋（45リットル）	15円
中　袋（30リットル）	33円	小　袋（30リットル）	12円
小　袋（20リットル）	22円	特小袋（20リットル）	8円

出典）環境省編（2006），32頁

図表16-5　ごみ処理の有料化事例

自治体名	有料化開始時期	手数料算定根拠	指定袋料金（40ℓ相当）	実施の効果
青梅市	平成10年10月	収集運搬経費の約1／3	48円	全体：19％減／可燃：37％減／不燃：15％減／資源：518％増（平成９年度と11年度の１年間の比較）
日野市	平成12年10月	１世帯当たり500円程度／月	80円	全体：34％減／可燃：47％減／不燃：64％減／資源：176％増（平成11年10月からの１年間と平成12年10月からの１年間の比較）

図表16-6　青梅市１人１日当たりのごみ量（事業系ごみを含む）

青梅市では，ごみ収集の有料化後，一時減ったごみの量が，また増加しています。一番少ない平成11年度の774ｇまで，再度100ｇのごみの減量化を目指して，ごみを減らすこと（リデュース），ごみになる物は断ること（リフューズ），物を繰り返し使うこと（リユース），そして最後にどうしても使えなくなったらリサイクルするという“ごみ減量の４R”への協力を呼びかけるなど「ごみ減量チャレンジ100」を実施しています。

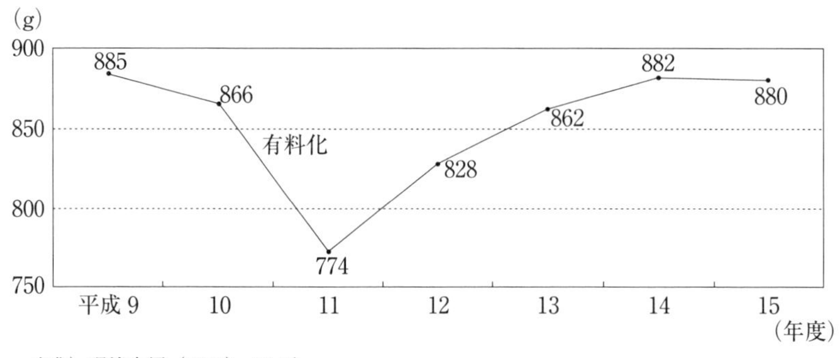

出典）環境省編（2005），24頁

第３は需要の圧力程度の抑制である。ごみ収集の回数を減らしたり，事業系ごみだけでなく，家庭系ごみを有料化することで需要の顕在化を抑制することが可能である。2009年の段階で市区町村の61.3％が家庭系ごみを有料化し，84.5％が事業系ごみを有料化している。ただし，この有料化政策は一定期間ご

図表16-7　日野市１人１日当たりのごみ・資源物量の推移

日野市でも，ごみの有料化後に半減したごみの量が，少しずつ増加しています。特に，不燃ごみの１人当たりの量は，改革後３年目は１年目と比べると13％も増加しています。このため，不燃ごみの中で８割近く（容積率）を占めるプラスチック製の容器・包装類に対する分別収集のモデル実験を一部地域を対象として実施しています。この実験の結果をもとに，プラスチック容器の分別収集を進めるべきかどうかを検討しています。

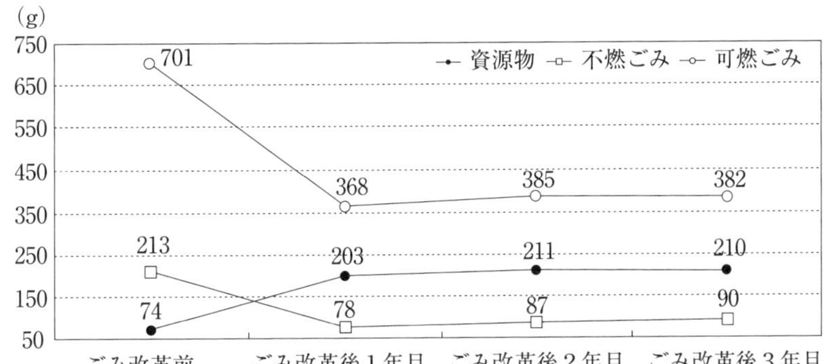

出典）環境省編（2005），24頁

みが減量するため有効であるが，消費者が負担に慣れてしまうと，再びごみ量は増加することが報告されている。有料化政策は他の政策との政策ミックスが必要ということになる。

＜一般廃棄物のリサイクル＞

容器包装リサイクル法の実施は自治事務によって基礎自治体が担っている。市民が分別排出コストを，地方自治体が分別回収・保管のコストを，企業が回収品の一部商品化コストを担う分担責任の構造となっている。市町村は分別収集計画を策定し，都道府県へ提出し，都道府県は計画を策定し，環境大臣に提出する。

そのため，容器包装リサイクルは自治体によってきわめて多様な実施形態を有している事業の１つである。2016年現在名古屋市は16分別をおこなっているが，このような細かい分別は珍しく，生ごみ，プラスチックと不燃ごみ，ビン・缶・ペットボトル，他の資源ごみという分別が一般的であろう。一般廃棄物といっても，カレットビン・ペットボトル・プラスチックを容器包装リサイクル協会へ引き渡すだけではなく，缶やビン・古紙・布類の売却，硬質プラスチックなどの焼却，家電製品や有害物の処分委託，不燃ごみの埋め立てなど処分方法も多様である。この処分方法も地方自治体によって異なる。

<産業廃棄物のリサイクル>

産業廃棄物については，不法投棄が相次いだため，拡大生産者責任を適用し，排出者にも適正な処理業者と契約することを義務付けることになった。ダンピングによって低価で委託契約を結び，処分場に持ち込んで最終処分の手続きをとると，利益があがらない産業廃棄物業者が出ていたからである。また，マニフェスト（委託処理時の管理票）の使用を義務付け，不法投棄に罰則を強化した。不法投棄の監視を実行可能にすることは難しいが，不法投棄量は2003年を境に減少する傾向にある。これが規制の強化によるものであるのか，景気の悪化によるものか，リサイクルの進展によるものか，それとも後述するごみの輸出によるものなのかは，不明である。

2000年施行の容器包装リサイクル法に加え，リサイクル立法の制定が相次いだ。家電リサイクル法，食品リサイクル法，建築リサイクル法，自動車リサイクル法がそれである。また2013年に小型家電リサイクル法が施行された。ただし，対象は限定的である。家電はエアコン，冷蔵庫・冷凍庫，テレビ，洗濯機・衣類乾燥機だけであるし，建築廃棄物は木材，コンクリート，アスファルトに限られている。主務官庁も環境省，経済産業省，農林水産省，国土交通省，経済産業省と統一されているわけではない。規制の方法も，小売店等による引き取り（家電），食品の製造・加工・販売業者による再生利用（食品），工事の発注者による分別・再資源化（建築），関係業者による引取り・回収・解体・破砕（自動車），自治体の回収（小型家電）と限定されており，拡大生産者責任が貫徹されているわけではない。

4　容器包装リサイクル法の実施構造

<容器包装リサイクル法の特質>

容器包装リサイクル法は分別排出＝市民，収集・分別・管理＝自治体，再資源化（再商品化）＝企業という分担責任となっている。ただし，他国はこの日本方式とは異なる方式を採用している。

たとえば，ドイツのDSD方式では，消費者は生ごみなどを有料で地方自治体へ排出し，マークのついた包装廃棄物をDSD社が回収し再生利用をおこなう。DSD社には製造・販売事業者が出資し，回収・再生利用のための費用負

図表16-8　独，仏におけるごみ処理・リサイクルシステム

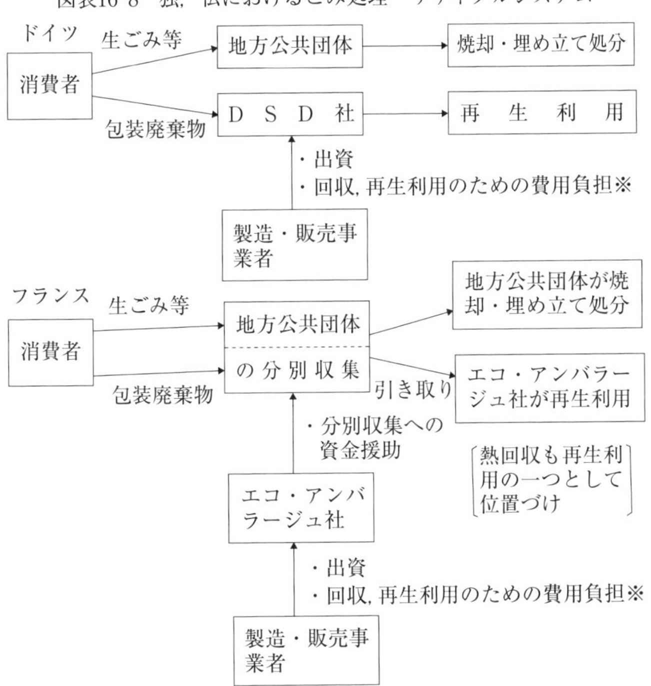

注：　製造・販売事業者の費用負担額は，包装の素材ごとに決められている
出典）寄本（2003），124頁

担をおこなっている。

フランスのエコ・アンバラージュ方式は，日本とドイツの中間的方式である。消費者は生ごみと包装廃棄物を分別し，地方自治体が分別収集し，地方自治体が一部廃棄物を焼却・埋め立てをおこない，再生利用の資源はエコ・アンバラージュ社が引き取ることになっている。エコ・アンバラージュ社は製造・販売事業者が出資し設立した回収・再生利用のための会社であり，自治体に対して分別収集の資金援助をおこなっている。

日本は容器包装リサイクルの制度設計をおこなう際に海外へ視察をおこなったのであるが，ドイツやフランスをモデルとしてその国の制度を導入しなかった。なぜ所管官庁である当時の厚生省は，独自の方式を提案したのだろうか。

＜法制定の政治過程＞

寄本勝美によると，厚生省案が地方自治体を収集機関として選択した理由は，①過去の歴史的経緯，②厚生省のドメイン（管轄範域）と政策アイデンティティを維持するため，の２つに求められている。廃棄物処理法の改正で通産省と激しく対立した厚生省は，容器包装リサイクル法では通産省と省庁連合を形成し，農水省と対立した。そして当時の環境庁は蚊帳の外であった。対立の論点はリサイクルコストの責任分担，事業者の範囲，指定機関の役割であった。

図表16-9　新法をめぐる厚生・通産省案と農水省案の対立点

	市町村と事業者の責任分担	義務を負う事業者	指定機関
厚生・通産省案	分別収集：市町村 再生利用：事業者	中身の製造・販売業者（輸入事業者を含む）	事業者の委託を受け再利用を代行。民間法人。全国で一つ
農水省案	分別収集：市町村 再生利用：市町村 （再生利用費用の一部か全部を事業者が分担）	外身（素材・容器）と中身の製造・販売業者（輸入事業者を含む）	事業者から分担金を徴収。リサイクル業者へ交付金を交付。民間法人

出典）寄本（1998），10頁

厚生省と通産省の原案は，分別収集は市町村，再生利用は事業者とし，義務を負う事業者を容器の中身の製造・販売業者にした。事業の委託を受け全国1つの指定機関が再利用を代行する内容であった。それに対して，容器の中身の製造・販売業者を監督・保護する立場にあった農水省の案は，分別収集も再生利用も市町村の分担責任とした。その再生利用の一部を事業者が負担する案であり，これはフランス方式に近いものであった。事業者は外身（素材・容器）と中身の製造・販売業者（輸入事業者を含む）とし，指定期間は事業者から分担金を徴収し，リサイクルをおこなう業者へ交付金を出すことを考えていた。

両者の対立は激しく，結局は内閣内政審議室の調整を経て，責任分担については厚生省・通産省案，事業者の対象については農水省案，指定機関の役割については厚生省・通産省案となった。

＜実施過程の問題点＞

地方自治体の回収・分別・処理，市民の分別排出のコストは過重負担ともいえるものであり，それに対して事業者の負担は他国に比べて過小の負担であった。分別収集計画量または再商品化可能性のうち，いずれか少ない量に特定事業者の責任比率をかけたものを再商品化義務総量として国が定めることにとどまっている。多くのペットボトルは自治体に堆積したため，土壌汚染を恐れてダイオキシンが発生しないように高温で焼却処分されることもあった。

近年のリサイクル率は50％に上昇し，それは技術革新による再商品化（カーテン，カーペット，シート，衣服など）の促進，溶液による再ペットボトル化（新品より廉価）による。ごみの輸出も促進されたが，中国がカレットごみの輸入を禁止としたため，国内のリサイクルシステムを再構築しなければならない点は，大きな問題である。

2006年第164回国会において容器包装リサイクル法の改正がおこなわれ，事業者が市町村へ資金を拠出する仕組みを創設した。これはただ乗り（再商品化義務を果たさない）事業者への対策として，勧告・公表をおこない，罰則を強化した法律としたのである。

参考文献

植田和弘（1992）『廃棄物の処理とリサイクルの経済学』有斐閣
植田和弘・喜多川進監修（2001）『循環型社会ハンドブック』有斐閣
環境省編（2005）『循環型社会白書（平成17年版）』ぎょうせい
環境省編（2006）『循環型社会白書（平成18年版）』ぎょうせい
環境省編（2010）『環境白書　循環型社会白書／生物多様性白書（平成22年版）』日経印刷
環境省編（2020）『環境白書　循環型社会白書／生物多様性白書（令和２年版）』日経印刷
環境省編（2022）『環境白書　循環型社会白書／生物多様性白書（令和４年版）』日経印刷
細田衛士・室田武編（2003）『循環型社会の制度と政策（岩波講座　環境経済・政策学　第７巻）』岩波書店
丸尾直美ほか（1997）『エコリサイクル社会』有斐閣
寄本勝美（1998）『政策の形成と市民』有斐閣
寄本勝美（2003）『リサイクル社会への道』岩波新書
寄本勝美（2009）『リサイクル政策の形成と市民参加』有斐閣

コラム⑯：オリジナリティを考える

論文を書くときには，対抗仮説を想定し，既存の権威に論戦を挑むスタイルをとると文章がまとまりやすい。認識のレベルで，何を主張しているのかが読み手に伝わりやすくなる。既存の議論を要領よく整理することも重要であるが，それだけでは研究ノートにしかならない。論説としてのオリジナリティを重んじるならば，何らかのアカデミックな貢献が必要である。その貢献には３種類あると思う。

第１は新しい事実を発見するという実証レベルのファクト・ファインディングである。近年の政治史における天皇研究は明治天皇や昭和天皇が各政局で指導力を発揮したという点を強調するものが多く，「君臨すれども統治せず」という天皇の伝統的イメージを覆し，藩閥政府の新たな姿を描いている。これも新しい史料に依拠しながら新たな解釈を加えたものであり，新しい事実発見とその解釈のレベルにおける貢献といえる。

第２は特定分野を開拓し，その分析手法を開発する貢献である。計量経済史のD.ノース，家族の研究に経済学の人的資源論を適用したG.S.ベッカー，遺産動機に関する研究を開拓したR.J.バローやL.J.コトリコフがそれに当たる。これらは従来経済学が対象としていなかった領域にまで計量の手法を適用し，ミクロ経済学の理論分析を加えたという意味で，経済学が未開の荒野を開拓した典型的な例である。ただし，分析できればどのモデルでも適用して良いのかというと，疑問も残る。知人の経済学者が企業の在庫モデルを老人施設の分析に適用しようとしたときには，「いくら分析可能だといってもそういうのはありなのか」と正直いって疑問を感じた。

第３は特定学問の根底にある全般的な視点や発想について新たな地平を切り開いた貢献である。この研究系譜には，内部組織の研究の源となったR.H.コース，制度学派の泰斗T.ヴェブレン，効率にかわる政策基準を構想したA.センなどがいる。たとえば，コースは「企業の本質」と「社会的費用の問題」の２つでノーベル経済学賞を受賞した。前者はなぜ企業は誕生したのかという疑問に応えようとした論文であるし，後者は後にコースの定理としてミクロ経済学や環境経済学ではお馴染みとなった議論である。またヴェブレンは19世紀末の典型的な良心派経済学者とでもいうべき人で，リベラルな経済思想を体現させた骨太の経済人である。人間の尊厳を維持し各自の魂の自立性を尊重し，市民的権利を最大限享受できるような経済体制・市民社会を構想した。インド生まれのセンはベンガル飢餓で推定300万人が死亡したという原体験から厚生経済学の再生を試みた。福祉の潜在能力アプローチと呼ばれる新しい考え方を構想し，合理的な愚か者に陥っている経済学を基礎から再構築しようとした貢献が評価されている。

既存の権威に挑戦するには勇気がいるし，無理解のまま批判しても意味がないので，周到な内在的理解が必要である。しかし，胸を借りるつもりで議論を挑んでほしい。私を含めて大抵の人はノーベル賞学者のようなオリジナリティのある研究は難しいかもしれないが，その研究の問題意識や姿勢というべきものには学ぶ点は多いと思う。

第17章　医療政策

医療は患者，医療供給者，保険者という利害関係者の対立と妥協の政治過程の産物として提供されている。急増する国民医療費を抑制して適切な医療サービスを提供するにはどのような改革を必要としているのか。

1　疾病構造の変化と医療費の増大

<国民医療費の推移>

国民医療費とは，日本でどれくらいのお金が医療に使用されているかを示すものであり，医療保険，労働災害保険，生活保護の医療扶助，公費負担医療などの医療費合計を指す。医療機関等における保険診療対象となる傷病の治療にかかった費用を推計したものである。2020年度の段階で42兆9,665億円であり，国民１人あたりの医療費は34万6,000円となっている。国民医療費は国内総生産（GDP）に対する比率が約８％を占め，国民所得（NI）に対する比率が11％を超え，この国民医療費の伸びは前年度より増加している。国民所得の伸びを超えるスピードで推移している点が重要である。

また，平均在院日数の国際比較をみても，他国が医療施設に滞在している日数が低下しているにもかかわらず，日本は30日を超えた日数で推移している。患者数の年齢別構成の推移をみても，65歳以上の高齢者が半数であり，国民医療費における高齢者医療費の占める割合は増大している。

<国民医療費の負担と配分>

この国民医療費はどこから調達され，どのように配分されているのか。費用と配分を見てみよう。

図表17-1　国民医療費の動向

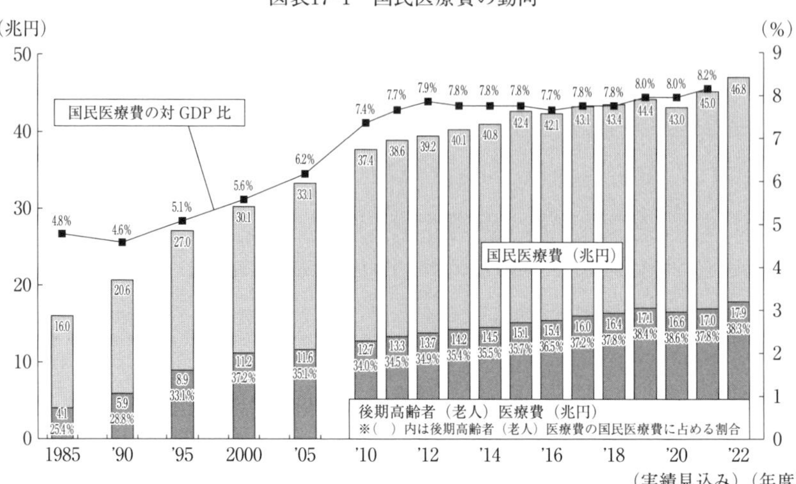

（診療報酬改定）0.19%　0.004%　0.10%　▲1.33%　▲1.19% ▲0.07% ▲0.46% ▲0.9%（※1）▲0.94%

（主な制度改定）2000 年以降
・介護保険制度施行
・高齢者 1 割負担導入（2000 年）
・高齢者 1 割負担徹底（2002）
・老人医療の対象年齢 5 年間で段階的引上げ（2002～2007 年）
・被用者本人 3 割負担等（2003 年）
・現役並み所得高齢者 3 割負担等（2006 年）
・未就学児 2 割負担（2008 年）
・70－74 歳 2 割負担（※2）（2014 年）

出典）社会保障入門編集委員会編（2023），122 頁を一部改訂

図表17-2　平均在院日数の国際比較

（単位：日）

	1970（昭和45年）	1975（昭和50年）	1980（昭和55年）	1985（昭和60年）	1990（平成2年）	1995（平成7年）	2001（平成13年）	2005（平成17年）	2010（平成22年）	2015（平成27年）	2020（令和2年）	2021（令和3年）
日　本	32.5	34.7	38.3	39.4	38.1	33.7	23.5	19.8	18.2	16.5	16.5	16.1
アメリカ	14.9	11.4	10.0	9.2	9.1	8.0	6.7	6.5	6.2	6.1	6.3	6.5
フランス	18.3	19.8	16.7	15.5	13.3	11.2	13.5	13.4	12.7	10.1	9.4	9.1
ド イ ツ	24.9	22.2	19.7	18.0	16.5	14.2	11.6	10.2	9.6	9.0	8.7	8.8
イギリス	25.7	22.9	19.1	15.8	15.6	9.9	8.3	7.0	7.7	7.0	6.7	6.9

注：1　ドイツの数値は統一前については旧西ドイツの数値を記載。
　　2　日本の数値は「一般病床」の数値である。「一般病床」とは平成２年までは「その他の病床」，平成７年は「その他の病床（療養型病床群を含む。）」，平成13年は「一般病床」及び「経過的旧その他の病床（経過的旧療養型病床群を除く。）」である。

出典）社会保障入門編集委員会編（2023），120頁

まず負担の側面であるが，保険料，公費負担（税金），自己負担で国民が負担しているが，2021年度では全体での割合は保険料が50.0％，公費負担が約38.0％，自己負担が11.6％となっている。

配分の構造であるが，病院が51.7％，一般診療所が20.3％，歯科診療が7.0％，薬局調剤が17.5％となっている。

配分の細目をみると，人件費が半分近くを占めており，医薬品，その他の順となっている。

日本は保険システムを採用しているが，財源構成を見ると，被用者保険は労使折半であり，それ以外の地域保険などでは保険と租税のミックスとなっている。公的介護保険と同様に，日本の医療保険のひとつの特徴となっている。

＜医療費増加の決定要因＞

このような国民医療費の上昇は，どのような要因によってもたらされているのであろうか。

第1の決定要因は，人口構造の高齢化である。少子高齢化という人口構成の変化は医療費も上昇させている。一般的に高齢者は若年層よりも有病率が高く，治療の期間も長い傾向にある。2020年度では，65歳未満では18万3,500円の医療費がかかるのに対して，65歳以上では73万3,700円の医療費がかかっている。

第2の決定要因は感染症から慢性病への疾病構造の変化である。戦後間もない時期に入院者が多かった疾患である結核は，急激に受診率を低下させている。逆に，高血圧，脳血管障害，心臓病など循環器系疾患，がん，精神病などの疾患が増加している。成人病や精神疾患は慢性化しやすい疾病であり，特効薬が少ないため，長期間の療養生活を余儀なくさせる。また，がんは治療費がかかる疾患であり，抗がん剤のように多様な薬を駆使した薬物療法，大がかりな外科手術がおこなわれる。このような疾病構造の変化が，長期間療養の医療需要や高度化された医療需要を生み，国民医療費の増加の原因となっている。

第3は医療技術の進展という要因である。医療の高度化は不治の病を治し，

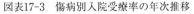

図表17-3　傷病別入院受療率の年次推移

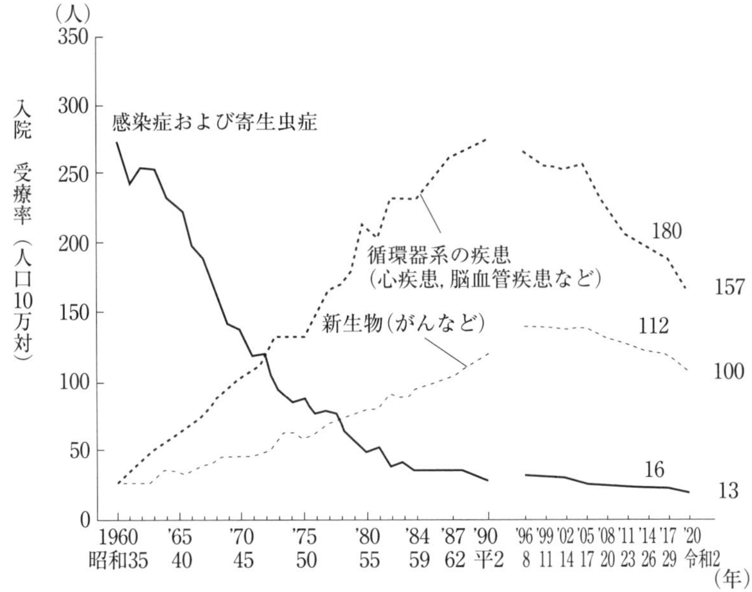

注：　平成８年調査から傷病分類を変更。
出典）社会保障入門編集委員会編（2023），120 頁

図表17-4　主な死因別にみた死亡率の推移（人口10万対）

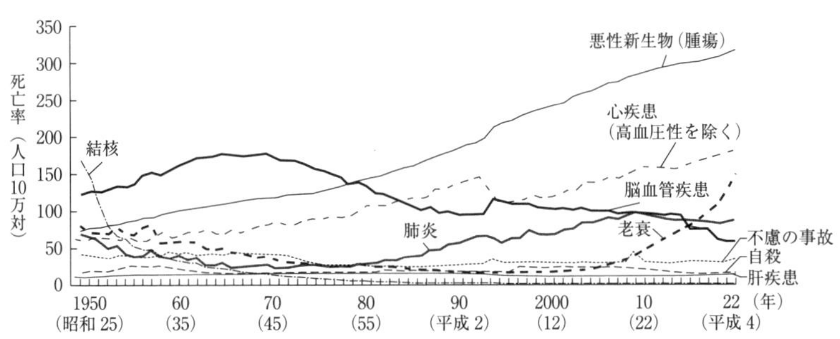

注：　死因分類等の改正により，死因の内容に完全な一致をみることはできない。
出典）社会保障入門編集委員会編（2023），120頁

死に至る病を克服するために，患者にとっては望ましいことである。ただし，大型の画像診断装置，高額の開発費がかかった新薬，レーザーなど高度な技術

が開発され，１か月に数百万円もする医療サービスが保険内で治療として利用されている。このような高額医療件数が増加していることが国民医療費を押し上げる一因となっている。

第４は，医師の利益最大化の行動が医療需要を顕在化させるという考え方もある。これを医師誘発需要仮説という。これは医師が医療サービスの利用に関して決定的な力をもっていて，消費者・患者の選好や選択に対しての情報を左右するというものである。日本は出来高払い制度であるため，レセプトの審査で過剰医療が発見されることがあるが，診療報酬の点数を多く稼ぐため，薬を必要以上に提供する，不必要な検診をおこなう，という無駄な医療サービスをおこなう可能性もある。これらを統制するために，医薬分業，診療報酬の改定などがおこなわれている。

2　医療供給の構造

＜医療保険の仕組み＞

社会保険とは事故，貧困，病気，失業，老齢など生活上のリスクを分散させるための社会的な支え合いの機構である。日本の社会保険は強制保険であり（労災特別加入制度は任意加入），普遍主義の原理に基づいている。職域保険としては，中小企業に勤めている人などが加入する協会けんぽ，一般サラリーマンが加入する組合健保，船員保険，公務員共済，私学共済がある。地域保険としては，自治体の住民ごとに保険集団を形成する国民健康保険があり，農業者や自営業者などが加入している。

被保険者である患者が保険医療機関で診療を受け，一部負担金（原則３割）を支払う。保険医療機関は審査支払機関へ診療報酬の請求をおこない，審査済みの請求書が保険者へ送付され，保険者は審査支払機関を通じて診療報酬を支払う。被保険者は保険料を保険者へ支払い，医療リスクに準備しておくのである。このリスク分散のメカニズムでは保険加入者のメンバーのみしか給付を受けることはない。メンバーは権利として現物の給付を受けることができる（傷

図表17-5　医療保険制度の概要

（令和５年４月時点）

<table>
<tr><th colspan="3" rowspan="3">制度名</th><th rowspan="3">保険者
（令和４年
3月末）</th><th rowspan="3">加入者数
（令和４年
3月末）
［本人
家族］
千人</th><th colspan="6">保険給付</th><th colspan="2">財源</th></tr>
<tr><th colspan="4">医療給付</th><th rowspan="2">現金給付</th><th rowspan="2">保険料率</th><th rowspan="2">国庫負担・補助</th></tr>
<tr><th>一部負担</th><th>高額療養費制度,
高額医療・介護合算制度</th><th>入院時食事
療養費</th><th>入院時生活
療養費</th></tr>
<tr><td rowspan="3">健康保険</td><td rowspan="2">一般被用者</td><td>協会けんぽ</td><td>全国健康保険協会</td><td>40,265
［25,072
15,193］</td><td rowspan="10">義務教育就学後から70歳未満
３割

義務教育就学前
２割

70歳以上75歳未満
２割
（現役並み所得者３割）</td><td rowspan="10">（高額療養費制度）
・自己負担限度額
（70歳未満の者）
（年収約1,160万円～）
252,600円＋（医療費－842,000円）×１％
（年収約770～約1,160万円）
167,400円＋（医療費－558,000円）×１％
（年収約370～約770万円）
80,100円＋（医療費－267,000円）×１％
（～年収約370万円）　57,600円
（住民税非課税）　35,400円

（70歳以上75歳未満の者）
（年収約1,160万円～）
252,600円＋（医療費－842,000円）×１％
（年収約770～約1,160万円）
167,400円＋（医療費－558,000円）×１％
（年収約370～約770万円）
80,100円＋（医療費－267,000円）×１％
（～年収約370万円）　57,600円,
外来（個人ごと）18,000円（年144,000円）
（住民税非課税世帯）　24,600円,
外来（個人ごと）8,000円
（住民税非課税世帯のうち特に所得の低い者）
15,000円，外来（個人ごと）8,000円

・世帯合算基準額
70歳未満の者については，同一月における21,000円以上の負担が複数の場合は，これを合算して支給

・多数該当の負担軽減
12月間に３回以上該当の場合の４回目からの自己負担限度額
（70歳未満の者）
（年収約1,160万円～）　140,100円
（年収約770～約1,160万円）　93,000円
（年収約370～約770万円）　44,400円
（～年収約370万円）　44,400円
（住民税非課税）　24,600円

（70歳以上75歳未満の者）
（年収約1,160万円～）　140,100円
（年収約770～約1,160万円）　93,000円
（年収約370～約770万円）　44,400円
（～年収約370万円）　44,400円

・長期高額疾病患者の負担軽減
血友病，人工透析を行う慢性腎不全の患者等の自己負担限度額10,000円
（ただし，年収約770万円超の区分で人工透析を行う70歳未満の患者の自己負担限度額20,000円）

（高額医療・高額介護合算制度）
１年間（毎年８月～翌年７月）の医療保険と介護保険における自己負担の合算額が著しく高額になる場合に，負担を軽減する仕組み。自己負担限度額は，所得と年齢に応じきめ細かく設定</td><td rowspan="10">（食事療養標準負担額）
・住民税課税世帯
１食につき　460円
・住民税非課税世帯
90日目まで
１食につき　210円
91日目から
１食につき　160円
・特に所得の低い住民税非課税世帯
１食につき　100円</td><td rowspan="10">（生活療養標準負担額）
・住民税課税世帯
１食につき　460円
＋１日につき　370円
・住民税非課税世帯
１食につき　210円
＋１日につき　370円
・特に所得の低い住民税非課税世帯
１食につき　130円
＋１日につき　370円
※療養病床に入院する65歳以上の方が対象
※指定難病の患者や医療の必要性の高い者等には，更なる負担軽減を行っている</td><td>・傷病手当金
・出産育児一時金　等</td><td>10.00％
（全国平均）</td><td>給付費等の16.4％</td></tr>
<tr><td>組合</td><td>健康保険組合
1,388</td><td>28,381
［16,410
11,971］</td><td>同上
（附加給付あり）</td><td>各健康保険組合によって異なる</td><td>定額
（予算補助）</td></tr>
<tr><td colspan="2">健康保険法第３条第２項被保険者</td><td>全国健康保険協会</td><td>16
［11
5］</td><td>・傷病手当金
・出産育児一時金　等</td><td>１級日額
390円
11級
3,230円</td><td>給付費等の16.4％</td></tr>
<tr><td colspan="3">船員保険</td><td>全国健康保険協会</td><td>113
［57
56］</td><td>同上</td><td>9.80％
（疾病保険料率）</td><td>定額</td></tr>
<tr><td rowspan="3">各種共済</td><td colspan="2">国家公務員</td><td>20
共済組合</td><td rowspan="3">8,690
［4,767
3,923］</td><td rowspan="3">同上
（附加給付あり）</td><td>－</td><td rowspan="3">なし</td></tr>
<tr><td colspan="2">地方公務員等</td><td>64
共済組合</td><td>－</td></tr>
<tr><td colspan="2">私学教職員</td><td>１事業団</td><td>－</td></tr>
<tr><td rowspan="3">国民健康保険</td><td colspan="2" rowspan="2">農業者
自営業者等</td><td>市町村
1,716</td><td rowspan="3">28,051

市町村
25,369

国保組合
2,683</td><td rowspan="3">・出産育児一時金
・葬祭費</td><td rowspan="3">世帯毎に応益割（定額）と応能割（負担能力に応じて）を賦課

保険者によって賦課算定方式は多少異なる</td><td>給付費等の41％</td></tr>
<tr><td>国保組合
160</td><td>給付費等の
28.4～47.4％</td></tr>
<tr><td colspan="2">被用者保険の退職者</td><td>市町村
1,716</td><td>なし</td></tr>
<tr><td colspan="3">後期高齢者医療制度</td><td>［運営主体］

後期高齢者医療広域連合
47</td><td>18,434</td><td>１割
（一定以上所得者２割）

（現役並み所得者３割）</td><td>・自己負担限度額
（年収約1,160万円～）
252,600円＋（医療費－842,000円）×１％
（年収約770～約1,160万円）
167,400円＋（医療費－558,000円）×１％
（年収約370～約770万円）
80,100円＋（医療費－267,000円）×１％
（～年収約370万円）　57,600円,
外来（個人ごと）18,000円※（年144,000円）
（住民税非課税世帯）　24,600円,
外来（個人ごと）8,000円
（住民税非課税世帯のうち特に所得の低い者）
15,000円，外来（個人ごと）8,000円

・多数該当の負担軽減
（年収約1,160万円～）　140,100円
（年収約770～約1,160万円）　93,000円
（年収約370～約770万円）　44,400円
（～年収約370万円）　44,400円
※2割負担対象者について，令和4年10月1日から3年間，1月分の負担増加額は3000円以内となる</td><td>同上</td><td>同上
ただし，
・老齢福祉年金受給者
１食につき　100円
＋１日につき　0円</td><td>葬祭費　等</td><td>各広域連合によって定めた被保険者均等割額と所得割率によって算定されている

給付費等の約10％を保険料として負担</td><td>給付費等の約50％を公費で負担
（公費の内訳）
国：都道府県：市町村
4　：　1　：　1
さらに，給付費等の約40％を後期高齢者支援金として現役世代が負担</td></tr>
</table>

出典）社会保障入門編集委員会編（2023），132頁

図表17-6　医療保険制度の基本的な仕組み

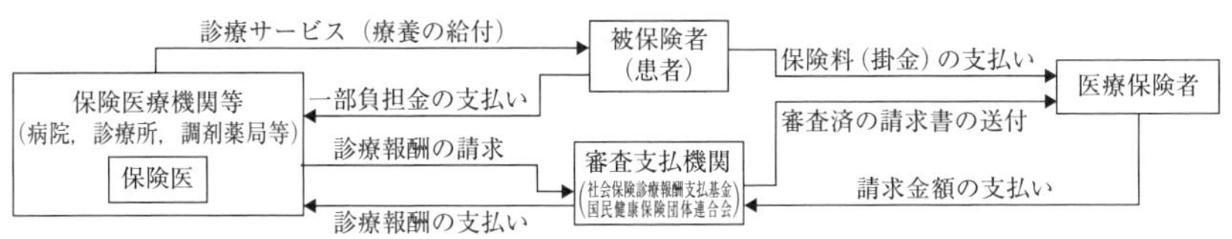

出典）社会保障入門編集委員会編（2023），132頁

病手当金のような金銭給付もある）。いわゆる普遍主義の原理である。ここが生活保護のような扶助の仕組みの選別主義とは異なる点である。国民皆保険の状態を早期に成立させるために職域ごとに成立させてきた歴史的経緯もあり，上記のように多数の制度が複雑に分立している。

＜医療の提供体制＞

2022年医療施設調査によると，病院数は8,156，一般診療所は10万5,182となっている。イギリスのような家庭医制度は導入することができなかったが，病院と一般診療所の機能分化は進んでいる。一般診療所では有床診療所が減少，無床診療所が増加する傾向がある。病院では規模別にみると，「50～99床」が最も多く，次いで「100～149床」「150～199床」の順となっている。病院の開設者については，医療法人の割合が最も高く，次いで公的医療機関の順となっている。個人の開設病院は1984年をピークに減少している。特定機能病院，療養病床と一般病床の区別により，機能的な分担が明確化された。

また医薬分業も進んだ。薬価差額の是正，初診料の改定によって，先進諸国と同様に外来患者に対する院外処方せんの発行が一般的におこなわれるようになった。医薬分業率はこの20年間で倍増し，1997年の26.0％から2022年の76.6％にまで上昇している。

医師と他の医療従事者とのタスクシェアが課題となっている。

<医療計画と診療報酬>

医療計画とは，医療施設相互の機能連携の確保や必要な体系整備をおこない，無秩序な病院病床の拡大を抑制することが目的である。地域医療計画の作成は都道府県がおこない，この医療計画は規制の手段としての役割を果たす。

都道府県の圏内に複数の二次医療圏を設定し，医療圏ごとの必要病床を定め，病院の整備目標，がんや心筋梗塞，へき地医療，救急医療，災害医療の確保，医療機関相互の機能連携，医療従事者の確保などの方策を盛り込む。地域の特性や実状に即した具体的な対応を図るために，保健所，市保健センター，医師会，歯科医師会の協力の下，二次医療圏ごとに地域医療保健計画を策定する。ここで基準病床数は，病床の適正配置の促進と適切な入院医療の確保を目的に，病床整備の基準として，医療法の規定に基づき病床の種類ごとに定める。療養病床及び一般病床は二次医療圏ごとに，精神病床，感染症病床及び結核病床は三次医療圏でそれぞれ定める。

診療報酬とは健康保険法を受けた厚生省告示という形式で，診療行為ごとの点数表の形で示される価格表のことである。この決定に当たっては，厚生労働大臣が診療側（医師，歯科医師，薬剤師），支払い側（保険者），公益のそれぞれを代表する委員によって構成される中央社会保険医療協議会（中医協）に諮問して，そこでの決定の結果，診療報酬が決まる。日本は出来高払い制度を採用しているため，診療行為ごとに医療単価が決まり，その点数で請求額を計算する方式をとる。そのため，診療報酬の点数がいくら上がるかは関係者の利害が錯綜し，最大の関心事となっている。これは，後述するように，医療関係者の経済インセンティブを左右する重要な政策手法のひとつである。

医療計画と診療報酬の２つについて概説してきたわけであるが，財政危機以降，国民医療費の抑制が叫ばれ，医療費の効率的な資源配分が期待されてきた。つまり，医療費適正化のためにいくつかの統制手法が実施されてきたのである。ここでは藤田由紀子に従って，費用管理と需要管理の政策手法を検討しておく。

3　需要と供給の制御

<費用管理の手法>

第1は費用管理の手法である。診療報酬の改訂は医療費の削減策として活用されてきた。この診療報酬の機能は医療機関の間，診療科の間，各診療行為の間の公平な資源配分をおこなうことである。また，特定の機関や項目へ重点的に配分することで政策的な誘導をおこなう機能も併せもっている。

診療報酬の改訂作業は，診療報酬全体の引き上げ率を決定する過程であり，これは中央社会保険医療協議会（中医協）での調整作業となっている。さらに，全体の引き上げ率の枠内で点数表個々の点数を改訂する過程であり，これは保険局医療課と日本医師会などとの非公式の交渉の場面で実質的に決定されてきたといわれている。

近年は引き上げ率が大幅に抑制され，シーリングの設定が社会保障費の伸びを抑制し，診療報酬全体の引き上げも困難となった。限られた資源をいかに配分するかという方法に変化した。薬価算定方式も見直しがおこなわれ，大幅な薬価改定が実施された。

<需要管理の手法>

第2の方法は需要の抑制の手法である。これには規制，経済インセンティブ，教育（情報提供）など様々な方法が存在する。

まず，需要そのものの発生を抑制する方法であり，健康診断の徹底，高齢者医療保険の保健事業，保健所でおこなわれる乳幼児対応，医療知識の普及などは，健康に関する国民の意識を向上させ，疾病にかかることを防止する。

つぎに，需要の圧力程度を抑制する方法である。利用者負担の拡大は患者のコスト意識を喚起させ，直接的には医療機関への受療を制御することになる。かつて診療報酬制度における入院時医学管理科の逓減制という方法が採られていた。これは入院期間が長引けば長引くほど，医療機関の収入が減少するという，医療機関に対する逆インセンティブの付与である。いわゆる社会的入院を抑制するための方法であったが，入院したらすぐに次の病院を探さなければならず，関係者には不評の制度であった。

最後に，行政に対する需要として顕在化する程度を抑制する方法である。これには1985年医療法改正によって導入された医療計画の導入があげられる。公立病院の統廃合を進め，特定機能への特化をおこなうことで，効率的な資源配分をおこなうことが可能となる。そのような民間と行政を差異化することで，医療機関の機能別再編成をおこない，需要を誘導するための医療計画が策定される。

4　医療保険の財政調整

<老人保健拠出金とは何か>

高齢者は医療リスクが高いため，老人医療費は増加している。国民皆保険の下では原則として（２年間の期限付きの任意継続はあるが）企業を退職した人たちは市町村の国民健康保険に加入したため，国民健康保険の財政状況は急速に悪化した。そのため，1982年老人保健制度を創設し，水平的な財政調整の機能を導入し，各保険組合が高齢者の比率に関わりなく公平に負担する仕組みを設計した。70歳以上の者および65歳以上70歳未満の寝たきりなどの状態にある者を老人保健制度の対象とした。その費用は10分の２を国庫負担，10分の１を都道府県と市町村負担，残り10分の７を各医療保険からの水平的な財政調整，つまり老人保健拠出金で賄っていた。

しかし各保険者の拠出金負担も重くなり，1999年には拠出金を不払いする保険者も出てきた。高齢者医療費は増大するばかりであった。老人医療費の抑制と世代間の負担の公平をいかにして図るかが大きな課題であった。

<医療の構造改革は可能か>

キャンベルによると，日本医療の特質はバランスに求められている。しかし高度成長期に国民皆保険をめざして組合健保が急増してきたため，制度が複雑であり，制度間の調整が大きな課題となっている。そのため，利害調整の困難さと先送りの政治力学が医療の特徴となり，パッチワーク的な漸変主義の改革がおこなわれてきた。

小泉改革では社会保障費の総量抑制が実施され，経済財政諮問会議・財務省は総額管理制度の導入を提案している。老人保健制度の改革案は独立型・リスク構造調整型・一元化型・突き抜け型が各団体から提案されていたが，独立型とリスク構造調整型の組み合わせで連立政権の与党協議で合意を見た。そして，2006年小泉内閣によって高齢者医療制度が提案された。

たしかに高所得者の利用者負担増，70歳以上長期入院の食費・居住費の自己負担，公費・高齢者・現役世代の負担割合の明確化，保険料格差の是正，都道府県単位の保険者再編・統合という改善点は見られたものの，75歳以上の高齢者を独立させた保険としたことへの批判が続出し，高齢者の保険料負担も増加した。そのため，民主党政権の下で高齢者医療制度改革会議が見直し作業をおこない，「高齢者のための新たな医療制度について」が提言された。

<新しい高齢者医療制度の創設>

この最終とりまとめによると，高齢者医療制度は廃止し，地域保険は国民健康保険へ一本化することになる。公費・現役世代・高齢者の負担割合を明確化することは維持し，高齢者医療を都道府県単位で管理運営することでは変わりはない。この案が実現するならば，加入する制度を年齢で区分することなく，被用者である高齢者や被扶養者は被用者保険へ，これら以外の地域で生活している人は国民健康保険に，それぞれ現役世代と同じ制度へ加入することとなる。

第１に，制度移行は２段階に分けて実施されることになる。現行の高齢者医療制度は広域連合を運営主体とする独立した都道府県単位の財政運営がおこなわれている。提言によると，それが第一段階の2013年からは75歳以上の高齢者を都道府県単位の財政運営，75歳未満を市町村単位の財政運営とし，５年後の

2018年度から全年齢を対象に都道府県単位の財政運営とすることになる。

第２に役割分担は柔軟に設計されている。財政運営と標準（基準）保険料率の設定を都道府県の役割，保険証の発行を含む資格審査，保険料率の決定，賦課・徴収，保険給付を市町村の役割とする基本枠組みとなっている。ただし，都道府県と市町村で広域連合を設立し，市町村の業務以外を広域連合で実施する場合，市町村の給付事務を都道府県がおこなう場合も想定された。給付事務も市町村から国民健康保険団体連合会（国保連）へ委託することも可能としている。

民主党政権から自由民主党政権へ移り，現在では，前期高齢者医療は国保，協会けんぽ，健保，共済の水平的財政調整によって実施され，後期高齢者医療は全市町村が加入する広域連合が都道府県単位で実施されている。スウェーデンのエーデル改革のごとく，国は年金，都道府県は医療，市町村は社会福祉という社会保障の役割分担が日本においても明確化することになるのであろうか。

参考文献

池上直己（2003）『ベーシック医療問題（第２版）』日本経済新聞社

池上直己・遠藤久雄編（2005）『講座医療経済・政策学　第２巻　医療保険・診療報酬制度』勁草書房

池上直己，キャンベル，J. C.（1996）『日本の医療』中公新書

漆博雄編（1998）『医療経済学』東京大学出版会

大森正博（2008）『医療経済論』岩波書店

社会保障入門編集委員会編（2023）『社会保障入門　2024』中央法規出版

鴇田忠彦編（1995）『日本の医療経済』東洋経済新報社

藤田由紀子（1994）「昭和50年代以降の医療政策における行政の管理手法」『季刊社会保障研究』Vol.30 No.3

矢野聡（2009）『保健医療福祉政策の変容』ミネルヴァ書房

吉原健二・和田勝編（2008）『日本医療保険制度史（増補改訂版）』東洋経済新報社

コラム⑰：白書を読む

白書（外務省は外交青書）とは各省庁の大臣が閣議で報告した年次報告書のことをいう。経済白書，国民生活白書，環境白書，厚生労働白書，防衛白書などがその例である。各省庁の白書では各年度に各省庁が内外へアピールしたい政策方針が特集として組まれている。社会保障政策であれ，環境保全政策であれ，防衛政策であれ，政府の政策分野を勉強する時には，白書を時系列的に調べることが必須の作業となる。近年の白書は図表が充実していて多色刷りのためメリハリがきいており，講義・演習のサブテキストとして用いることも可能である。各省庁のホームページで閲覧可能であるので，関心ある政策について確認してほしい。もちろん，白書が各省庁によるデモンストレーション効果を意図したものであることは承知しておかなければならないが。

かつて厚生省（現在の厚生労働省）の白書は各局の各課（ないし筆頭課）が分担執筆したものに，大臣官房政策課調査室が総論的記述を加えたものにすぎなかった。しかしながら，昭和60年代から政策課の室長・企画官・課長補佐たちが直接執筆するようになった。白書作成は政策方針の調整を意味しているので，この現象は大臣官房が政策の優先づけと調整機能を高めつつあることを意味した。

「もはや戦後ではない」「1.57ショック」「少子化社会」という言葉は，いずれも白書で表現された言葉が言説として語られるようになったものである。しかしながら，白書の表現は一般的に明確でないことが多く，各年度の主要テーマであっても，細部になると無難な言い回しで終わっていることが少なくない。これは白書の制作過程における合議で省内外の関係各課からクレームがつき，調整と交渉の中で骨抜きとなるからにほかならない。

日下公人『お役所情報の読み方：「政府刊行物」は宝の山』（講談社文庫）によると，白書の制作過程においては調整という名の削除の貸し借り（削除することを「武士の情け」と呼ぶ）が存在し，削除された内容が重要な意味をもつこともある。

民間出版社の白書解説や雑誌でも執筆者を含めた座談会・インタビューなどで，重要な削除部分を垣間見ることもできる。経済白書や厚生労働白書など社会的に大きな関心を引く白書の発表時には，新聞の社説で論評されることも多いので，白書や関連雑誌と併せて注視してほしい。

参考文献

日下公人（1994）『お役所情報の読み方：「政府刊行物」は宝の山』講談社

第18章　公的介護保険

公的介護保険に関しては大きな社会的関心を集めているが，その実態を具体的なデータで分析した研究は多くない。ここでは理念と制度の不一致に着目しながら，公的介護保険の制度設計について検討する。

1　公的介護保険とは何か

<制度導入の背景>

高齢化，要介護者の増大，家族機能の低下にともない，従来の高齢者福祉では十分なサービスを提供することができなくなった。介護を家族の役割から解放し，「介護の社会化」を図る必要があった。また，保健・医療・福祉の縦割り行政を改善し，自治体での一体的・総合的なサービス提供を実施することも求められていた。

1989年には在宅福祉や施設福祉について７つの柱をたてた「高齢者保健福祉推進十か年戦略（ゴールドプラン）」が策定され，1990年には老人福祉法が改正され，市町村と都道府県に老人保健福祉計画の策定が義務付けられた。そして1994年には「新高齢者保健福祉推進十か年戦略（新ゴールドプラン）」が策定され，ゴールドプランの見直しが進められた。

高齢者を社会全体で支えるために，1997年に介護保険法が制定され，翌年４月から施行された。社会福祉構造改革の一環として従来の措置の仕組みを改め，保険の原理を導入して負担と給付の明確化をはかった。

<公的介護保険の制度①>

公的介護保険は保険者を基礎自治体・広域連合・一部事務組合とし，自治事

図表18-1　介護保険制度の仕組み

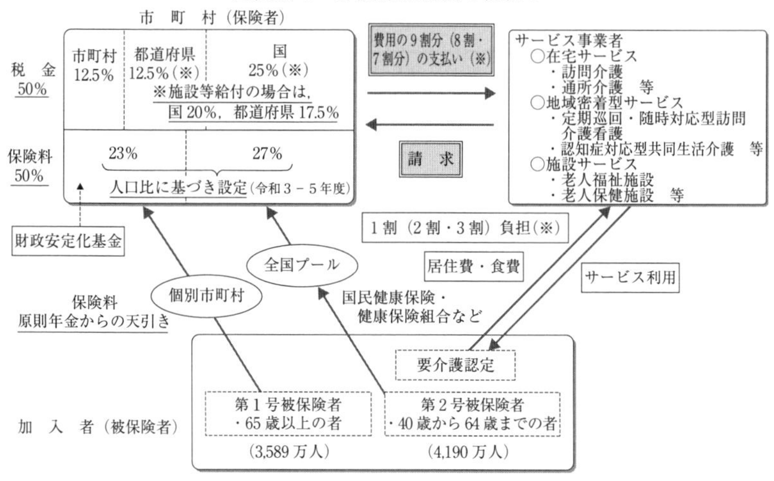

注：　一定以上所得者については，費用の２割負担（平成27年８月施行）又は
　　　３割負担（平成30年８月施行）。
出典）社会保障入門編集委員会編（2023），66頁

務として実施される。被保険者は１号保険者と２号保険者にわかれ，１号保険者を65歳以上の者とし，２号保険者を40～65歳未満の医療保険加入者とする。末期がんや関節リュウマチなど特定疾病による要介護状態の者も公的介護保険の対象として含まれるようになった。

介護保険の給付を受けるためには要介護認定・要支援認定を受ける必要がある。本人・家族・居宅介護支援事業者による区市町村への申請，市区町村の被保険者の心身状態についての認定調査による第１次判定，介護認定審査会の第２次判定をへて介護給付がおこなわれる。要介護認定により要介護１～５，要支援１～２，非該当にわけられ，それに基づいてサービスの内容の上限が決まることになる。

利用者負担は１割（一部の高所得者は２割）であり，施設入居者には食費，居住費（滞在費），日常生活費などを負担することになっている。低所得者には一部負担として低額が設定してある。公的介護保険事業は自治事務であるので，保険料は市区町村ごとに異なる。定額の保険料を設定し，応能負担の観点から所得段階別の保険料率を設定している。それぞれ所属する医療保険の医療保険料に上乗せする形で一括して徴収している。

<公的介護保険の制度②>

介護給付としては，居宅サービスと施設サービス，地域密着型介護サービスにわかれる。居宅サービスは，訪問介護・訪問入浴介護・訪問看護などの訪問サービス，通所介護・通所リハビリテーションの通所サービス，施設で一時的に預かる短期入所生活介護・短期入所療養介護の短期入所サービス，その他には福祉用具貸与などがある。施設サービスとしては，介護老人福祉施設，介護老人保健施設，介護療養型医療施設がある。地域密着型介護サービスとはいわゆるグループホームなどのサービスであり，小規模多機能型居宅介護，夜間対応型訪問介護，認知症対応型共同生活介護などがある。

予防給付については，介護予防サービス，介護予防支援，地域密着型介護予防サービスがあり，介護給付と同じように訪問，通所などのサービスがおこなわれている。

ドイツが貧困との関連で介護保険を創設したのと異なり，日本は医療機能を福祉機能へ移行させることを意図していた。そのため，医療サービスを福祉サービスに移行させることが制度的課題であった。しかし介護報酬の水準が低いため，病院が偏在していた一部の自治体以外は介護療養施設への転換はあまり進んでいない。また施設から居宅へサービスの比重を移すことも制度的課題であったが，これは前述のように施設の入居者に食費，居住費（滞在費），日常生活費などホテルコストを負担させることで制度変更をおこなった。

2　公的介護保険の理念

<措置と契約>

措置とは行政処分による行政判断に基づいてサービス提供することであり，そのサービスは反射的利益説に基づき，権利が保障されているわけではなかっ

図表18-2　要介護度別認定者数の推移

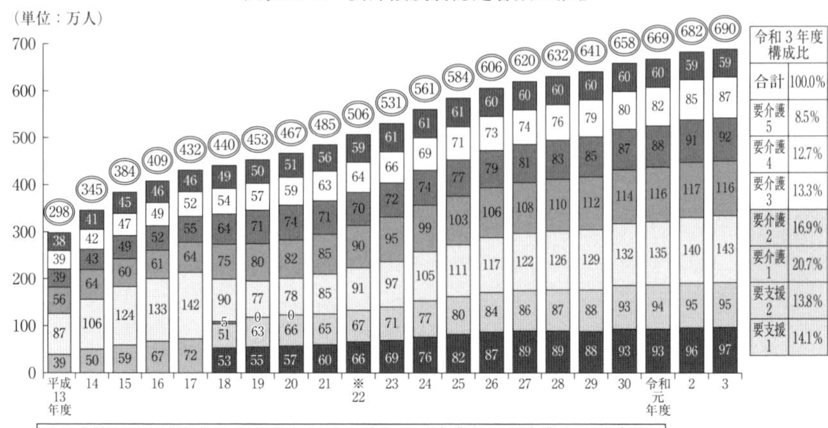

注：1　平成29年度から全市町村で介護予防・日常生活支援総合事業を実施している。
　　2　東日本大震災の影響により，平成22年度の数値には福島県内５町１村の数値は含まれていない。
出典）社会保障入門編集委員会編（2023），66頁を一部改訂

た。高齢者福祉サービスは低所得者を中心に提供されていたのが実状であるし，身体要件ではなく，所得要件や家族要件が考慮されてサービスの優先順位が決められていた。措置は保育サービス，高齢者サービス，障害者サービス，生活保護など福祉に共通した決定方式であった。

しかし社会福祉構造改革によって，分野により契約方式の若干の違いはあるが，措置から契約へという変更がおこなわれた。利用者本位の決定をおこなうことと，財源調達で保険システムを導入した帰結がそれらの理由である。契約とは利用者による選択の自由を積極的に認める方式であり，利用者がサービスを選ぶことが可能になる。しかし，後述するように，それはサービスの提供システムで十分に資源がある場合であり，介護保険の介護報酬が高くない日本においては，利用者が選ぶほどの多様な選択が可能とはなっていない。

＜保険原理＞

公的介護保険はリスク分散の保険メカニズムに基づいている。要介護のリス

クに遭遇する時のため，保険料を納め，要介護の状態になった際には介護の給付を受ける。要介護の状態にならなくても，それは要介護状態の人びとを皆で支える社会的支えあいの仕組みなのである。ただし，この保険システムは他の保険システムとは異なる特質がある。

第１は被保険者の限定と対象者の限定である。まず被保険者は40歳以上に限定されており，しかも，がん末期や関節リウマチなどの特定傷病を除けば原則サービス提供を受けるのは第１号被保険者になる。負担と給付の一致が社会保険の原則的理念であるにもかかわらず，被保険者と対象者は具体的な制度設計では一致しているとはいえない。

第２に保険といいながら財源調達は公費負担（税金）が半分入っている。保険料徴収に応能負担原則が適用されており，社会保険を財源調達手段として積極的に活用してきた日本の社会保障システムの特質である。

＜ケアマネジメントの導入＞

公的介護保険は介護認定の後に，具体的な介護サービスの組み合わせを決めるため，介護支援専門員（ケアマネージャー）による居宅介護支援（ケアマネジメント）のサービスや地域包括支援センターのサービスを受ける。要介護者の心身の状態や環境，利用者や家族の希望を聞きながら居宅サービス計画を作成し，サービス提供が得られるようにサービス事業者や医療機関などと連絡・調整・照会などをおこなう業務である。

介護保険自身はドイツやオランダの模倣であるが，このケアマネジメントはイギリスの制度の模倣である。一部の自治体以外，多くの自治体は民間へ全部・一部委託しており，ほとんど公務員が担っているイギリスとは異なっている。問題点はここにある。

ケアマネージャーは介護報酬の単価が低く，十分の収入が得られず，サービス提供者から独立した地位を保つことが難しい。書類作成の業務に忙殺され，本来的な相談業務に時間を割くことができない。提供団体での雇用となることが多いので，どうしても中立的な立場からサービス提供団体を決定するとは限らず，所属団体のサービスを利用者に勧めることが一般的である。この非中立性というデメリットは潜在的需要を発掘するメリットと表裏一体であり，評価は難しい。

3　公的介護保険の実施構造

<介護認定>

要介護・要支援の状態にあるかどうか，あるとすればどの程度かを要介護認定で調査する。市町村の認定調査員（または委託された指定居宅介護支援事業者）は，心身の状況に関する調査として74項目の基本調査と特記事項の調査をおこない，74項目の調査項目を用いてコンピュータの推計により１次判定がおこなわれ，要介護認定基準時間が算出される。そのあと，介護認定審査会による２次判定では主治医の意見書や心身調査で明記された特記事項を加味して，７段階の介護度に基づき要支援・要介護の決定がおこなわれる。

かつての方式には問題点も多かった。要介護の時間数を推定する調査であるので，調査時の高齢者の状態によって調査結果が変わることがあり，寝たきり高齢者と痴呆症高齢者では後者の方がより介護の手間がかかるにもかかわらず，時間数が低くでる場合があり，客観的な推計には程遠かった。

そのため，2010年10月より要介護認定の調査方法が見直された。一次判定は施設に入所・入院している高齢者約3,500人について48時間どの様な介護サービスがどれくらいの時間にわたっておこなわれたかを調べた「１分間タイムスタディ・データ」に基づき，その中から心身の状態が最も近い高齢者のデータを探し出して要介護認定等基準時間を推計する方法（いわゆる「樹形モデル」）に変更した。推計は５分野（直接生活介助，BPSD 関連行為，機能訓練関連行為，医療関連行為）について，要介護認定等基準時間を算出し，その時間と認知症加算の合計を基にして要支援１～要介護５の介護認定をおこなう。

また訪問調査員の訓練度のバラツキも大きかった。そのため，訪問調査員の研修が都道府県を中心におこなわれ，その水準をあげることに努めてきた。

＜保険財政の制約＞

公的介護保険導入期，保険財政は黒字であった。これは給付実施が半年遅れたこと，制度の理解が進まなかったこと，家族規範が残っていたこと，自治体が積極的にサービスの上乗せ・横出しをおこなわずに抑制的なサービス提供をおこなっていたことなどの要因に基づくものと思われる。

しかしながら，2000年４月の段階で149万人の利用者であったが，2014年には586万人に拡大し，利用者は急増している。そのため自治体は保険料引き上げをおこなった。厚生労働省は2015年４月からサービスの抑制として一部施設入所を原則要介護３以上の高齢者に限定し，積極的なサービス提供から条件整備へと自治体の役割を消極的なものに限定する自治体も出てきた。

＜介護保険の見直し＞

介護保険法はその附則において施行５年をめどにあり方を見直すこととされていた。2003年より社会保障審議会に介護保険部会を設置し，見直しの検討がおこなわれてきた。2005年介護保険法が改正され，「明るく活力ある超高齢社会の構築」「制度の持続可能性」「社会保障の総合化」が基本的視点として提示された。ここでは５つの点を取りあげる。

第１に要支援１・要介護１の軽度者が増加し，予防重視型システムへの転換が志向された。新予防給付が創設され，地域支援事業を介護保険制度に位置づけた。第２に在宅と施設の給付と負担の公平性を図るために，施設入所者の利用者負担の見直しをおこなった。介護保険施設の居住費・食費は保険給付の対象外とし，所得の低い人へ負担軽減を図るために補足給付をおこなうこととした。第３に，認知症高齢者やひとり暮らし高齢者が増加したこと，サービス体系の見直しと地域包括ケアの必要性，中重度者の支援強化や医療と介護の連携をおこなうため，新しいサービス体系の確立をめざした。地域密着型サービス（小規模多機能型居住介護，地域夜間訪問介護）を創設し，有料老人ホームのサービスも保険対象とした。地域の中核機関として地域包括支援センターを設置した。第４として，サービスの質の確保・向上が課題であった。事業者へ情報公

図表18-3　介護保険にかかる給付費・事業費と保険料の推移

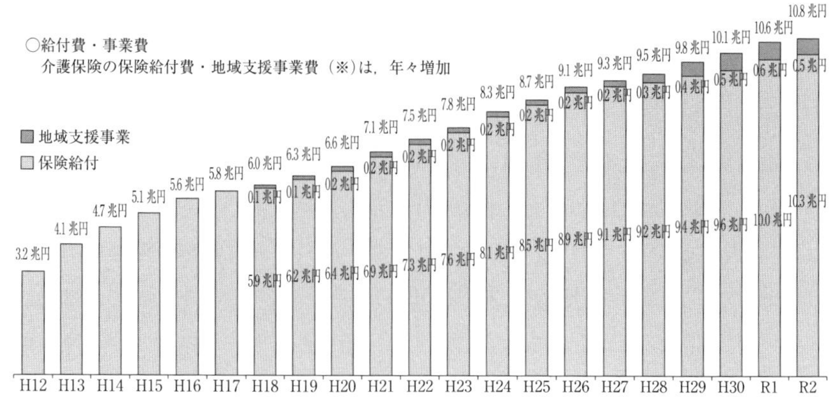

注：1 介護保険に係る事務コストや人件費などは含まない（地方交付税により措置されている）。
　　2 保険給付及び地域支援事業の利用者負担は含まない。

○65歳以上が支払う保険料〔全国平均（月額・加重平均）〕

出典）社会保障入門編集委員会編（2023），68頁

図表18-4　今後の介護保険をとりまく状況について

①高齢者人口（割合）の推計

	2020年	2030年	2040年	2070年
65歳以上高齢者人口（割合）	3,603万人（28.6%）	3,696万人（30.8%）	3,929万人（34.8%）	3,367万人（38.7%）
75歳以上高齢者人口（割合）	1,860万人（14.7%）	2,261万人（18.8%）	2,228万人（19.7%）	2,180万人（25.1%）

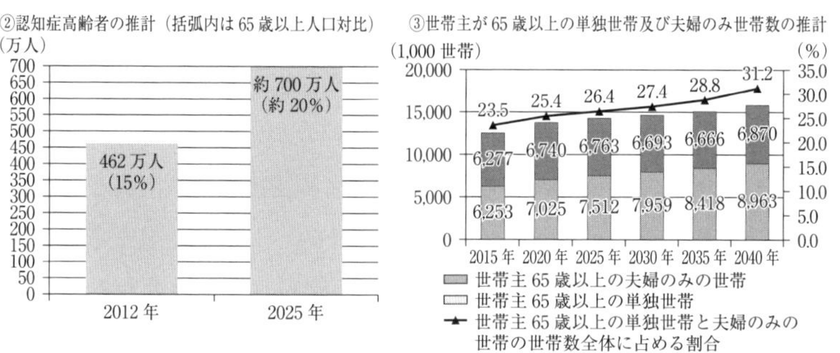

出典）社会保障入門編集委員会編（2023），68頁

表を義務づけ，事業者指定の更新制やケアマネージャーの更新制を実施することにした。第５に，低所得者へ配慮し，負担のあり方を見直した。第１号保険料を見直し，負担能力に応じた保険料設定とした。

2015年度介護保険法改正では，予防介護を地域支援事業へ移行し，低所得者の保険料軽減を拡充し，一定以上の所得のある利用者の自己負担を２割へ引き上げた。国，都道府県，市町村の公費負担割合は，居宅給付費で25%，12.5%，12.5%，施設等給付費20%，17.5%，12.5%となった。国費５%分は市町村財政力格差の調整のために充てられる。

4　公的介護保険と地方自治

＜広域化の試み＞

社会保障の分担は，年金が国，医療が都道府県，福祉が市区町村という役割になりつつある。基礎自治体にとって，公的介護保険の運営は大きな負担である。公的介護保険が市町村合併の誘因の１つとなるくらいであり，事業運営をいかに効率的におこなうかが重要になっている。たとえば，介護認定の二次審査で医師を確保しなければならないが，過疎地の自治体にとってこれは高いハードルなのである。

第５章で競争による経済として足による投票をとりあげたが，自治体合併による規模の経済を実現する方法もある。人口を増やすことで要介護高齢者の発生確率を低め，施設の効率運営を図ることができるからである。また範囲の経済を実現する方法もある。自治体合併まで進めず，機能の共通化を図る方法である。広域連合や一部事務組合の実施，介護認定や施設運営の共同化などが自治体でおこなわれている。

＜保険者の役割，自治体の役割＞

公的介護保険の導入は自治体にとってその役割を再認識・再定義されることになった。それはつねにディレンマを内包した制度設計である。

公的介護保険の理念は自由な選択であり，サービス事業者を自由に選ぶことが可能な点に特徴がある。しかしながら保険財政の安定のために，自治体は介護保険事業計画で施設と居宅のサービス量を推定しておかなければならない。

自治体の役割は公的介護保険の条件整備・基盤整備であるが，住民は自治体を越境してサービスを求めるため，施設整備のために補助金を交付したとしても，その利益は自治体住民以外にも及ぶこととなり，受益と負担とは一致しない。居住している自治体に所在するグループホームしか利用できないように法改正をおこなったが，それは制度設計の際の理念とは異なるものである。

低所得対策や利用者負担にしても，保険料の軽減措置・段階的区分見直しは自治体で先行しておこなわれ，その一部が介護保険法の改正に貢献した。地方自治体は低所得者救済と保険原理の維持との両方の要請に応えなければならず，単なる条件整備にとどまらない積極的な役割が期待されている。たとえば，野田市や横浜市のように，介護認定区分や所得段階別の保険料額区分を国基準よりも細かくした自治体もあった。武蔵野市のように，低所得者対策として実質的に保険料額減免をおこなう措置を取った自治体もあった。

＜リスクの分散とニーズへの対応＞

公的介護保険は地方自治の試金石といわれる。それは自治事務であるがゆえに，法の枠組みの中でより良い制度運営が地方自治体に求められるからである。現場には様々な矛盾が存在する。制度と理念の齟齬，相反する原理の対立は制度運営を困難なものにしている。

保険システムとしては，リスク分散をおこなわなければならない。要介護高齢者の発生確率は規模が大きければ大きいほど低くなる可能性もあり，規模の大きさは効率性を向上させることになる。この保険運営の効率性を高める観点からすれば，市区町村よりも都道府県が望ましく，都道府県よりも国の方が運営主体としては望ましいことになる。

ニーズへの対応としては，住民に近い政府でサービスを提供した方が望ましい。課題や矛盾を発見し，制度を修正することが政府の重要な役割だからである。このニーズへの対応という観点からすれば，国よりも都道府県の方が適切であり，都道府県よりは市区町村の方が適切な政府レベルということになる。公的介護保険がリスク分散とニーズへの対応を両立させることが求められる事業である限り，この矛盾は論理的に解決することはできず，つねに地方自治体が調整と再定義の積極的な役割を求められることになるであろう。

参考文献

岡本祐三（2000）『介護保険の教室』PHP 新書
岡本祐三・田中滋（2000）『福祉が変われば経済が変わる』東洋経済新報社
岡本祐三編（2001）『からだの科学臨時増刊　総点検！介護保険』日本評論社
沖藤典子（2010）『介護保険は老いを守るか』岩波新書
介護保険制度史研究会編（2016）『介護保険制度史』社会保険研究所
鏡諭・石田光広編（2002）『介護保険なんでも質問室』ぎょうせい
社会保障入門編集委員会編（2023）『社会保障入門　2024』中央法規出版
武智秀之（2001）『福祉行政学』中央大学出版部
武智秀之（2008）『政府の理性　自治の精神』中央大学出版部
二木立（2007）『介護保険制度の総合的研究』勁草書房
日本医師会総合政策研究機構（1997）『介護保険導入の政策形成過程』
増田雅暢（2003）『介護保険見直しの争点』法律文化社
宮武剛（1997）『「介護保険」のすべて』保健同人社
本沢巳代子（1996）『公的介護保険』日本評論社
吉原健二・和田勝（2008）『日本医療保険制度史（増補改訂版）』東洋経済新報社
和田勝編（2007）『介護保険制度の政策過程』東洋経済新報社

コラム⑱：新聞を／で読む

高校生を対象とした入試対策問題集によると，よく大学入試の面接で，「新聞のどこを読むか」という質問をすることが多いという。私が学生なら死亡欄と答えるし，新聞社の友人が学生ならば広告欄と答えるだろう。これは半分冗談として，新聞をどう読むかは大学生にとって重要な社会科学方法論である。大学教師はマルクス，ウェーバー，マンハイムを教える前に，新聞の読み方を教えるべきだというのが私の持論である。というのは，新聞は社会的な影響力が大きいにも関わらず，公正かつ中立的なものではないからである。アメリカの新聞が選挙で民主党候補を支持するか共和党候補を支持するかを明確にする点に比べると，日本の新聞は公正と中立を目標として掲げているし，事実報道の方が論説よりも多いと思う。

たしかに日本の新聞は不偏不党を掲げる事実報道中心であるが，それは新聞社からの立場や見解であって，実際に読者が必要な事実かどうかは疑問である。なぜなら，日本の記事はこの国特有の記者クラブ制度を通じてつくられているからである。各省庁別に「記者レク」と呼ばれる定例レクチャーがおこなわれている。たとえば，厚生労働省の場合だと，霞ヶ関の合同庁舎の中に日比谷クラブという記者の溜まり場（詰め所）がある。この記者クラブを通じて，事務次官，局長，官房長，広報課長（広報官）などが報道機関に各省の活動や予算説明などをおこなう。行政官庁から報道各社へ平等に情報を提供する狙いをもつ。

しかしながら，省庁別の記者クラブ制度では省庁から一方的に情報が提供されるのであるから，官庁側から情報を管理される危険性をはらんでいる。マスコミにとっては，安易な情報収集でもあり，悪しき平等主義との批判も少なくないのである。諸外国にはこのような制度は存在していない。また，この記者クラブに入るには記者登録をしなければならず，近年まで外国の報道機関はこのクラブに入る資格がなかったのである。この閉鎖的体質をマスコミの談合と批判されることもある。

「他社を抜いた」（その新聞社・テレビ局だけのスクープ）記事のようにみえても，官庁の意図的なリークであることが少なくない。たとえば，かつて人事院勧告の前に大蔵省（現在の財務省）が公務員給与引き上げの予算措置が当初予算で予定されていない旨の情報を地方ブロック紙にわざとリークしたことがある（全国紙でなく地方のブロック紙にリークするところがまた微妙な意図をもつが）。このように，一社のみに対して情報を意図的に提供して書かせた記事を「観測記事」という。アドバルーンを上げて，利害関係者や世論の反応を見ているのである。

『大統領の陰謀』の著者，ボブ・ウッドワード記者はワシントンポストの社会部記者として，ニクソン大統領の盗聴というスクープをものにした。いわゆるウォーターゲート事件である。田中角栄のスキャンダル発覚は新聞ではなく，立花隆という天才ルポライターが徹底した取材をおこなった成果であった。「見たい，聞きたい」という野次馬根性こそ新聞記者の真髄である。明治時代の小新聞にかえれとはいわないが，役所の情報から自由に物を見る目を記者たちにもってほしいと願う。記者クラブ制度の是非はともかくとして，私たちが出来る防御策は第１に行政記事が党派的かつ主観的要素を含んでいることを認識することである。第２に，新聞・テレビ・雑誌などのメディアを複数読んだり見たりして複眼的思考と多元的情報源をもつことである。

第19章　貧困

福祉の歴史は貧困克服の歴史でもあった。その起源はイギリスの救貧法，プロイセンのビスマルクによる社会保険立法，アメリカの1935年社会保障法など様々な立法に求められている。20世紀に入って，先進諸国は福祉国家建設による貧困の克服をおこない，それは税や保険のシステムによるセーフティネットの仕組みを中心としたものであった。本章では貧困の概説的把握をしたのち，ホームレスと生活保護について検討する。

1　貧困からの自由

<貧困の測定>

貧困の問題を把握するためには，まず貧困の実態を把握しなければならない。イギリスにおいては，ブースのロンドン調査とラウントリーのヨーク調査が有名である。ブースが階級区分として貧困線を設定したのに対して，ラウントリーの貧困線は，食料費や家賃など最低生活費に基づいて設定されていた。彼は第１次的貧困をその総収入が単なる肉体的能率を保持するために必要な最小限度にも足りぬ家庭の生活水準とし，第２次貧困を外部観察・報告から判断して貧困家庭であることは間違いないが，総収入が単なる肉体的能率を保持するに足る家庭の生活水準とした。

1899年の彼の調査では第１次貧困は9.9％（労働者階級では15.5％），第２次貧困では17.9％（労働者階級では28％）と30％近くが貧困に陥っていることが報告され，人びとに大きな衝撃を与えた。彼の貧困調査の意義は第１に貧困を定義するのに不可欠な最低生活水準の科学的算定がおこなわれたことである。第２の意義は，個人責任より社会責任を強調したことにある。彼は貧困に至る原因として，第１次貧困では主たる賃金獲得者の死亡，災害・病気・老齢による労働不能，失業，慢性的な不規則労働，家族数の多さ，低賃金をあげ，第２次貧困では飲酒・賭博，家計上の無知や不注意，計画性のない支出をあげている。

<相対的剝奪とは>

1960年代になり所得水準が向上するにつれて，貧困の観念は大きく変化する。絶対的貧困から相対的貧困・相対的剝奪へと拡大し，貧困をめぐる絶対性と相対性が議論されるにいたった。タウンゼントは従来の絶対的貧困概念とその科学性・客観性を批判し，経済的次元に限定されていた所得保障の議論を社会的・文化的次元にまで拡張して，「貧困は相対的剝奪である」と述べている。生活必需品の絶対的リストは時代や社会によって変化するのであり，タウンゼントとエイベルスミスが著した『貧困と極貧』では相対的貧困観が提示され，「貧困の再発見」と言われることになる。

その後，タウンゼントの貧困観はアマルティア・センによって批判され，貧困をめぐる絶対性と相対性が再び議論されることになるが，所得から生活資源まで，消費から生活様式へ対象を拡大して貧困が把握されるようになったことの意義は大きい。タウンゼントは生活資源として，現金所得，家屋や貯金などの資本的資産，保健・教育・住宅など現物的な公的社会サービスの価値，自給や贈与など個人的現物所得をとりあげ，生活様式としては娯楽や外食の慣行，耐久消費財や室内設備の所有などの有無を剝奪指標として設定している。彼によると，個人，家族，諸集団はその所属する社会で慣習になっている，あるいは少なくとも広く奨励または是認されている種類の食事をとったり，社会的諸活動に参加したり，生活の必要諸条件や快適さをもったりするために必要な生活資源を欠いているとき，貧困の状態にあるという。

<社会的排除>

さらにヨーロッパ大陸においては，社会的排除と社会的包摂の概念が多用されるようになってきた。これらはフランスから欧州委員会へ普及し，さらに各国へ普及した観念である。この観念の特色は，所得だけでなく，社会統合やアイデンティティの構成要素から個人や集団が排除されていくメカニズム，社会的な交流への参加から個人や集団が排除されていくメカニズムを浮き彫りにする多次元的・構造的な概念である。

このように近年は，所得，生活資源，生活様式だけではなく，アイデンティティ，文化，社会的関係にまで広げて貧困の問題を把握しようとする。その背景にあるのは，新しい貧困，つまり途上国，母子家庭，高齢者・障害者・子供に対する虐待，路上生活者，移民問題や民族問題などにおける貧困問題を把握するのに，従来の観念では十分ではなくなってきたからにほかならない。

ただし，概念が拡張して用いられてくるようになると，その意味内容が曖昧となっていることは否めない。主観的要素が多いため，測定可能な指標とはいえない課題も残っている。

それでは，現代において貧困へどのような対応がとられているのであろうか。次節では貧困へのアプローチを３つに区分し，特にホームレスへ焦点をあてて説明を加えていく。

2　ホームレスへの対応

<貧困への新たな対応>

新しい貧困に対しては，各国で右派と左派の両方の立場から様々な制度が構想されている。ここでは宮本太郎に従って３つの対応を概説しておく。

ワークフェアとは社会保障の給付の条件として就労を求める制度である。このワークファースト・モデルはアメリカの保守によって主張された改革であり，就労を強制し，罰則を設ける点に特徴がある。中道左派の主張するサービスインセンティブ・モデルは強制と罰則の要素が弱まり，就労支援を強調するものであった。このワークフェア改革はイギリスにおいても実施され，ブレア政権において積極的に採用されることになる。

アクティベーションとは，社会的包摂の場として労働市場を重視しながら，強制よりも支援に重点を置く考え方である。北欧において，就労と福祉を連携させる発想は従来から採用されていた。職業訓練と職業紹介によって産業構造の転換にも完全雇用で対応しようとした。しかし，この積極的労働市場政策は1990年代で大きく修正されることになる。職業紹介を拒否した場合に失業保険の給付が停止されたり，失業保険の受給期間が短縮されたり，職業教育が義務化され，ワークフェアの要素が採用され，アクティベーションも一部修正されることになったのである。

ベーシック・インカムとは所得調査なしに，就労を条件とすることなく，すべての市民に所得を保障する制度である。行政経費が削減され，貧困の罠や失業の罠が一掃され，労働者の勤労意欲が向上するという主張がそれである。膨大な費用がかかることや互酬性が欠落することに批判が向けられているが，修正型ベーシック・インカムとしてボランタリー活動への給付などが実際に設計されている。ベーシック・インカムの対象を基礎年金などへ広げるならば，社会保障の再分配効果だけでなく，消費拡大の効果も政策効果として期待されることになる。

<ホームレス発生の原因>

ホームレス（路上生活者）とは，都市公園，河川，道路，駅舎その他の施設を起居の場所とし，日常生活を営んでいる者をさす。

貧困の発生原因は個人の怠惰であるとかつて観念されていたが，ホームレスの発生原因を個人責任と考えるか社会責任と考えるかは難しい。個人責任としては，当事者の怠惰，気質，病気，家族問題，アルコール依存，多重債務などの問題があげられるだろう。社会責任としては，経済不況，産業構造の変化，麻薬問題，精神病院の廃止が考えられるであろう。

しかし重度のアルコール依存者は個人の努力で克服することは難しいし，依存に至った原因が個人の問題にあるかは疑問である。逆に麻薬問題がすべて社会責任かというと，個人の規律に起因するのではないかという批判もあるだろう。これらの境界線は曖昧であり，個人の価値観によって判断は大きく左右される。

<英国のホームレス対策>

イギリスのホームレス対策は1977年制定の住宅（ホームレス）法に始まる。この法律によりホームレス生活者が定義され，地方自治体の公営住宅がホームレスへ提供されることになった。サッチャー政権において公営住宅の民営化がおこなわれ，ロンドン市内でホームレスが増加した。保守党政権は「ラフ・スリーパーズ・イニシアティブ（RSI）」を策定し，ボランティア団体を通じたアウトリーチ活動（困窮者が福祉窓口に申請するのを待たずに困窮者へ直接接触すること）が実施され，ホームレス数は減少した。

ブレア政権においては社会的排除対策としてアウトリーチ手法を強化し，ボランティア組織を通じた支援をおこなった。2002年に住宅法が改正され，ホームレス法が制定され，自治体に対してホームレス調査をおこない，ホームレス対策戦略を策定することが義務付けられた。またニューディール・プログラムでは失業者に職業訓練や就労が義務づけられ，就労先への賃金助成や訓練中の手当てが提供され，賃借住宅に居住する人には住宅手当が提供されることになった。

このように，ホームレス問題には所得保障に住宅保障と就労保障をあわせもった対策として展開された点が重要である。

3　日本のホームレス対策

<ホームレスの特性>

日本のホームレスの特質は，大都市にホームレスが集中していること，経済的要因による原因が多い点である。従来は建設関係の日雇い就労者からの移動が多く，就労を望むが高齢のため自立困難である場合が典型的であった。ホームレスに対する怠け者，自由人というイメージは現実には異なっていることが理解できるだろう。2003年では25,296人であったが，2011年には10,890人，

2012年には9,576人のホームレスがいるものと推定されている。

2012年１月に実施した「ホームレスの実態に関する全国調査（概数調査）」によると，ホームレスの多い都道府県は大阪府，東京都，神奈川県の順であり，政令市等では大阪市，東京都23区，横浜市，川崎市，名古屋市の順となっている。生活場所は河川が29.8％，都市公園が27.0％，道路が17.5％，駅舎が4.8％である。

約1,300人を対象とした面接調査では，ホームレスの平均年齢は59.3歳であり，83.2％は生活している場所が定まっている。ホームレスになってからの期間は１年未満が20.2％，１年以上３年未満が17.7％，３年以上５年未満が15.8％，５年以上10年未満が20.2％，10年以上が26％と年々長期化している。77.7％が廃品回収などの仕事をしており，平均収入は１万円未満が94.0％となっている。路上生活直前の仕事は建設・採掘従事者が46.2％，生産工程従事者14.5％であり，常勤職員・従業員（正社員）が42.0％，日雇が25.8％となっている。路上生活に至った理由として，仕事の減少が34.0％，倒産・失業が27.1％，病気・けがや高齢で仕事ができなくなったことが19.8％を占めている。

＜ホームレス対策の実態＞

2002年８月，10年間の時限立法としてホームレスの自立の支援等に関する特別措置法が制定された。このことによって，ホームレス支援に対する国および地方自治体の責務が明記され，就労支援のための自立支援センターの設置，テント生活者への巡回相談事業，ホームレスの全国調査などが実施されることとなった。この後，労働能力がある者は，自立支援センターが所在する自治体の場合，「自立支援センター」への入所が優先されることがある。しかし，自立支援センターに入って就労自立ができる層は，ホームレスの一部であり，多くはNPOによる支援を受けているか，都市公園，河川，道路などで路上生活をしているか，である。

東京都においては，ホームレス地域生活移行支援事業をおこない，一定の成果をみている。これは借り上げ住居を低価格で提供し，就労支援をおこなうものである。法外援護としての応急援護（食券，施設への宿泊券，衣服の貸与），年末年始の公的施設への宿泊（東京，大阪）も並行しておこなわれていた。

また，NPO の積極的な役割も特徴的である。炊き出し支援，健康診断，啓蒙活動，グループホーム，生活保護申請のサポートなどが主たる仕事であり，後述する基礎自治体の消極性ゆえに，その活動が際立っている領域のひとつである。

これら行政や NPO の活動の結果，前述したようにホームレスの数は減少したが，路上生活をしている人びとの高齢化や収入の減少などの課題は深刻化している。

＜ホームレス対策の逆説＞

ホームレス対策については，他の福祉政策と異なり，積極的に取り組む行政機関は少ない。まず国，都道府県，市区町村の役割が重複している。福祉，保健，労働にまたがる領域であるため，部局間のセクショナリズム（割拠主義）に陥ることもある。東京都の場合は23の特別区が存在するため，一体的な取り組みが阻害される制度制約がある。行政機関の消極性の帰結として，皮肉にも現実には NPO が積極的な役割を担うこととなっている。

地域住民たちも，自立支援施設の設置を必ずしも望まない。むしろ積極的に対応しないことを志向することさえある。自治体の積極的な取りくみが，より多くのホームレスを呼びよせるからである。住民の保守的思潮が制度設計に影響してくる。積極的な対策をおこなうことが納税者（有権者）の支持を得ることに直接繋がらないため，自治体が積極的な対応をおこなわないという逆インセンティブが働く。自治体の財政危機がさらにこの傾向に拍車をかけている。ホームレス対策は再分配政策を基礎自治体がおこなうデメリットやコストを考える上で興味深い事例なのである。

4　生活保護とホームレス

<生活保護の対象者>

生活保護は国民に対して最低限の生活水準を保障するナショナル・ミニマムの最終的救済手段であり，国民は誰でも受給する権利をもっている。しかしながら，最終的な手段であるがゆえに，他の制度が十分に対応できない場合はその負の影響を受けてしまう。社会の歪みを集約してしまうプログラムであり，常にその宿命を担ってしまう社会保障の中心的位置に存在する。

2013年には，生活保護を受けている世帯の数は159万世帯，被保護実人員216万人となっており，前年度に比べ約２万人，約３万世帯の増加となっている。高齢化や不況により，受給者数は増加する傾向にある。高齢者世帯が特に増加し，半数を占めるようになっており，ここ数年不況による雇用環境の悪化で，失業による生活保護受給も増加している。

日本の場合，所得が生活保護支給基準以下となる人のうち，実際に受給している割合を示す「捕捉率」は約10〜20％であるといわれており，生活保護水準以下でも申請をしていない世帯が大多数となっている。ヨーロッパ諸国の捕捉率が90％近くであることを考えれば，この数字はかなり低い。申請を抑制している要因の一つに生活保護受給へのスティグマ（否定的な烙印）がある。

<現在地保護>

生活保護法第２条では無差別平等の原則が規定され，全ての国民に無差別平等に適用される。また，生活保護法第19条においては，「居住地がないか，又は明らかでない要保護者であって，その管理に属する福祉事務所の所管区域に現在地を有するもの」に対して，保護の決定・実施をおこなわなければならない，とされている。いわゆる現在地保護というものである。

しかしながら，申請に居住要件（住民票）を課す自治体は少なくない。簡易宿所（旅館業法上の施設）で居住する人は住民ではないと解釈する自治体もあ

図表19-1　被保護世帯数，被保護人員，保護率の年次推移

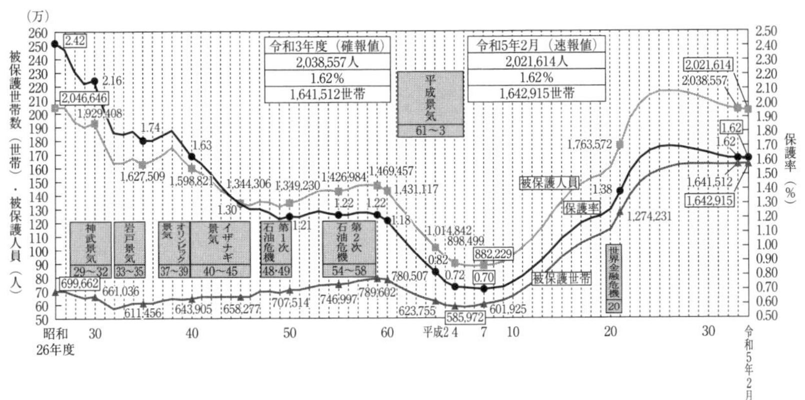

出典）社会保障入門編集委員会編（2023），52 頁

図表19-2　生活保護費負担金（事業費ベース）実績額の推移

○生活保護費負担金（事業費ベース）は約3.7兆円（令和5年度当初予算）。
○実績額の約半分は医療扶助。

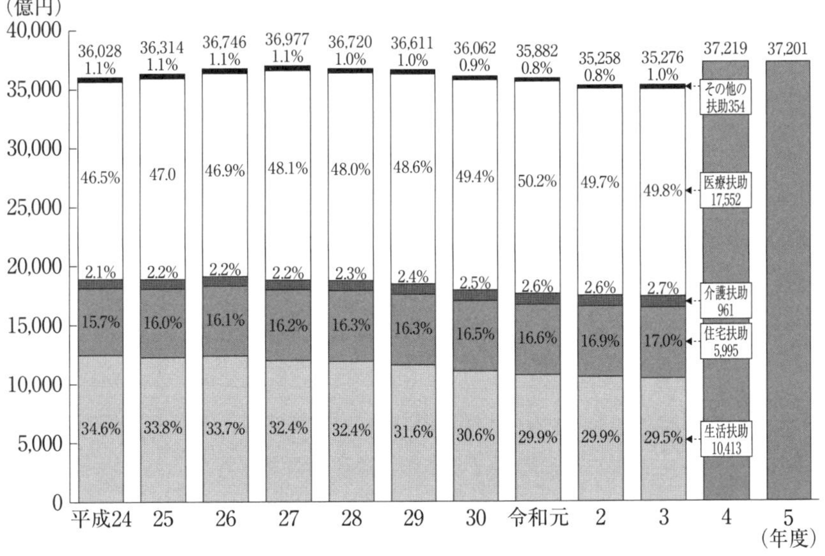

注：1　施設事務費を除く
　　2　令和３年度までは実績額，令和４年度は補正後予算，令和５年度は当初予算。
　　3　国と地方における負担割合については，国3/4，地方1/4。

出典）社会保障入門編集委員会編（2023），52 頁

図表19-3　最低生活費の体系

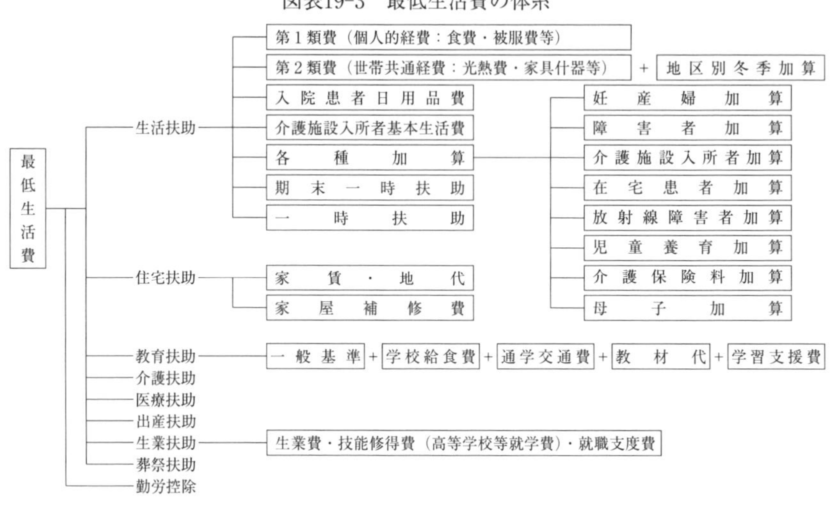

出典）厚生労働省（2019），11頁

る。また，公園・河川敷・道路に実質的居住しているホームレスは住民ではないという法解釈は最高裁判決で確定している。

大阪市北区の公園でテント生活をしているホームレスの男性が公園を住所地とする転居届を受理するよう求めた訴訟の上告審判決で，最高裁第２小法廷（津野修裁判長）は2008年10月３日，「都市公園法に違反して設置されたテントは社会通念上，生活の本拠とはいえない」として男性の上告を棄却した。転居届の不受理処分を適法とした２審の大阪高裁判決が確定した。

この判決の是非はともかくとして，行政がサービスを提供する住民とは誰か，という行政課題をホームレス問題は投げかけている。実際に生活保護の申請をホームレスがおこなう際にはどこかに居住の形をとって，同行者とともに福祉事務所へ申請をおこなっていることが多い。

＜法と運用の格差＞

ホームレスに対する生活保護法の適用は限定的であり，「身体，生命に危険があるような急迫状態」にしか生活保護法をホームレスに適用しないことが多い。簡易宿所に居住している人を生活保護の適用にする自治体もあれば，適用をおこなわない自治体もある。行旅病人及行旅死亡人取扱法の適用によりホームレスの救済をおこなう自治体もある。ホームレスに生活保護の申請をさせて自分の経営するアパートに入居させて，生活保護費を徴収する貧困ビジネスも存在しているし，不正受給の多い自治体もある。

被保護者は高齢化する傾向にあるが，年齢による選別を自治体がおこない，65歳以上でないと適用しない自治体もある。子どもが大学生になると「世帯分離」をおこない，子どもを別世帯にして積極的に救済をおこなう自治体もある。生活保護法は平等に適用をおこなう政策であるので，自治体やケースワーカーに裁量がないかのように見える。しかしながら，その行政裁量は自治体の財政状況や負担構造などに左右され，行政活動が規律と裁量の重層構造から構成されていることを示している。

＜生活困窮者自立支援制度の創設＞

2015年４月より生活困窮者自立支援法が施行し，福祉事務所を設置する地方自治体で生活困窮者への新しい支援制度が始まり，生活困窮世帯に対して就職・住居・家計管理・子どもの学習を支援している。

生活保護に至る前の段階の自立支援策の強化を図るため，生活困窮者に対して就労その他の自立に関する相談支援，事業利用のためのプラン作成，離職により住宅を失った生活困窮者等に対する家賃相当の住宅確保給付金の有期支給を必須事業として国庫補助率3/4の負担金で実施している。また任意事業として，就労に必要な訓練を日常生活自立や社会生活自立の段階から有期で実施する就労準備支援事業，住居のない生活困窮者に対して一定期間宿泊場所や衣食の提供等を行う一時生活支援事業を国庫補助率2/3の補助金で実施している。家計に関する相談，家計管理に関する指導，貸付の斡旋等を行う家計相談支援事業，生活困窮家庭の子どもへの学習支援事業を国庫補助率1/2の補助金で行っている。

これらの生活困窮者自立支援制度は地方自治体の直営または社会福祉協議会・社会福祉法人・NPO法人・株式会社などへの委託で実施されているが，新規相談受付件数に比べてプラン作成件数が少なく，生活困窮者自立支援の計画作成まで至っていない。任意事業については実施状況が30％に満たない点が課題となっている。

参考文献

岩田正美（2000）『ホームレス／現代社会／福祉国家』明石書店
岩田正美（2007）『現代の貧困』ちくま新書
岩田正美（2008）『社会的排除』有斐閣
岩田正美・西澤晃彦編（2005）『貧困と社会的排除』ミネルヴァ書房
厚生労働省（2019）「生活保護制度の概要等について」 内部資料
小玉徹ほか編（2003-4）『欧米のホームレス対策』（上）（下）法律文化社
小山進次郎（1990）『改訂増補　生活保護法の解釈と運用』全国社会福祉協議会
社会保障研究所編（1995）『社会保障論の新潮流』有斐閣
社会保障入門編集委員会編（2020）『社会保障入門　2020』中央法規出版
社会保障入門編集委員会編（2023）『社会保障入門　2023』中央法規出版
スピッカー，P.（2008）『貧困の概念』（圷洋一監訳）生活書院
武智秀之（1996）『行政過程の制度分析』中央大学出版部
藤村正之（1997）「貧困・剥奪・不平等の論理構造」庄司洋子・杉村宏・藤村正之編『貧困・不平等と社会福祉』有斐閣
宮本太郎（2008）「ワークフェアの伝播と対抗戦略」加藤哲郎・國廣敏文編『グローバル化時代の政治学』法律文化社
宮本太郎（2010）『生活保障』岩波新書
山森亮（2009）『ベーシック・インカム』光文社新書

コラム⑲：書評を書く

どうしても論文が書けない。自分を見失ってしまってレポートに何を書いてよいのかわからない。このようなスランプに陥ってしまう人もいるかもしれない。スランプに陥るというのは能力のある人がいうことなので，私自身そのような経験はない。限られた時間，限られた能力，限られた資料やデータ，限られた理論という限定された合理性の中で文章を書いていくしかないと考えているので，淡々と自分のやれる範囲で物を書いていくだけである。しかし，どうしてもオリジナリティに

拘って物が書けない，まだ論文を書く自信がない，という人にお勧めなのが，自分の関心に近い人の本を書評することである。

とくに大学院生がプロになるためのトレーニングとして書評の執筆は最適だと思う。日本の専門雑誌では重んじられていないが，外国の専門雑誌になると編集委員会と別に書評委員会が設置され，取りあげる書評の本数も多い。日本の場合，書評に対する評価が不当に低すぎる。『週刊読書人』や『図書新聞』を講読している人は少ないと思う。書評という分野が確立していないというべきかもしれない。

書評を書く効用として，自分の研究を学説上に位置づけることが可能となるし，なによりまして本を精読しなければならないから本の理解がすすむ。書評の対象として何を選ぶかはセンスを問われるから，センスを磨くトレーニングにもなる。私自身20代にはよく書評を書いたし，30代になると依頼されて書評を書くことが多くなった。しかも依頼されるのはなぜか自分の専門とは異なる行政法や社会学の本である。書評は苦労あるわりに業績としてのポイントが低い。でも書評で取りあげた本の著者とは著作の交換や賀状のやり取りをするようになって交流が広がるから，副次的な効用も低くない。

書評で内容の要約とコメントは必要だが，具体的に何を書くか，どのようなスタイルで書くかは人によって異なるし，それは自由であってよいと思う。私の場合はほとんど本を非難することはなく，「誉め殺し」のように誉めまくる。批判するような本なら執筆依頼を断るし，本の良いところをできるだけ見つけて読者へ紹介したいという気持ちがあるからである。貶すのは簡単だが誉めるのは難しい。また，書評対象本をその属する学問分野の系譜の中に位置づけ，特色を要領よく説明することも欠かせない。そして他に執筆した本があれば，それらも読んで研究の系譜を調べておくと，著者の問題関心を理解する助けとなる。

行政学で伝説の書評論文となっているのが，西尾勝「計画調整論としての行政学－蠟山政道著『行政学研究論文集』－」日本行政学会編『年報行政研究５　行政改革の推進と抵抗』（勁草書房，1966年）である。この書評論文は後期の蠟山行政学を計画調整論として位置づけたものであり，私自身この書評論文を何度も読みながら書評のお手本とした。著者に対する同情的・内在的理解，研究系譜の理解，研究の背景にある時代や状況などの重要性を学んだ。理解しようとする営みと批判しようとする衝動とはしばしば相反することになりかねない。しかし，このような書評の執筆こそ若い研究者が自分のアイデンティティを確立させるのに用いるべきだし，自分の到達点と最先端の研究とのギャップを埋めるのに有益である。

新たな発想をえるには先人から学ぶだけでなく，環境を変えることも重要である。旅行・転居・散歩・転職など生活空間の変化は脳を刺激してリラックス効果が高まることが脳生理学でも指摘されている。そういえば文人や芸術家たちは好んで転居や旅行をするし，それが作家たちの芸風に影響を与え，大きな転機となっている。

戦前の日本は借家住まいが一般的であったので，文豪たちは数多くの転居を繰り返した。また，現代抽象絵画理論を完成させたクレーはチュニジアへ旅行した後に幾何学模様の絵画洋式を確立させている。フランス人画家デュフィは印象派，フォーディズム，キュビズム，デザイン画と絵画手法を変遷させ，水彩画のように透き通った色と軽やかな優しいタッチという自分の絵画スタイルを完成させた。彼はアトリエを10か所近くも持っていたそうである。ただし，葛飾北斎の転居93回には及ばないが。

第20章　NPOとNGO

民間の市民活動は20世紀末から大きな関心を呼んでおり，福祉・医療・芸術・海外援助などで政府とは異なる公共活動を積極的に推進している。本章ではNPO（非営利組織）やNGO（非政府組織）の組織と活動に焦点をあてる。ここでNPO・NGOとは狭義のNPO法人のみならず，公益法人を含めた広義の団体としてとらえている。

1　市民活動へのまなざし

<市民活動の台頭>

20世紀後半にかけて市民活動が活発化したが，その背景をサラモンは以下の4つの危機と2つの革命的変化に求めている。

第1の危機は福祉国家の危機である。1970年代に経済成長が鈍化し，政府は過剰な負担を抱え，社会保障支出が問題視されるようになった。政府への依存が助長されると多くの人が考えるようになった。第2の危機は開発の危機である。途上国の貧困に対して自立援助や参加型開発という概念が生まれ，政府の能力の限界とNGOの関与する利点が認識されるようになった。第3の危機は環境の危機であり，環境汚染の危機が明らかになるにつれて市民が自らのイニシアティブを組織するようになった。そのひとつが西ヨーロッパにおける緑の党である。第4の危機は社会主義の危機であり，信頼を失っていた政府に代わり，NGOがサービスを提供するようになった。

2つの革命とは第1にコミュニケーション革命であり，第2に世界経済の成長とブルジョワ革命である。1970～80年代に起きた遠隔地コミュニケーション革命は大衆の教育レベルや識字率を向上させた。また1960～70年代における世界経済の大幅な成長とその結果もたらされたブルジョワ革命も指摘しておかなければならない。途上国の高い経済成長は，中産階級を誕生させることになった。

＜非営利部門と経済＞

非営利部門は政府，企業，家計と異なる部門として，経済活動へ貢献している。Third Sector, Voluntary Sector, Independent Sector, Nonprofit Sector など名称は様々であるが，それは企業や政府と同様に経済効果と雇用誘発効果で一定の影響をもつ。非営利部門は雇用と国内経済の約７％（アメリカ），約3.5%（日本）を占めるといわれている。

NPO や NGO はボランティアと同値ではない。NPO と NGO は高い専門能

図表20-1　法人の根拠法による分類

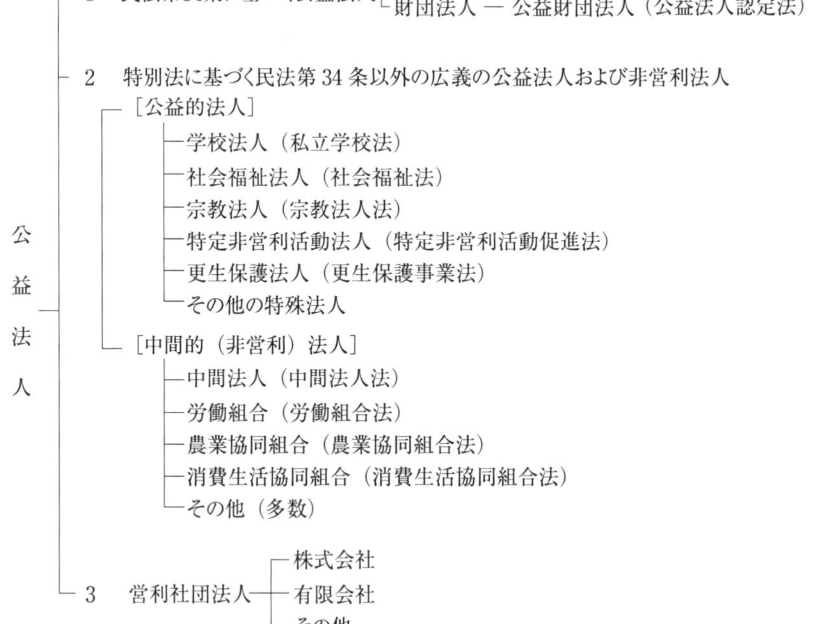

力を有する職員を有給で雇用し，企画・販売・資金運用で財源を確保している団体も存在する。資産運用の専門家，科学技術の専門家，組織管理の専門家など民間企業や政府と変わりなく専門能力を調達し，市民へサービスを提供している団体もある。

また逆に，無給または限りなく無給に近いボランティアを調達することもでき，特定のミッション（使命）を達成するための価値観を共有する同質的集団でもある。この点は企業や政府との違いがある。

＜各国の非営利部門＞

国によって非営利部門の役割は大きく異なり，政府，企業，家族との相対的な関係の中に位置づけられて存在していることがわかる。政府の役割の大きな先進諸国と政府の役割の小さな発展途上国とでは非営利部門の比重が異なる。先進諸国の中でも保健・福祉・教育の社会サービス部門の大きさは共通しているが，それでも国によって形態は異なる。

たとえば，医療において税による国民医療サービスをおこなっているイギリスでは公務員が多く，社会保険で医療サービスをおこなっているドイツ・日本では民間での雇用が多くなり，雇用の形態は大きく異なる。高等教育において，ヨーロッパのように政府が担っている割合の高い国もあれば，アメリカや日本のように民間の非営利団体が担っている比重の高い国もある。

また各国共に公的部門からの資金に依存する傾向にあるが，アングロサクソン系諸国と大陸系諸国とでは，後者の方が公的部門に依存する度合いは高い。分野でいえば，従来から社会サービスは政府財源，国際協力は会費・事業収入に依存することが多かった。

それでは，NPO や NGO の活動は政府や企業と比較して，どのような点に存在理由を見いだすことができるのであろうか。ここでは３つに区分して説明することにしたい。

2　NPOとNGOの存在理由

<補完としての役割>

第1は補完としての役割である。基礎的需要を政府が満たし，上乗せ横出しの付加的需要を民間が満たすという役割分担である。「政府はマジョリティ（中位投票者）の需要を充足する」（ワイスブレッド）といわれるゆえんであろう。逆に，是非はともかくとして，難民支援，ドメスティック・バイオレンスの被害者に対する支援，ホームレス支援など社会のマイノリティに対するサービス提供は，政府の支援が十分ではない場合，NPOやNGOの最も活躍が期待される分野の1つであろう。

このような政府との対比からNPOやNGOの役割を規定する議論に対して，ハンスマンは批判的見解を示している。第1に，補完的役割はNPOやNGOだけでなく民間企業でも可能であるので，NPOやNGOだけの存在理由とはならないのではないか，という批判である。第2はNPOやNGOのサービスは公共財というよりも私的財に近いものもある，という批判である。確かに文化や教育については，企業活動に近い活動もあり，公共的な機能を期待することが難しい事例もあるかもしれない。

<信頼としての役割>

第2の存在理由は信頼という特性を強調するものである。民間企業は「契約の失敗」（ハンスマン）を招き，それに対してNPO・NGOは市民の信頼に値するサービスを提供しているという。それは情報の非対称性を克服し，組織ガバナンスで企業よりもNPO・NGOの方が優ると考えるからに他ならない。市民の統制・モニタリングがNPO・NGOの方がより可能であり，その特性に企業とは異なる存在理由を求めるわけである。

しかしながら，市民の信頼を失えば商品の売買ができなくなることは民間企業も同じであり，情報の開示が求められていることは変わりない。企業にとっても消費者の信頼は最優先の財産であり，信頼だけで企業と NPO・NGO を差異化することはできないのではないか。

＜多元主義の価値実現＞

第３の存在理由は，社会の多元的価値や意見の反映・実現としての存在である。行政と企業によるサービス提供の独占への異議や対抗権力に NPO・NGO の正当化根拠がある。

エコロジー（生態学）の思想には１つの種が独占するのではなく，多様な種が存在することがその社会全体の環境適応能力を増す，という考えがある。多様性の確保こそ健全な社会の実現に必要なことであり，自分と異なる価値観や意見が共存する社会こそ豊かな空間である。第１と第２の存在理由は主として経済学者によって主張され，機能主義的解釈に基づく正当化根拠であるが，第３の理由は政治学や社会学によって議論される主張である。このような多元主義の価値を実現するための NPO・NGO の存在こそ，民主主義社会において貴重なものなのである。

3　政府活動との融合・自立

＜NPO と NGO の特質＞

補完・信頼・多元という３つの視点から NPO と NGO の特質を説明してきたわけであるが，ブレントンは『イギリス社会サービスのボランタリー組織』において，ボランタリー・セクターの定義をおこなっている。ブレントンによると，①公式な組織であること，②政府から法制上分離していること，③自己統治していること，④営利上の分配をしていないこと，⑤公益追求であること，である。この中でも，自己統治が最も重要な特性とされる。

また前述したように，ボランティアを安価な労働力として調達できること，コミュニティの活性化と機能的連帯をはかる点も特色となっている。町内会や自治会とは異なり，機能集団として特定の目的や機能に限定して広域的な活動をおこなう。文化，教育，医療，福祉，環境，コミュニティ開発，アドボカシー，フィランソロピー，国際協力などの単一機能を遂行する。

＜政府部門と非営利部門との関係：類型化＞

政府と非営利部門の関係については，互いが競争関係にある福祉多元主義の考え方や，集団をより大きな集団が補完する補完性原則の考え方などがある。政府と非営利部門の関係は，財源と提供の２つに着目すれば，政府独占モデル，二元的モデル，協働モデル，非営利部門独占モデルの４つに類型化できる。実際には，政府と非営利部門が二元的に分離したモデルと政府が財源を機能分担する協働モデルの２つが先進諸国には存在するといってよい。前者はアングロサクソン系諸国に，後者は大陸系諸国に顕著な傾向であった。

ただし，近年は非営利部門も会費収入，寄付金，遺産，利用料，資産運用などの財源調達だけでは十分資源が確保できなくなる場合もあり，政府の財源に依存する場合も出てきた。補助金や委託契約による事業推進がおこなわれ，政府と非営利部門の関係は分離から相互依存へ変化してきたといってよい。NPO・NGO にとっては財源調達の安定性，法人格や認証による信頼の付与につながり，政府にとっては政策実施機関の代替として効率かつ有効な選択肢を得ることになる。

図表20-2　政府／非営利セクター関係の類型化

機能＼モデル	政府独占型	二元型	協　働　型	非営利部門独占型
財　源	政　府	政府／非営利セクター	政　府	非営利セクター
供　給	政　府	政府／非営利セクター	非営利セクター	非営利セクター

出典）武智（1996），234頁を一部修正

＜NPO・NGO に対する支援策＞

NPO や NGO には政府から資金，人材，情報，組織，拠点（場所）の提供がおこなわれる。資金としては，固定資産税や自動車税などの免税措置，助成金や補助金の交付，事業委託金の交付などがある。近年は補助金から委託契約の

拡大の傾向がみられる。研修の機会提供，ボランティアの動員，行政職員との協議，行政職員の出向・派遣などが人材面での支援策である。制度変更の情報提供，統計情報の提供，情報公開のための会計支援がある。組織としては法人格の付与，組織運営のノウハウの提供がある。

日本の場合，税制上の優遇策として，国税の制約があった。公益法人，社会福祉法人，学校法人は法人税率が22％であり，NPO 法人は30％であった。認定 NPO の少なさは行政支援の限界を示していた。それは NPO・NGO の総収入のうち寄付金・助成金・会費収入が３分の１以上という基準があったからである。そのため，３分の１から５分の１へ認定基準を変更し，認定 NPO の拡充を図っている。

4　NPO と NGO のガバナンス

<ボランタリーの弱さ>

NPO と NGO は特定の使命を遂行する公益ある組織であるが，政府や企業に比べて劣位の側面もある。サラモンは「ボランタリーの失敗」として，①資源生産の不十分さ，②特定の社会集団しか焦点を当てない特殊主義，③サービス提供が権利でなく慈善に基づきおこなわれる温情主義，④対人的問題解決の際のアマチュアリズム，をあげている。そのため，NPO と NGO が政府のパートナーとして公共サービスの担い手となることで「ボランタリーの失敗」をおぎなうことが可能であると主張した。

逆に政府はサービスの直接的提供ではなく，サービス提供をおこなう NPO・NGO の調整的役割，基盤整備の役割を担う。しかしながら，第三者政府としての役割に対しては，その消極的役割に対して批判的な見解もある。政府にはニーズを発掘する役割，問題を発見する役割，調査研究をおこなう役割，研修をおこなう役割など新たな積極的な役割が存在することも忘れてはならない。

＜グッド・ガバナンスとは＞

近年は説明責任の必要性がNPOとNGOにも求められ，公益性が求められる組織に共通な公開性，説明性が確保されるようになっている。合理的かつ民主的な意思決定として，総会，評議員会，理事会，監事の必置，情報公開，会計責任などが求められるようになってきた。

2008年12月から新しい公益法人制度が施行され，主務官庁制・許可主義が廃止され，法人設立（一般社団法人と一般財団法人）は登記のみで設立でき，公益社団法人と公益財団法人には公益性の認定が求められるようになった。一般社団法人や一般財団法人の申請に対して，国は公益認定等委員会，都道府県では合議制の機関が認定をおこなうことになる。

これらにおいては，「公益目的事業を行うことを主たる目的としているか」「公益目的事業に係る収入がその実施に要する適正費用を超えることはないか」「公益目的事業比率が50/100以上の見込みか」「遊休財産額が一定額を超えない見込みか」「同一親族等が理事又は監事の1/3以下か」「認定取り消し等の場合公益目的で取得した財産の残額相当額の財産を類似の事業を目的とする他の公益法人に贈与する旨を定款で定めているか」などが認定基準となっている。公益社団法人や公益財団法人の認定を受けると，その名称を独占的に使用でき，法人への寄付者に税制上の措置を受けることができる。この公益法人への移行は５年間の移行期間が設けられていた。

参考文献

金子郁容（1999）『コミュニティ・ソリューション』岩波書店
金子勝（1999）『反グローバリズム：市場改革の戦略的思考』岩波書店
川口清史・田尾雅夫・新川達郎編（2005）『よくわかるNPO・ボランティア』ミネルヴァ書房
北島健一（2002）「福祉国家と非営利組織」宮本太郎編『福祉国家再編の政治（講座・福祉国家のゆくえ　第１巻）』ミネルヴァ書房
サラモン，L. M.（1994）「福祉国家の衰退と非営利団体の台頭」『中央公論』109巻11号，1994年10月
サラモン，L. M.（2007）『NPOと公共サービス』（江上哲監訳，大野哲明ほか訳）ミ

ネルヴァ書房
田尾雅夫（1999）『ボランタリー組織の経営管理』有斐閣
武智秀之（1996）『行政過程の制度分析』中央大学出版部
武智秀之（2001）『福祉行政学』中央大学出版部
辻中豊・坂本治也・山本英弘編（2012）『現代日本の NPO 政治』木鐸社
電通総研編（1996）『NPO とは何か』日本経済新聞社
初谷勇（2001）『NPO 政策の理論と展開』大阪大学出版会
山内直人（1997）『ノンプロフィット・エコノミー』日本評論社
山内直人編（1999）『NPO データブック』有斐閣

コラム⑳：目先を追う人，現実を語る人

最近は目先の利益を追う学生が多くなってきた。人間は自分の利潤を最大化しようとする生き物であるから，その行動自体は変えることはできない。しかし目先の利益だけを追う人は大成しない。埋没費用という言葉が経済学にあるが，将来の自分のために投資をするかどうかが大成の鍵である。多くの人にとって目先の利益を追わない禁欲的な行動は不可能であるから，学校・教師・親という制度の強制力に依存する。ただし大学は教育機関であると共に研究機関であるから，その強制は他の学校に比べて少ない。大学はディベートやグループ・ディスカッションの技法だけを学ぶ専門学校ではなく，学生が自分の意思で研究をおこなう組織である。将来の自分に投資しようと考える者のみ自分に気づき，自ら学ぼうとする者のみ能力は向上する。

自分を律して高みを目指すことは難しい。入学して来る学生のうち，ゴールに達する学生は10人のうち１人か２人程度になる。ここでゴールとは有名企業に内定したとか，給料が高い会社に入社できるとか，難しい公務員試験に合格したとか，社会的地位の高い仕事につけるとかいうことではない。20年30年先の自分から見て，満足して悔いのない大学生活を過ごせたかどうかということである。結局，大学で教師が学生にできることは自分について気づかせてあげることくらいである。落語家の柳家小三治は弟子の教育について，「自分の力を見つけてやるということが実は大変なことだったんだ」と述べている。「再生の極意は気づきにあり」（野村克也）とはまさしく名言である。

現実を語る学生も多い。「現実的ではない」「実際は無理だ」「現実には出来ない」という言葉は学生からよく聞く言葉である。しかし，仕事は現実を理想に近づけるものであり，理想を現実に近づけることではない。組織に入れば制約だらけで，社会にいれば困難ばかりで，出来ることより出来ないことの方が多い。「出来ない」ことは当たり前なので，当たり前のことを主張してもだれも評価しない。そのため，出来ないことを出来るようにするのが仕事であり，出来ないことを出来るように解決策を考える人こそ出来る人と評価されるわけである。「(現実に) 出来ない」と言うのは自分が「出来ない（能力がない)」と告白しているようなものなのである。企業や役所は大学生に現実的な思考ばかりを求めていないし，むしろ情熱をもって夢を語れる人の方が魅力的だと評価される。「お金がないので無理だ」「現実には不可能だ」「理想より現実だ」と言う人を自分の同僚に迎えたいと考える社会人はいない。

私の大学院生時代に，行政学の辻清明先生が「君たちは過去や現在を語ることはできても，未来を語ることは苦手だ」と言われていたことを思い出す。目先を追わず，未来を語ることは難しい。変革の時代に自分の軸がぶれないためにも，「遠くに利益を置くこと」「現実を理想に近づけること」の２つを学生には勧めたいと思う。

参考文献

野村克也（2008）『野村再生工場』角川 one テーマ21新書
柳家小三治（1998）『ま・く・ら』講談社文庫

第21章　ソーシャル・キャピタル

ソーシャル・キャピタル（社会関係資本）は社会経済のパフォーマンスや民主主義を促進する要因として議論されてきた。本章はこのソーシャル・キャピタル（社会関係資本）の理論と適用に焦点をあてる。

1　ソーシャル・キャピタルとは何か

＜ソーシャル・キャピタルの意味＞

ソーシャル・キャピタル（社会関係資本）とは社会に信頼，規範，ネットワークが資本として形成・蓄積される状態のことを意味する。道路，港湾，空港，上下水道，公園などのハードな社会的インフラではなく，ソフトな関係をさす。それは，社会的信頼，互酬性の規範，ネットワークから構成される。社会的信頼とは，人や社会への一般的な信頼性，特定の機関，団体，個人等への信頼性であり，互酬性の規範とは互酬性に基づく活動・組織への参加状況をさし，ネットワークとは個人の日常の交流・行動範囲，地縁など社会的なつながりを意味する。

これらの概念が脚光を浴びるようになってきた背景には，市場の失敗や政府の失敗により第三の部門が注目されるようになってきたことがある。また，コミュニティが再評価されるようになり，民主主義や公共政策の有効性にコミュニティが寄与していると考えられていることがある。さらに途上国の地域開発が貧困層の福祉向上に寄与しているように，ソーシャル・キャピタル（社会関係資本）が地域資源やサービスの充実に貢献しており，犯罪率の低下や合計特殊出生率の上昇との相関も見いだされている。

図表21-1　ソーシャル・キャピタルの概念イメージ

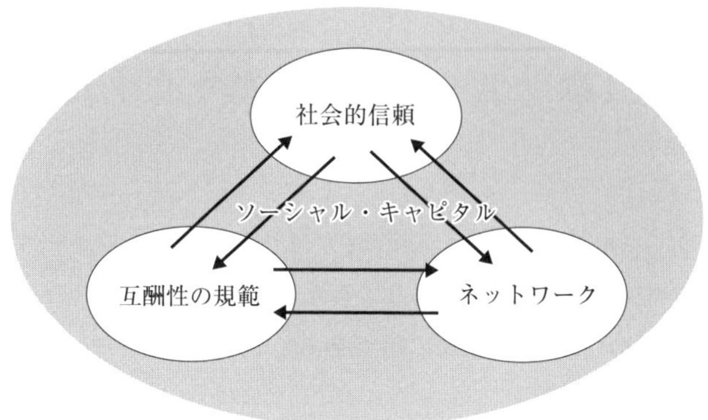

出典）内閣府編（2003），15頁

図表21-2　既存研究にみるソーシャル・キャピタル測定の構成要素

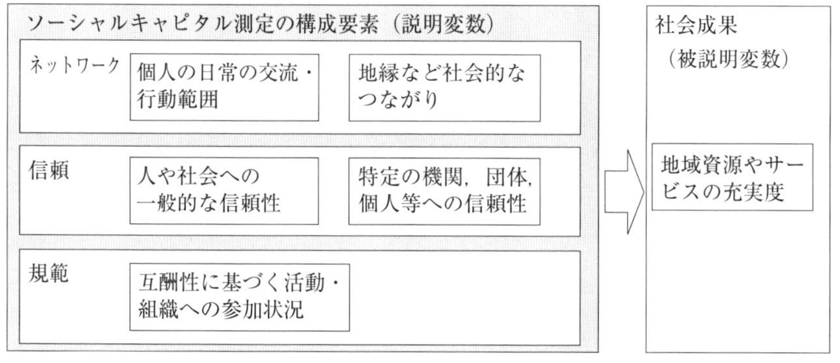

出典）内閣府編（2003），35頁

＜ソーシャル・キャピタルの構成要素＞

このようなソーシャル・キャピタル（社会関係資本）はどのような要素から構成されているのであろうか。その測定基準は多様であるが，ここでは内閣府(2003）の基準を紹介しておこう。

信頼とは，一般的信頼，相互信頼・相互扶助（近所の人びとへの信頼度，友人・知人への信頼度，親戚への信頼度）を意味する。互酬性（社会参加）とは，地縁的な活動への参加状況，ボランティア・NPO・市民活動への参加状況を意味する。ネットワーク（つきあい・交流）は，近隣でのつきあい（近所付き合いの程度，近所づきあいのある人の数）と社会的な交流（友人・知人との職場外での付き合いの程度，親戚とのつきあいの程度，スポーツ・趣味・娯楽活動への参加状況）から構成されている。

具体的な指標としては以下が挙げられている。①信頼（犯罪発生率，コミュニティの安全調査，選挙投票数の傾向，ボランティア数，資金などの競争度合，融資やアドバイスなど相互支援の程度），②互酬性・互恵性（団体数，会員規模，新規起業数，取引交換の程度，ボランティア数），③共有された行動規範（社会目的の共有程度，人種・文化・宗教・年齢・階級などの混合程度，ネットワークの程度，関係組織や会員の共有意識），④共有された関与意識・帰属意識（在住期間，単独世帯の割合，ボランティアサービス提供時間数，有給・無給の貢献時間数），⑤社会的ネットワーク（組織数，会員数，参加水準，新しく創出したネットワーク，イベント・会議への参加の水準・数，支援組織や開発組織の数），⑥情報チャンネル（コミュニティ新聞の数，情報源となる組織の存在，共有された情報資源の程度）。

図表21-3　ソーシャル・キャピタルの測定指標

構成要素	本調査アンケートでの調査項目
つきあい・交流 （ネットワーク）	【近隣でのつきあい】 ・隣近所とのつきあいの程度 ・隣近所とつきあっている人の数 【社会的な交流】 ・友人・知人とのつきあい頻度 ・親戚とのつきあい頻度 ・スポーツ・趣味等活動への参加 ・職場の同僚とのつきあい頻度
信頼 （社会的信頼）	【一般的な信頼】 ・一般的な人への信頼 ・見知らぬ土地での人への信頼 【相互信頼・相互扶助】 ・近所の人々への期待・信頼 ・友人・知人への期待・信頼 ・職場の同僚への期待・信頼 ・親戚への期待・信頼
社会参加 （互酬性の規範）	・地縁的活動への参加 ・ボランティア・NPO ・市民活動への参加

出典）内閣府編（2003），38頁

<研究の前史>

このような地域社会や団体の積極的な役割を強調する論者は，以前から少なくなかった。たとえば，トクヴィルのデモクラシー論がそれである。1830年代トクヴィルは，アメリカ市民が地方自治体や民間団体の活動へ積極的に参加していることに強く印象づけられた。アメリカ人は民主主義が根づき栄えるために必要な公共心に富む「心の習慣」を持ち合わせていると述べている。

「すべてのアメリカ人は年齢，社会的地位，気質のタイプを問わず，絶えず団体を形成している。皆が参加する商工業関係の団体のみならず，宗教的なものや道徳的なもの，真剣なものからとるに足らないもの，目的がきわめて一般的なものからごく限られたもの，巨大なものから非常に小さいものまで，様々に異なる形態の団体が無数に存在する。……（中略）……私の見解では，アメリカにおいて知的で道徳的な団体ほど注目に値するものはない」。

またアメリカの教育学者であるハニファンは，善意，仲間，相互の共感，集団内の社会的交流をソーシャル・キャピタル（社会関係資本）とし，ウェスト・バージニア州の学校教育のパフォーマンスを決定する要因として挙げている。アメリカの都市計画研究であるジェイコブズも，都市部の社会的ネットワークをソーシャル・キャピタル（社会関係資本）としてとらえ，その重要性を指摘した。さらにフランスの社会学者であるブルデューは，階級による社会の階層化や搾取の構造を説明する概念として用いている。個人のもっている文化資本が教育機会，雇用機会を規定し，その結果，社会は分化され固定化されると批判する。

では，現在においてソーシャル・キャピタル（社会関係資本）はどのような理論的展開を見せているのであろうか。次節では３人の論者に焦点をあてて紹介したい。

2　ソーシャル・キャピタルの理論的意味

＜コールマン＞

社会学者コールマンにおいて，ソーシャル・キャピタル（社会関係資本）とは「個人に協調行動を起こさせる社会の構造や制度」を意味し，家族，血縁関係，コミュニティ，それらの存立・維持の前提となる規範のことをさす。人びとがお互いの関係を維持するためにおこなう投資行動の有無により，それは増加したり減価したりする。それゆえ，目に見えにくく，個人が知覚できる範囲の小規模な閉じた関係の中で形成・蓄積されやすい。

また，ソーシャル・キャピタル（社会関係資本）は「公共財」「外部性」的性質も持つ。公共サービスの提供においては常にフリーライダーが生じ，それゆえに財やサービスの設計においては過少投資となる。ソーシャル・キャピタル（社会関係資本）無き社会においては，良き規範の形成が困難となる。

＜パットナム＞

パットナムにおいては，ソーシャル・キャピタル（社会関係資本）は「人びとの協調行動を促すことにより，その社会の効率を高める働きをする社会制度」とされ，信頼，互酬性の規範，市民参加のネットワークがその例とされている。

1970年代に進展したイタリアの地方分権化は，北イタリアで成功し，南イタリアで失敗した。それは経済発展の差異でなく，コミュニティに蓄積されてきたソーシャル・キャピタル（社会関係資本）の差に起因するという。ソーシャル・キャピタル（社会関係資本）が蓄積された社会では，人びとの自発的な協調行動が起こりやすく，個々人の取引にかかる不確実性やリスクが低くなり，

図表21-4　パットナムによるソーシャル・キャピタルの分類

性　質	結合型 （例：民族ネットワーク）	橋渡し型 （例：環境団体）
形　態	フォーマル （例：PTA，労働組合）	インフォーマル （例：バスケットボールの試合）
程　度	厚い （例：家族の絆）	薄い （例：知らない人に対する相槌）
志　向	内部志向 （例：商工会議所）	外部志向 （例：赤十字）

出典）内閣府編（2003），18頁

住民による行政施策への監視，関与，参加がおこりやすく，社会サービス提供の信頼が高まることで発展の基盤ができる。

また近年のパットナムの研究では，戦後アメリカでソーシャル・キャピタル（社会関係資本）はかなり減退し，市民社会の伝統が失われつつあるという。『孤独なボウリング』によると，1980年から1993年までの間，クラブに入ってボウリングをする人は40％減少し，ひとりでボウリングをおこなう人は10％増加している。その要因は女性の労働市場への参入，自動車の普及や郊外への居住が安定したこと，婚姻率の低下，離婚率の上昇，少子化，実質賃金の低下，技術革新による余暇の変化があげられている。

＜フクヤマ＞

フランシス・フクヤマは，ソーシャル・キャピタル（社会関係資本）を家族・血縁関係を超えた広範な人間関係とし，ソーシャル・キャピタル（社会関係資本）が特定個人の信頼関係を超えて「社会的信頼」に変化することにより経済パフォーマンスが向上していると指摘している。彼によると，自由市場経済においてもっとも成功しているのは，広範な組織における自発的協調行動を促すような宗教的・文化的下支えのある国であるという。彼は高信頼国としてアメリカ，日本，ドイツをあげ，低信頼国としてフランス，イタリア，中国，韓国，台湾をあげている。

3　ソーシャル・キャピタルの応用と継承

＜ソーシャル・キャピタルの効用＞

ソーシャル・キャピタルは国民生活へ大きな効用をもつ。第１が健康増進への貢献である。親族，友人，知人との密接なつながりは平均寿命を長くする。人は社会的孤立がストレス要因となるが，社会関係資本がそれを低下させる効果をもつ。児童の健康も家庭の社会関係資本による影響が大きい。第２が教育機会の向上である。親の学校参加が子供の学習意欲の向上につながり，社会的つながりの広さは学習機会の拡大へ影響する。文化資本や経済資本だけでなく社会関係資本が学力に影響する。第３が犯罪発生率の低下への貢献である。社会的結びつきが犯罪抑制効果となり，近所の監視の目・防犯意識の向上は犯罪リスクの認知を高め，盗難の減少につながる。家族や友人との関係は人間関係によるセーフティネットであり，非行も減少する。

また，ソーシャル・キャピタルは経済にも正の効果をもつ。情報の共有化，水平的なネットワークが技術革新を生むことは，ビデオデッキやデジカメの開発で明らかであり，日本酒の各蔵の品評会や温泉地の旅館組合の共同の取り組みが地域ブランドの価値向上につながる。ソーシャル・キャピタルの蓄積は，信頼による良好な人間関係が猜疑や疑心を薄め，取引コストや訴訟コストを低減させる。ソーシャル・キャピタルは情報ネットワークが営業などの選択肢を拡大し，社会的ネットワークが就職への正の効果をもつ。発展途上国での開発の効率推進の事例として，共有林の共同管理，グラミン銀行型の小型金融，コミュニティの水質資源管理が成功例として挙げられている。

＜概念への批判＞

このようにソーシャル・キャピタル（社会関係資本）は公共政策，民主主義，サービスや資源の充実を説明する変数として研究・実践が進められてきたわけであるが，批判も少なくない

第１にソーシャル・キャピタル（社会関係資本）は「資本」としての性格を有していないのではないか，という批判である。ソーシャル・キャピタル（社会関係資本）が投資により「蓄積」「再生産」されることの具体的イメージが把握できず，ソーシャル・キャピタル（社会関係資本）には投資の基本性質，将来の利得を期待して現在の消費を犠牲にしたものという特質が見られない。

第２は定義の曖昧さである。ソーシャル・キャピタル（社会関係資本）というユニバーサルな用語ではあるが，指標は現地の状況に合わせて設定されるのが一般的である。イタリアではスポーツクラブへの加入や新聞の購読が指標となるが，アフリカでは同じ指標を設定することはできない。

第3は実証結果に対する反論である。「市民参加のネットワーク」という社会関係資本が効率的な政府を導くというロジックは自明ではなく，ネットワークを通じた結束力は政府への効果的なチャンネルになるとは限らない。シドニー・タロウはパットナムの研究を批判し，権力関係の存在やコミュニティ内の不均質さを無視し，弱者やマイノリティの存在を排除して考えているという。パットナムの研究には中央政府と地方政府の権力関係についての考察が欠如していると指摘している。スコッチポルによると，パットナムの研究はスナップショットの研究であり，長い歴史的経緯を踏まえていないという。

第4は否定的側面・消極的側面を蔽い隠しているという指摘である。ソーシャル・キャピタル（社会関係資本）には悪い面もあり，他者の排除，つまり集団の構成員の要求が集団外にもたらす負の外部性，個人の自由の限定という側面もある。低い規範が一般化することはマフィア，汚職の構造にも例を見ることができ，ソーシャル・キャピタル（社会関係資本）の及ぶ範囲を限定する必要もあるのかもしれない。フクヤマは「信頼の範囲」が社会構成メンバー範囲より小さいときに外部性をもたらすと主張するが，アメリカでは「交流」に関係なく個人の信頼が制度の信頼に変化しただけであり，高信頼社会であるとされるアメリカと低信頼社会とされる台湾の違いは「法の支配」の程度の差異に基づくものである。

＜類型化の試み＞

ソーシャル・キャピタル（社会関係資本）は様々な課題を論じる際の便利な口実を与えているに過ぎず，ソーシャル・キャピタル論による社会科学の「植民地化」の感さえある。近年は様々な議論の統合の試みがおこなわれ，さらに類型化による議論の発展がみられる。

ミクロ（コミュニティ・地方）とマクロ（国家・国境を越える地域）の統合，構造的社会関係資本（ネットワーク，組織での役割，ルール，手続き）と認知的社会関係資本（規範，信条，価値観）の統合，結合型「グループ内の結束を強めるもの」と接合型「グループ間の連携を促すもの」の統合がそれである。

図表21-5　構造的ソーシャル・キャピタルと認知的ソーシャル・キャピタル

	構　造　的	認　知　的
源泉とその発現	役割と規則，ネットワークその他の人的関係，手続きと先例	規範，価値，態度，信念
領域	社会組織	市民社会文化
動的要因	水平的連携，垂直的連携	信頼，結束，協力，寛容
共通要素	互酬的協調行動への期待	

出典）内閣府編（2003），19頁

たとえば，従来から結合型と接合型はトレードオフの関係にあると見られてきた。グループ内の結束を強める結束型はグループ間の連携を促す接合型の阻害要因であると認識されてきたのである。しかしながら，JICA の調査研究では，２つのソーシャル・キャピタル（社会関係資本）がそれぞれどのように働き，それぞれのソーシャル・キャピタル（社会関係資本）を活用するためにどのような活動が必要なのかが多くの事例研究で検討されている。集団内の権力関係についての考察によると，結束型の存在があって接合型が存在してくるという結果が明らかにされている。

従来から信頼という財について，内部組織の経済学の知見は取引コストの逓減に貢献するというものであった。市場交換の困難・複雑さは取引コストを高めることがある。たとえば，詳細な契約の準備と処理，アウトプットの評価，モニタリングのコストなどがそれである。信頼は，共通了解を増やす，政策実施の実行性を高める，社会コストを下げる，という点で大きな貢献をしている。さらなる理論化とその適用条件の精査は，ソーシャル・キャピタル論の課題であろう。

参考文献

稲葉陽二ほか編（2011）『ソーシャル・キャピタルのフロンティア』ミネルヴァ書房
稲葉陽二・吉野諒三編（2016）『ソーシャル・キャピタルの世界』ミネルヴァ書房
絵所秀紀・穂坂光彦・野上裕生編（2004）『貧困と開発』日本評論社
コールマン，J.（2004）『社会理論の基礎（上）』（久慈利武監訳）青木書店

坂本治也（2010）『ソーシャル・キャピタルと活動する市民』有斐閣
佐藤寛編（2001）『援助と社会関係資本』アジア経済研究所
ジェイコブス，J.（1977）『アメリカ大都市の生と死』（黒川紀章訳）鹿島出版会
スコッチポル，S.（2007）『失われた民主主義』（河田潤一訳）慶應義塾大学出版会
内閣府編（2003）『ソーシャル・キャピタル』大蔵省印刷局
内閣府経済社会総合研究所（2005）『コミュニティ機能再生とソーシャル・キャピタルに関する研究調査報告書』
フクヤマ，F.（1996）『「信」無くば立たず』（加藤寛訳）三笠書房
フクヤマ，F.（2000）『「大崩壊」の時代：人間の本質と社会秩序の再構築』（鈴木主税訳）早川書房
トクヴィル，A. de（2005-2008）『アメリカのデモクラシー』第1巻（上）（下），第2巻（上）（下）（松本礼二訳）岩波文庫
パットナム，R. D.（2001）『哲学する民主主義』（河田潤一訳）NTT 出版
パットナム，R. D.（2006）『孤独なボウリング』（柴内康文訳）柏書房
宮川公男・大守隆編（2004）『ソーシャル・キャピタル』東洋経済新報社

コラム㉑：二律背反を生きる

柳家喬太郎という噺家がいる。近年は古典落語にも力を入れているが，その人気のきっかけとなったのは新作（創作）落語である。「すみれ荘二〇一号」「午後の保健室」「一日署長」「夜の慣用句」「ハワイの雪」「寿司屋水滸伝」「純情日記渋谷篇」「諜報員メアリー」などの名作を送り出し，桃月庵白酒，春風亭一之輔と並び，もっともチケットの取りにくい落語家の1人となっている。喬太郎には女性ファンも多く，独演会には追っかけと見られる女性たちが前列の席を占めることも珍しくない。寄席のトリ（主任：最後に出演する人）を務めると，開演の前から寄席の前は大行列となる。

漫談のようなマクラ（落語の初めに時事ネタや予備知識の解説をして聴衆が本編に入りやすい状態にするもの）の面白さ，客の反応を見ながらクスグリ（落語の話にはないアドリブ的なギャク）を入れる瞬時の状況判断，喬太郎に影響を与えたイッセー尾形の一人芝居のようなメリハリの利いた表現力，これまた喬太郎に影響を与えた，つかこうへいの演劇のごとくストーリー性のある脚本が，幅広い層にうけている。落語に登場する人物にキャラクターをつけて，ストーリーを練っていく漫画のような落語の作り方も，現代人にはあっているのかもしれない。声を発するだけで笑いのとれるフラ（何ともいえない可笑しさの雰囲気）もあり，古典ファンの年配者からエンタテイメントを求める若い客層まで支持を得ている類い稀な落語

家なのである。

ただし，その落語の内容をみると，必ずしも一般受けするものとはいえない。マクラもクスグリも古典落語を知っていれば，より楽しむことができる，より笑うことができるものなのである。やはり喬太郎にも柳家小三治，柳家さん喬，柳亭市馬，柳家三三と同じ柳家の血が流れている。本寸法（本筋，本格の意味）の噺家なのである。喬太郎が新作落語を噺として語るときに，「古典落語にすればよかったね」と突如語り，それがまた客席の爆笑をとり，さらに喬太郎ワールドにグイグイ引きこんでいくことがある。演じ方の基本ができているからこそ可能な技ではあるが，そこが寄席へ継続的に通う古典落語ファンにも強く支持されている点のひとつとなっている。

ポピュラーな客層は移り気であるため，固定的な支持とはなりにくい。客におもねることはサービス提供の水準や品質を落とす可能性も高い。かといって，マニア受けするサービスばかりだと，支持は広がらないし，先細りするだけで持続可能なものにはならない。特定層の要求に応じてばかりだとサービスの幅は広がらない。このサービスは落語にとどまらず，教育や行政一般にも通じることであり，この2つは一見両立不可能のようにみえる。ディレンマは解決不可能なように思える。

しかしながら，形式合理主義をこえてディレンマを克服し，柳家喬太郎のごとく，このポピュラーにしてマニアックな奇跡の連結をおこなうことこそ，私たちに求められている思考である。学生の皆さんは，簡単に諦めずに知恵を絞って皆が幸せになる制度や方法を模索してほしい。現実の社会は二者択一ではなく，第三の道に答えがあることが多いのだから。

第22章　社会教育

学生にとって公立図書館は大変身近な存在であるが，それは行政の活動を考えるうえで本質かつ重要な素材を提供している。社会教育には公民館，博物館，体育館などの運営が含まれるが，本章は社会教育の分野の中で公立図書館の問題をとりあげて考察する。

1　公立図書館の民営化

＜民営化の実態＞

図書館行政は社会教育の分野に位置づけられており，国のレベルでは図書館法，都道府県や市区町村の地方自治体では図書館条例という法規範にもとづいて運営されている。図書館法第２条では，図書館とは「図書，記録その他必要な資料を収集し，整理し，保有して，一般公衆の利用に供し，その教養，調査研究，レクリエーション等に資することを目的とする施設」とされている。

都道府県や市区町村の公立図書館はいま大きく変わろうとしており，都道府県や市区町村の直営から民間企業や公益団体へ，管理運営主体が変わる地方自治体が増えてきている。地方自治法が改正され，文化施設，体育施設などの「公の施設」の運営に民間企業や非営利組織（NPO）が指定管理者として参入できるようになった。2009年６月１日の朝日新聞の記事によると，公立図書館の６館に１つの割合で民間企業などへ外部委託しており，図書館流通センター，大日本印刷，丸善，紀伊國屋書店などの企業が参入している。

府中市では本にICタグを付けて本の検索，貸し出し返却がスムーズにいくようサービスの向上が図られ，貸し出し冊数は1.7倍に増加した。千代田区のように，ホテルのコンシェルジュのような司書を置いてレファレンスサービスをおこなう地方自治体，明石市のように，本の集配サービスをおこなう地方自治体が出てきている。ただし，図書館法は第17条でサービスの対価を徴収することを禁じているので，コストを下げるために人件費率の高い社会教育分野では人員削減しかないというディレンマもでてきている。

<民営化の背景>

この公立図書館の民営化の背景にあるのは，地方財政状況の悪化である。そのため行政活動を全般的に見直し，効率的な行政システムへ変わろうとしている。また民間のアイデアを生かしながら，開館時間の拡充などのサービス向上を図ろうとする意図もある。

たとえば，北九州市立図書館では2005年に図書館流通センターに民営化された。新規登録者数，貸し出し冊数が直営であった前年度よりも増加し，読書会のイベントは直営時とかわらぬ頻度で開催され，環境啓発，料理教室などの講座は直営時よりも増加し，アンケートによる満足度調査でも高い水準の評価を得ている。市民との協働や市民参加については直営時からのボランティア活動などが継続しておこなわれており，図書館同士の相互貸し出しも３倍近くに増加し，専門職員である司書の比率も直営時の68%を上回る83%となっている。

また逆に，地方自治体によっては，職員の要件として司書有資格者であることを求めていないところもあり，不安定な雇用状態である非正規職員によって担われている。請負契約という雇用形態のため，地方自治体の職員が受託職員に直接指示をだすことが形式的には許されていないという問題もでている。

<民営化の論点>

民営化をめぐる論点としては，継続性，安定性，自立性，独立性，蓄積性，低賃金労働がある。

継続性・安定性というのは，事業を民間に外部化したら契約期間ごとに事業者が変わって継続性や安定性がはかれない，というものである。自立性や独立性とは，公立図書館であるのに行政からの統制が十分きかなくなる危険性を指摘したものである。蓄積性とは，専門知識や技術が蓄積できるかどうかという問題であり，低賃金とは，人件費を節約して非正規職員を雇用することを意味している。これら以外では個人情報の取り扱いが問題となる。

しかし行政と民間との間に細かい契約の条件をとりかわしておけば，これらの課題は克服できる。職員の給与水準や専門職員である司書の比率などを契約文書に規定していれば運営は不足なくおこなえる。先に述べたように，実際に民営化された地方自治体で，このような問題が生じているという指摘は，多くはない。

民営化の大きな課題は行政に蓄積される情報・技術・技能の低下であり，それは課題設定能力の低下，民間へのモニタリング能力の低下につながる点である。ただし，本章では民営化すべきか否か，という規範的な問題は課題としているわけではなく，「行政の役割って何？」「良い図書館って何？」「民間か行政かを決める判断基準はどのようなもの？」というテーマが課題になる。つぎに図書館の管理の問題について説明したい。公立図書館のあるべき姿について，図書館学においては２つの考え方が存在している。

2　行政のディレンマ

＜要求論＞

１つ目は要求論といわれるもので，貸し出し冊数の多い図書館，住民が自分の好きな本を入手できる図書館を理想とする考え方である。ハリーポッターの本を図書館に入れてほしいという住民のリクエストがあれば，それに応えてハリーポッターの本を10冊，20冊の単位で同じ本であっても購入するべきである，という考え方である。この考え方の背景にあるのは，公立図書館は住民の意思を忠実に反映させた運営をおこなうべきだ，という方針または政策といってよい。

この要求論によると，効率とは，一定の予算を用いて，どれだけ多くの要求を満たしているかということである。この効率性の良し悪しは，貸し出し冊数の多寡となって表れるという見方となる。貸し出し冊数の多い図書館ほど評価の高い図書館となり，あらゆる住民が自分の好きな資料を入手できる民主的な機関であることが図書館の使命ということになる。

要求論においては，住民を絶対的な主権者として考えるので，住民の意図を忠実に実現することが民主主義として重要であり，逆に図書の価値の問題は回避される。良き本を入れるべきという「良書主義」を排し，貸し出し数によって善し悪しを判断するという「最大多数の最大幸福」が徹底的に目指されることになる。この考え方は1970年代以降，図書館関係者全体に強い影響力と規範性を有している。中小規模の公共図書館では要求論を重視すべきと強調され，図書館の現場で働いている人を中心に広く支持を得ている。

<価値論>

２つ目の考え方は価値論といわれるもので，価値の高い「良い」本を購入する図書館を理想とする考え方である。もし大学図書館に入っている専門書を地域の公立図書館で購入しても，貸し出しをする人はほとんどいない。ひょっとしたら，その専門書は数十年間貸し出しされることなく，図書館の中で眠ったままかもしれない。この価値論の考え方からすれば，住民からベストセラーの本のリクエストがあっても，そのリクエストに全部応答すべきではなく，専門的見地から公立図書館に備えておくべき本を選定すべきと考えるわけである。

価値論によれば，図書館は教育を目的とする施設であるから，その目的にそって質を考慮しつつ蔵書を構成していくべきであると主張される。たとえば，要求を重視することの重要性を認めつつ，図書館職員のリーダーシップによって図書館が市民の調査研究機関となるべきであるとの主張がそれである。住民が絶対的な主権者であることを認めず，選択を誤る場合は専門家による修正の余地があると認識し，そのような民主主義のあり方を許容する。

このような価値論の考えに反して，アメリカのボルチモア郡立図書館では，貸し出しを極端に重視した運営がおこなわれている。利用がなければ著名なギリシャ古典でも廃棄し，たとえそれが漫画であっても，要求があるなら貸し出せる体制を整えるべきであるという，利用者志向の図書館運営方針である。

もちろん，「公立図書館の使命とは何か」という点について，この図書館の運営方法をめぐって論争はおこなわれた。一方で，価値論の立場から，質の高い情報を重視して図書館の教育的使命にのっとり，利用がなくても『オデュッセイア』を保存しておくべき，と主張された。他方で，要求論の立場から，漫画であろうが大衆小説であろうが，要求のある本は取りそろえるべきであり，主観的になりがちな価値判断を本の選定でおこなうべきではない，という主張がおこなわれた。

実際の公立図書館の運営では，公立図書館の規模が大きくなれば価値論の度合いが高まり，規模が小さくなれば要求論の考えが支配的になる傾向があり，両者のバランスが求められている。

＜必要性と効率性・有効性＞

ここに，図書館行政の本質，つまり必要性（住民の欲求）への対応と効率的な資源配分のディレンマという問題がある。公立図書館が税金でつくられている以上，納税者である住民の意思や要求は無視できない。その欲求に応えていくべきだ，という考え方は全く間違っていない。住民の意思に従うのは民主主義の基本であろう。

しかしながら，住民の必要性，要求，要請というのは非常に断片的で，流動的で，主観的で，長期的視野に欠けている点も，確かである。「ベストセラーの本を早く読みたい」という欲求にすべて応えていくと，ブームが過ぎると本を借りる人は少なくなるし，図書館で購入できるお金の制約があるので，値段の高い専門書が買えないという事態もでてくる。そのため，住民の必要性には全部応じることはせずに，専門的・長期的視野から本を選定して図書館のマクロ的な目標を達成すべきという価値論がでてくる。住民の意思がすべて正しいとは限らず，専門家の見解によって修正する民主主義の存在も認める。

このように図書館の本の選定という問題は必要性という価値と，効率性・有効性という価値との対立構図であり，それらのバランスの中に真実がある。その問題は図書館という領域にとどまらず，行政活動一般にいえる問題でもある。そしてさらにいえば，行政の役割とは，優先すべき「必要性」とは何かを見極め，この必要性をどのように判定するか，ということにある。

3　管理の評価基準

<図書館の評価基準>

「評価」というと，何か上から押しつけられるようなイメージがあって，抵抗感のある人もいるかもしれない。誰しも自分が可愛いので，第三者から価値判断を受けること，判定されることは，気持ちのいいものではないだろう。

それでは，公立図書館をどのような基準で判断するのか。図書館の業務活動を評価する基準は様々である。①本の貸し出し数，②利用者数，③職員にしめる司書の比率，④イベント回数，⑤利用者満足度などの指標（ものさし）が図書館の評価基準として用いられていることが一般的である。それ以外では，閉架書庫からの資料出納所要時間，座席占有率，レファレンスサービスの正答率（正しい答えをした率），貸し出しの費用が評価基準として用いられている。

図書館で受験勉強をしている高校生にとっては，机や椅子の数が重要かもしれない。逆に図書館にとっては，座席の占有率が効率性の基準となる。幼児を連れて絵本の読み聞かせに通っている保護者たちにとっては，イベントの数が大切な指標となる。図書館にとってはイベントへの参加人数が重要な物差しとなる。人によって図書館に求めるものは多様であるから，評価基準も多様なものである必要がある。

<成果指標のメリットとデメリット>

実際に用いられている国際標準化機構の図書館パフォーマンス指標（ISO11620）は，図書館が提供するサービスや諸活動の品質，有効性，効率性を評価することを目的とした経営ツールのための指標を規定する国際規格であり，45の指標がある。指標は，バランスト・スコアカードの考え方に基づき，それぞれ「情報資源・アクセス・基盤」「利用」「効率性」「発展可能性」の４つの視点に振り分けられており，さらにその中で「所蔵資料」「アクセス」「設備」「職員」「全般」の５つの図書館の活動領域に分類されている。

近年，既存の指標について見直しが実施され，検証の結果，その有用性に疑問が呈された「タイトル利用可能性」「職員当たり貸し出し数」など12の指標が削除された。「アクセス拒否されたセッションの割合」や「電子的サービスに従事している職員の割合」などの電子的サービスに関する指標，新たに有効性が実証された「人口当たり座席数」「人件費に対する資料購入費割合」など23の指標が追加されている。

成果指標とは一定の目標値を設定してそれに到達したかどうかを過去から未来へ時系列で数字の物差しではかるものである。たとえば，図書館の来館者数を2050年までに５万人にするとか，住民１人当たりの貸し出し数を2040年までに30冊とする，という例が成果指標の設定方法である。これをさらに発展させると，複数のものを比較して比較優位を決める「格付け（レイティング）」の仕組みになるのかもしれない。

この成果指標のメリットとしては，住民にわかりやすい，住民が指標の設計に参加しやすい，他の図書館との比較が可能となる，過去や未来との比較がしやすい，という点があげられる。本の貸し出し数，利用者数，イベント回数などは住民が理解する指標として分かりやすく，評価をおこなうコスト，金銭や時間はあまりかからない。

デメリットとしては，目的と手段が転化しやすい点がある。貸し出し数が基準になれば，住民の貸し出しが多い本が購入されるようになり，地道な取り組みが疎かになる危険性もでてくる。まさに本末転倒の出来事である。より分析の精度の高い評価方法であれば，より客観的で分析的なものになるが，それは逆に住民にとってわかりにくく，評価コストは高いものとなる。

＜評価基準の多元性・多様性＞

このような成果指標は一見客観的なものであるが，先ほど述べたように，それは用い方によっては危険を伴う。必要なことは，成果指標で得られたデータを相対化する視点をもつこと，満足度調査という主観的なデータも組み合わせて判断することの２つである。この利用者満足度という指標は重要であり，住民のための公立図書館であるから，最終的には住民が満足した図書館であるべきであろう。この利用者満足度の主観性と成果指標の客観性を組み合わせて総合的な多元的な評価の制度設計をおこなうべきだろう。

公立図書館を運営する時の基準は多様である。住民ニーズの強度である「必要性」だけでなく，民間か政府かを決める「妥当性」，手段が自己目的化していないかどうかの「適合性」，目標や目的の達成度である「有効性」，より費用の低い代替案はないかを探る「経済性」，より効果・便益の高い代替策を探る「効率性」などが考えられる。評価は一元化・絶対化するよりも，多元化・相対化する形で設計する方が望ましいので，様々な評価基準を組み合わせて図書館の機能を検討することが望まれる。

4　公立図書館とガバナンス

＜図書館の連結機能＞

図書館は仕事，趣味，子育て，教育，啓蒙の情報を提供し，専門家，学生・生徒，一般市民，観光客，ビジネスという人の間をつなぎ，知の集積や文化と経済の価値創造という意味で地域を支えている。つまり公立図書館は地域の連結機能の拠点である。

＜公立図書館のマネジメント＞

また，公立図書館は教養と専門の情報提供，知の蓄積と継承という文化的価値を高める機能を果たし，持続可能性を確保するための生産活動という側面から経済的価値も担っている。図書館は地域の重要な外部性の場であり，雇用，所得，文化資本の蓄積，協働と連結の経済性を果たす。

＜図書館はだれのものか＞

公立図書館は専門と大衆へサービスを担い，社会教育としての公立図書館の役割として，学校図書館との連携，他自治体との連携，各地域を移動する移動図書館も果たしている。図書館は誰のものかというテーマは永遠の課題である。

参考文献

猪谷千香（2014）『つながる図書館』ちくま新書
伊東昭治・山本昭和編（2000）『公立図書館の役割を考える』日本図書館研究会
小川俊彦（2008）『公共図書館の論点整理』勁草書房
高山正也・南学監修，図書館総合研究所編（2007）『市場化の時代を生き抜く図書館』時事通信社
日本図書館情報学会研究委員会編（2003）『図書館の経営評価』勉誠出版
根本彰（2004）『続・情報基盤としての図書館』勁草書房
根本彰（2011）『理想の図書館とは何か』ミネルヴァ書房

コラム㉒：価値を見いだす

焼きものの中には，窯の中で何かと触れたため，ひしゃげたり，曲がったりした不細工な作品がある。骨董の世界ではそれを「ひょうげもの」という。これを完成度の低い出来そこないと見ることもできるが，見方をかえて風変わりな景色に見立てて楽しもうとするところが日本の美意識の興味深い点であろう。私が晩酌で用いる李朝後期の白磁堅手盃は，４分の１くらいが口縁から胴にかけて内側にゆがんでいるが，むしろそれが手に馴染みやすいし，アクセントにもなっている。最近入手した市ノ瀬高麗神窯の奥高麗茶碗，いわゆる古唐津の筒茶碗は，これも内側に若干カーブしていて，左右対称でないところにむしろ人間の造作らしい温かみを感じる。

新品ではなく長年の間，人の手にとられたものを「伝世」の品という。10年以上使っているとトロみをおびた肌合いとなり，「染み」「雨漏」といわれる「味がつく」こともある。新品でない方が価値の高い場合があり，ここにアンティークの醍醐味がある。割れたり，欠けたりしていても，割れ目を漆で塗って金や銀で「継ぎ」をすることで，必ずしも大幅に価値が下がらないこともある。「継ぎ」とは傷口を漆で固め，表面に金粉ないし銀粉を蒔き，磨いてつやを出すことで侘び・寂びの１つの表現とする焼きものの修復方法である。

私の所有する茶碗でも，江戸中期に消滅した瀬戸の尾呂窯の茶碗は，茶褐色の飴釉がかかり水飴のような艶があるが，数か所に金継ぎがしてある。李朝前期の井戸型やわらか手茶碗は，内側の見込みが深く，ビワ色で柔らかい釉調の肌あいの質感が特徴である。これにも2か所貫入（ニュウ，ひび割れ）があるし，1か所金直しが施してある。江戸中期の萩の筒茶碗は鬼萩といわれるが，腰肌は白く滑らかであるにもかかわらず長石が爆ぜて荒々しい景色を有しているためである。口縁に銀直しが4か所，ニュウが2本ある。江戸初期の瀬戸白天目茶碗には，呼び継ぎが1か所，古い銀直しが1か所ある。ただし，代々の持主から大切に使われ，器全体に細かい貫入があり，そこに染みが入って，いい肌に仕上がっている。もっとも私好みの茶碗であるが，桃山末期の志野織部は深い見込みに鳥が一羽，口辺下に唐草模様が描かれており，もぐさ土に掛けられた長石釉はしっとりとした手触りである。ただし，ニュウ直しが3か所，ひっつき跡が3か所存在するが。

これらは西洋の価値観からすれば，中古品で，傷モノにすぎない。しかし，それは300年，400年の間，多くの人びとの間で大事に使われてきた証拠であるし，むしろ窯キズ（製造時の時に生じたホツやニュウ）すら大らかで闊達な作行きを示しているともいえる。

最近，馴染みの若手骨董商から19世紀末の南仏のカフェオレ・ボウルを購入した。カフェオレ・ボウルを抹茶椀に見立てたわけであるが，たしかに茶碗にしてはやや重めな嫌いはある。しかし黄色の肌に赤色の窯変が出ていて面白いし，肌の黄色と抹茶の緑色のコントラストが日本の茶碗では貴重な茶映りである。フランス人はスープやカフェオレを入れて飲んでいたのかもしれないが，私は普段使いの抹茶椀として愛用している。

古作の茶碗で抹茶を嗜む者にとって，このような茶碗は価値のあるものであるが，それ以外の者にとって無用の長物であろう。骨董とはそういうもので，一般的には無価値のものに価値を見いだす営みである。さらにいえば，教育は学生に価値を見いだすことであるし，研究は現実社会に意味や価値を見いだす営為である。骨董収集も，教育も，研究も共通して価値を見いだす人間らしい，人間しかできない営みなのである。学生の皆さんは大学を卒業しても企業の営業，役所の法律作成など身近なことに価値を見いだし，価値を見いだしたものを楽しむ心を忘れず，人生を豊かなものにしてほしい。どのようなものにも価値はあり，この世の中に無意味なものは何もないのだから。

第23章　家族政策

家族は現代においても社会の基本集団である。公共政策は家族・地域・職場との関わりなしに語ることはできない。本章では家族の変化について説明し，家族政策の実態と根拠について説明する。

1　人口減少時代の家族

<家族とは何か>

社会学者マードックによると，家族とは「同居，経済的な協力，生殖によって特徴づけられる社会集団」と定義づけられている。さらに，社会学者森岡清美は，家族概念をさらに拡張させて「少数の近親者を主要な成員とする第一次的な福祉追求の集団」と定義づけている。離婚の増大，同性結婚の増大，構成と機能の変容などのため，家族の定義は常に見直されており，家族概念自体が論争の多いものとなっている。

家族は数多い社会集団の中でも，基本単位となっており，そのため，その定義を拡大解釈されて理解される。企業社会は１つの家族に類推して考えられることが多いが，これは日本企業が家族の有している機能や構成に近い性質をもっているからにほかならない。家族は運動会や慰安旅行の開催，住宅や医療・年金など福利厚生の充実という福祉機能のみならず，情緒機能の役割も果たしている。アメリカの社会学者ダニエル・ベルは『資本主義の文化的矛盾』の中で，「公共家族（家計）Household」という概念を用いて社会の相互扶助の関係を説明している。保険は世代を越えた支えあいの仕組みであり，これも１つの類推概念ということもできるだろう。

＜ライフサイクルの変化＞

結婚，出産，育児，病気，失業，退職，衰弱，死など私たちの人生にはいくつかのイベントが待っている。現在人生80年時代といわれているが，第二次世界大戦後間もない頃と現在とでは，国民のライフサイクルが大きく異なっている。この変化を一言でいえば，「早婚・多子・短命」から「晩婚・少子・長命」への変化である。

1947年の平均寿命は男50.06歳，女53.96歳となっていたが，2022年の平均寿命は男81.05歳，女87.09歳と世界最高水準に達している。また，高学歴化や価値観の変化のために，結婚する年齢が上昇しており，1950年には男25.9歳，女23.0歳であった平均初婚年齢が，2020年には男31.1歳，女29.7歳と，男性は約５歳，女性は６歳以上上昇している。

これに伴って，夫婦のもつ子どもの数も約４人から２人以下へ減少し，出産や子育てにかかる期間も短縮されている。逆に，定年後の期間，子供が独立した後に夫婦のみで過ごす期間，夫の死後に女性が１人で過ごす期間が長くなっており，これに伴って子どもが年老いた親を扶養する期間も長期化している。

老年になって，子どもが独立し，文字どおり「空の巣 empty nest」になってしまう。このようなライフスタイルの変化は，都市化と産業化，所得水準の

図表23-1　平均初婚年齢の推移

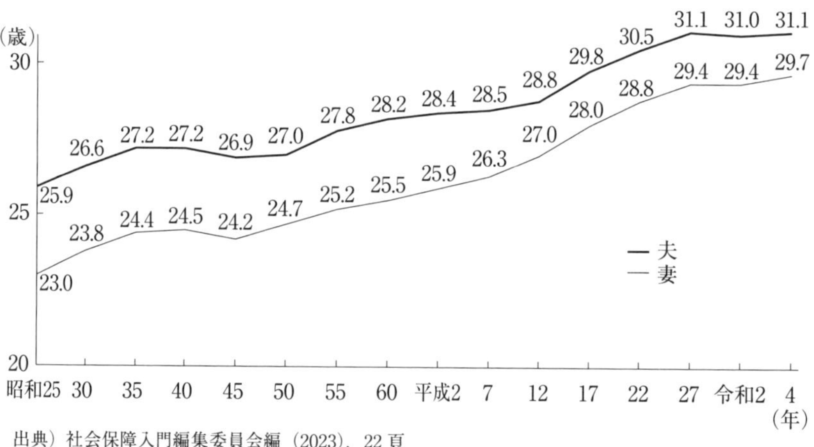

出典）社会保障入門編集委員会編（2023），22 頁

向上，社会意識や生活意識の変化などに起因しているが，このような変化に基づいて社会保障や社会福祉の政策は急速な対応を迫られている。

＜出生率の低下＞

子どもの生まれた数は，2018年で約100万人となり，合計特殊出生率は1.42となった。人口の均衡状態は合計特殊出生率が2.08の時であるので，現在日本は急速に人口減少社会へ向かっている。

出生率低下の原因は様々である。乳幼児死亡率の低下，高学歴化や女性の社会進出で晩婚化や晩産化が進展したことなどがあげられる。その背景には，職場優先の企業風土が依然として継続しており，男性の家事参加率が先進諸国の中でも最低水準であること，仕事と子育ての負担感が増大していること，景気の悪化により雇用不安定な経済状況が続いていることなどがある。詳細は次章で述べるが，それにより経済・労働・社会保障の制度維持が困難になることなどの影響が出てくる。

図表23-2　出生数及び合計特殊出生率の年次推移

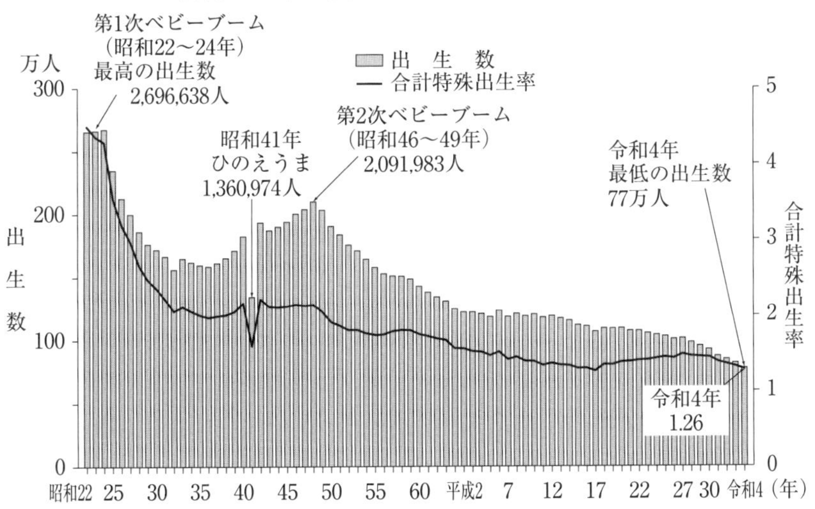

出典）社会保障入門編集委員会編（2023），22頁

2　家族の変容

<核家族化と小家族化>

さて，現代家族の形態は，２つの側面から説明することができる。第１の変化は，家族がどのような間柄のメンバーから成立しているのかという「構成」の変化であり，そして第２は，家族が何人のメンバーをもつのかという「規模」の変化である。

現代家族の変容として，その形態面に着目すれば，核家族化という現象が顕著に現れている。ここで核家族化とは，夫婦家族の比率の高まりを意味する。家族形態の変化として次にあげられるのは，小家族化という現象である。

核家族化の進行で，平均世帯人員は1970年の3.45人から2022年の2.25人へ低下している。ここで三世代世帯とは，親・子・孫が同居した世帯をいい，核家族世帯とは夫婦だけ，または夫婦と未婚の子どもだけの世帯をいう。三世代世帯は減少し，代わって単独世帯が増加している。1970年に単独世帯は18.5%，核家族世帯は57.0%，三世代世帯は19.2%であったが，2022年には単独世帯32.9%，核家族世帯57.1%，三世代世帯3.8%という割合に変化している。こうした傾向は今後とも続き，2030年には単独世帯37.4%，核家族世帯51.5%，平均世帯人員が2.27人となると推計されている。

さらに，このような世帯構成の変化は，高齢者単独世帯の増加を意味している。高齢者のいる世帯は増加し，2022年の時点で2,743万世帯，全世帯の約５割にも上っている。この内訳をみると，単独世帯31.8%，夫婦のみ世帯32.1%，三世代世帯7.0%となっている。この割合の推移をみると，三世代世帯は低下する傾向があり，単独世帯は上昇する傾向にある。この原因としては，平均寿命が伸びたことにより子どもが独立した後の期間が長くなったこと，家族意識の変化により老後は子供に頼らずに生活していこうとする高齢者が増加していること，都市部は住宅事情が悪いために三世代同居が困難なことなどが考えられる。高齢者のみの世帯，家族による介護が不可能または困難な世帯は確実に増加している。

図表23-3　平均世帯人員の推移

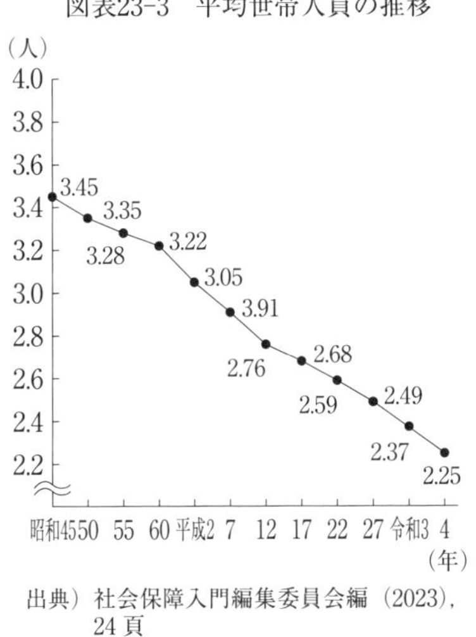

出典）社会保障入門編集委員会編（2023），24頁

図表23-4　世帯構造別にみた世帯数の年次推移

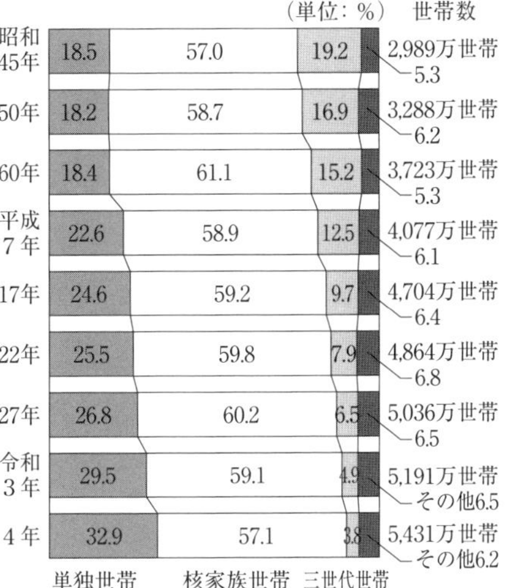

出典）社会保障入門編集委員会編（2023），24頁

＜核家族化と小家族化の要因＞

このような核家族化と小家族化の要因としては，第１に「産業化」があげられる。かつて，ロシアの社会学者ハルチェフは，産業化の進行と家族規模の縮小とは相関する，つまり産業化が進行すればするほど家族規模は縮小する，という命題を提示した。

第１次産業から第２次産業や第３次産業へ就業者割合が変化するにつれて，家族の形態も変化せざるを得ない。農林水産業に従事しているならば，子どもは生産要素であり，家族みんなで力を合わせて仕事をする。田植えとか，木の伐採とか，船の運航や網の引き上げとか，仕事の性質上，１人だけの労働では成立しにくい。これが第２次産業や第３次産業に従事すれば，農村から都市へ地域移動し，所得が上昇して，同居の必然性はなくなる。その結果，ますます家族の規模は縮小していく。

つぎに，核家族化と小家族化の第２要因として，出生・結婚・死亡など「人口動態の変化」が考えられる。とくに出生率の低下は，直接的に子供の数を減少させ，さらに次の世代における「親族」の数を減少させることになる。

＜家族機能の変容＞

かつてから，家族にはリスク分散の保険機構としての役割が期待されていた。親のいなくなった子どもは親族が面倒をみて，遺産相続をする長男家族には老後の扶養と介護が規範として義務付けられていた。それが家族の規模が縮小し，機能が低下するにつれて，その代替的機能を期待されたのが政府であった。年金，保育，介護という公共政策は，すべて家族機能の擬似的拡張といっても過言ではない。つまり，家族と政府は代替的存在といってよい。

さて，アメリカの社会学者オグバーンは，家族によっておこなわれている仕事を調査して，産業化によって家族機能が縮小したことを論じている。蒸気を動力とする作業機械の発明から近代文明が勃興し，大量生産が可能となって大量消費社会が到来した。そのために，専門化と分業が進行し，様々な社会団体が誕生した。かつて近代以前の家族は，経済，地位付与，教育，保護，宗教，娯楽，愛情という７つの機能を果たしており，そのために家族構成員に対して影響力と威信を維持できていた。しかしながら，近代化の結果，社会団体が形成され，愛情以外の６つの機能は企業，学校，宗教団体，政府などの専門団体へ吸収されていった。その結果，前述したように，家族には愛情機能が期待され，他の機能は外部化されていった。

つまり，経済的機能は企業へ吸収され，教育機能は学校へ吸収され，保護機能は政府へ吸収され，宗教機能は宗教団体へ吸収された結果，家族しか果たしえない本来的機能として，パーソナリティ機能，とくに愛情機能が残った。アメリカの社会学者パーソンズは，衰退することのない家族機能として，子どもを社会の構成員とする第一次社会化，成人のパーソナリティの安定化という２つの密接に関係した機能をあげている。

かつて19世紀から20世紀初頭のように，家族が生計を確保するために経済的生産に総力を挙げ，家族の保健と保護のために昼夜を問わず苦闘している時期には，こうしたパーソナリティ機能は顧みられることは少なかった。しかし，専門的な社会団体が登場し，サービスと財を提供することができるようになり，パーソナリティ機能が日の目を見るようになった。現在でも，家事，保育，介護の機能はますます外部化する傾向にあり，その意味で愛情以外の家族機能の低下は，今後も進展していくのかもしれない。

パーソナリティ機能に家族機能が収斂してくると，これがさらに分化し，新しい機能が指摘されるようになってきた。家族社会学者ブラッドは，デトロイトにおける家族の実証研究に基づいて，愛情的支持機能の中に，新しい２つの機能が出現していることを明らかにした。その第１は，お互いに情報を伝えあい，共通の友人をもち，同伴して外出することなどにあらわれる，夫婦の「伴侶性」である。第２の機能は，心配事を相談しあい，傷ついたパーソナリティを修復する「精神衛生機能」である。日本でも，第二次世界大戦前から第二次世界大戦後へ移行するにつれて，夫婦付随から対等の伴侶性へと，イコール・パートナーへと，変化した。

3　女性の就業構造

＜就業構造の変化＞

現代社会は第一次産業従事者の減少と第三次産業従事者の増加により，サラ

図表23-5　女性の年齢階級別労働力人口比率

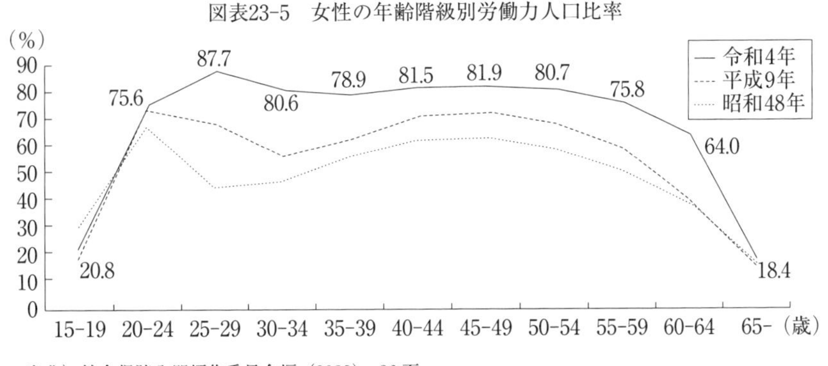

出典）社会保障入門編集委員会編（2023），26 頁

リーマン化が進行している。自営業者・家族従業者は，1973年の31.1％から2022年には9.6％へ減少し，被雇用者（サラリーマン）は1973年の68.8％から2022年には89.9％へ増加している。

労働市場にしめる女性就業者も増加しており，女性の労働力人口は2022年には3,096万人，15歳以上の女性人口にしめる割合は54.2％にのぼっている。また女性被雇用者数は2,765万人となった。30代後半を底とするM字型就労は結婚，出産，子育てが就業の継続に影響した日本独特の傾向であったが，年次推移でみると，労働力人口比率が上昇するとともにM字カーブもなだらかになっており，他の先進諸国と似た傾向となってきている。

＜女性のライフコース：４つの選択肢＞

ここで女性のライフコースを大淵寛に従って，４つに区分しておこう。

「不就業型」は市場労働の経験なく生涯を終える。「専業主婦型」はM字の最初の山だけを経験，結婚後・出産後は労働市場に復帰しない。「再参入型」はM字の２つの山を経験するが谷の部分で一時的に離脱する。「継続就業型」は就業を継続する。

これら４つの類型の中でもっとも多いのは「再参入型」であり，そこでは結婚または出産を機に労働市場から離脱したり，介護・看護のために離職している。つまり，就業と家事・育児・介護・看護のトレードオフの関係に女性が立たされていることが多い。ただし近年は共働き世帯の増加に伴い，産休制度，育児・介護休業制度，保育制度などを利用しながらフルタイム労働者として就業を継続する女性が増加している。

＜非正規労働者の社会保障＞

再参入型を選択している女性たちは，再参入してからも非正規労働者として働いている人が多い。ここで彼女たちの自由な職業選択の機会を拡大するためには，いくつか方法がある。

第１は転職のコストを下げリスクを減らす方法である。退職金や年金，年次有給休暇日数を企業間で共同化し，たとえばベルギーのように退職金の積立制度を設ける方法がそれである。

第２にオランダのように同一労働同一賃金を実現する方法もある。フルタイムもパートタイムも同一労働同一賃金とし，パートタイムにも年金加入を義務付け，１人の労働者として年金権を保障し，正規労働と非正規労働を自由に選択できるようにする方法がそれである。

第３にワークライフバランス社会の実現を模索することである。育児・介護休暇の取得率を向上させるために，イギリスのように取得率の高い企業へ補助金を交付したり，男性の家事育児参加を促進するために，専門職の労働市場が形成される社会をめざす方法がそれである。

4　家族と社会保障

＜家族政策とは何か＞

家族政策は，①家族の構成と構造，②家族成員への経済支援，③子育て，④家族介護，の４つの側面に影響を及ぼす公共政策である。

一般的にいえば，家族政策とは，結婚・出産・育児・介護というその個人の選択に国家が関わるということになる。子どもを産むかどうかという問題は，もっともプライベートな問題であるため，国家が社会に関与することの少ないアングロサクソン系のイギリスやアメリカでは，公立保育所による保育サービスよりも，ベビーシッターを個人で雇うことが通常である。これに対して大陸系諸国は子どもを公共的なものと考えることが，相対的に大きい。たとえば，フランスでは児童手当の水準が高く，ドイツや日本では保育所で育児サービスが提供されている。

＜２つの家族政策＞

現代における家族形態の変化，家族の機能低下を考えるならば，政府の社会保障政策は家族政策であり，２つの方向性が同時に追求されることになる。宮島洋は家族政策を２つに類型化にしている。

第１の家族政策は，政府の様々な形の援助を通じて，家族そのものの機能の強化，あるいはコミュニティ・ボランティアといった擬制家族の組織化と育成を図り，内部的な所得移転メカニズムの補強を試みることである。子どもが産まれる前後に親が職場から離れて一定期間育児に専念する育児・介護休業制度が，家族機能を補強する典型的な政府政策である。

第２の家族政策は，従来家族の機能であったものを代替する政府政策である。家族の機能低下や女性の職場進出のため，政府が公的社会保障の整備充実を図り，家族への依存を一層軽減することを目的としている。ここでは，家族に依存しない年金などの所得保障制度の整備，介護や保育の福祉サービスの提供などが期待されることになる。

＜家族政策の正当化＞

ここで，政府には「結婚・出産・育児・介護というプライベートな領域に政府が介入することは適切ではない」，「家族の代替としての家族政策よりも，育児・介護休暇制度のような家族機能を補強する対策が望ましい」という批判が国民から示されていると仮定すると，どのような正当化根拠を示すことができるであろうか。

国家レベルにおいては，出生率低下への対応，（人口の維持拡大），介護の社会化の必要性，経済・労働・社会保障の制度維持，保育サービスや介護サービスを拡大することの経済効果や雇用誘発効果が大きいことが，介入の理由としてあげられるであろう。

個人レベルにおいては，家族機能の低下，女性の就業継続の増加，就業継続の障壁除去，個人の選択自由拡大が理由として考えられる。

つまり，出生率が低下しているため，国家全体の人口対策として人口を維持・増加させ，日本の経済，労働，社会保障の制度を維持する必要がある。家族の補強としての政策よりも家族の代替としての政策の方が，女性の就業がより継続できるため，長期的には労働力確保や社会保障負担の面で有効である。

出産・育児のために就業していなかった期間の所得と再就職後の所得差の合計額を機会費用（利益の差額）で考えれば，機会費用の面でも，育児や介護を外部化した方が生涯所得がより大きく，雇用と所得の両面で社会へより貢献できる。個人のレベルでは，家族の機能が低下し，女性の就業率が上昇している状況で，結婚・出産・育児・介護が困難な場合に就業を継続しようとする人びとの障壁を取り除くことが，個人の選択の自由を広げ，社会進出を促進することになる。アマルティア・センのいうように，個人の自由を保障するために政府は社会的にコミットメントすることになる。

参考文献

阿藤誠編（1996）『先進諸国の人口問題：少子化と家族政策』東京大学出版会

大沢真知子（1993）『経済変化と女子労働』日本経済評論社

大沢真知子（1998）『新しい家族のための経済学』中公新書

大沢真知子（2006）『ワークライフバランス社会へ：個人が主役の働き方』岩波書店

大淵寛・阿藤誠編（2005）『少子化の政策学』原書房

大淵寛・高橋重郷編（2004）『少子化の人口学』原書房

落合恵美子（2004）『21世紀家族へ』有斐閣

社会保障研究所編（1994）『現代家族と社会保障』東京大学出版会

社会保障入門編集委員会編（2020）『社会保障入門　2020』中央法規出版

人口・世帯研究会監修，大淵寛編（1995）『女性のライフサイクルと就業行動』大蔵省印刷局

セン，A.（1991）『社会的コミットメントとしての自由』『みすず』1991年１月号

筒井淳也（2015）『仕事と家族』中公新書

パーソンズ，T.（1981）『アメリカの家族』パーソンズ，T.，ベールズ，R. F.『家族』（橋爪貞雄ほか訳）黎明書房

ベル，D.（1977）『資本主義の文化的矛盾』（上）（林雄二郎訳）講談社学芸文庫

正岡寛司・望月嵩編（1988）『現代家族論』有斐閣

宮島洋（1992）『高齢化時代の社会経済学：家族・企業・政府』岩波書店

森岡清美（1993）『現代家族変動論』ミネルヴァ書房

コラム㉓：２つの教育方法

かつてから，１年次の導入演習でディベートによる学習をおこなってきた。ディベート教育の意義は，学修の基礎能力向上に大きな貢献ができる点にある。文献調査やデータ収集などの情報収集能力，立論をおこなう際の批判的思考能力や論理思考能力，プレゼンテーションなどの言語運用能力，応答などの迅速な思考能力，チームワークなどの協調性・統率性，文章作成などの能力を向上させることが目的である。スポーツの競技を楽しむように，一定ルールに基づいて言葉による競技をおこなうことで，沈黙しがちな学生たちの重い口を開かせることも可能となる。ディベートをしている学生だけでなく，判定をする学生たちも真剣にディベートを聞くことになり，聞き取り能力は一段と向上する。授業が終わったときには緊張感がとけてグッタリするくらいである。しかしながら，ディベート教育には限界も存在する。

第１に課題設定能力の向上には直接結びつかない。ディベートではテーマは所与のものであり，与えられたテーマに基づいて是非を論じなければならない。しかしながら，公務員であれ，弁護士であれ，企業人であれ，社会では様々な課題の中から自分が必要と思われる課題を設定し，他人へ提示する能力が求められる。何が重要な課題なのかを示すためには，多くの文献を調査しなければならないし，重要であることの理由や論拠を示さなければならない。過去の事例を調べ，外国の制度を探索して，模倣すべきものや参考となるものを調査研究することになる。膨大な数の課題の中から優先順位を決めて，合理的な資源配分も考えなければならない。この調査研究の過程で調査者のセンスも問われることになる。とくに公務員などの政策決定者にはこの課題設定能力の有無が決定的である。

第２に合意形成の過程から学ぶことができない。社会では是か非かという論点が明示されることは少ないし，また二者択一的な結論を示すことが必ずしも望ましいわけではない。また自分とは異なる意見を論破するのではなく，自分とは異なる意見やその意見をもつ人の存在を尊重し，その上で相手を説得し，また自分の意見も修正するという合意形成の過程が民主主義の社会では重要である。差異は自分の意見の間違いや特質を気づかせてくれるのであるから，自分にとっても利益を生む。また社会にとっても，少数派の意見は多数派の意見の暴走や独走にブレーキをかけることになり，貴重である。問題提起とそれに対する応答のコミュニケーションは互いに信頼を生み，社会全体のコストを下げ，効用を上げる意味をもつ。なによりまして，司会を担当すれば意見をまとめることの難しさに気づき，生産的な発言に心がけ，社会全体の結論提示へ貢献するインセンティブも高まるのである。

最近は文献講読でグループ・ディスカッションをおこない，その講読した本の中から翌週のディベートテーマをゼミの学生と話し合って決め，そのディベートテーマに沿って翌週ディベートをおこない，2つの教育方法を両立させるように努めている。

ただし，グループディスカッションにも限界はある。就職活動で多用されているグループディスカッションは1つの結論を導き出すことを目的としており，協調性や集団への貢献が求められる。しかし，すべての案件で結論がでるわけではない。アカデミックな議論では結論よりも，議論の過程が重要である。主張の根拠と論拠について，メンバーが了解し，課題を共通認識とし，主張の成立条件について確認できれば十分なのである。

学部教育で取り入れたディベートとグループ・ディスカッションは教育方法としては異なる方向をめざすものであった。ディベートにはメリットも限界もあり，またグループ・ディスカッションにも意義とデメリットがある。それぞれの特質を理解しながら，大学教育へディベートとグループ・ディスカッションを積極的に導入しながら社会へ貢献できる学生を養成することは可能である。なによりまして教師が教育ソフトを開発し，バージョンアップさせる地道な努力が求められていると思う。

第24章　人口減少社会のゆくえ

日本は世界でも稀にみる人口減少社会へ急速に向かっている。この人口構成の変化は経済社会へ大きな影響を与え，公共政策はこの人口構成の変化に強く影響される。この章では人口減少社会の実態を説明し，移民の可能性について検討する。

1　少子高齢社会とは何か

＜少子高齢社会の到来＞

高齢社会とは，総人口に占める65歳以上の高齢者の比率が14％以上の社会をいう。日本は1994年に14％に達し，2025年には29.6％となり，2070年には38.7％になると予想されている。また少子化とは，子どもの生れてくる数が減少する傾向が継続的に続いている現象をいう。高齢者が増加し，子どもが減ることで，日本の人口構成は大きく変化しており，経済社会の再構築が求められている。

国立社会保障・人口問題研究所によると，日本の総人口は2010年に１億2,806万人を迎えた後，減少に転じている。逆に65歳以上人口の比率は上昇を続け，2060年には37.9％に達するものと予想されている。少子高齢化の要因としては２つある。

第１に日本の経済・社会の急速な発展のなかで医療・衛生水準や生活水準が大幅に向上したことで平均寿命が大幅に伸びたことである。第２に出生率が低下し少産少死時代，つまり少なく産んで死亡者も少ない社会を迎えたことがあげられる。

日本の少子高齢化は，諸外国と比べて急速な速さで進展している。たとえば，高齢人口比率が７％から14％に上昇するまでの期間は，日本が24年であるのに対して，他の先進諸国はフランスが115年，スウェーデンが85年，アメリカが71年，イギリスが47年，ドイツが40年と日本の倍以上の期間がかかっている。他国と比べて日本における少子高齢化の進展が速いということは，国民の意識や価値観を急いで変化させなければならず，社会保障制度の改革や経済社会のシステムの改革に急いで取り組まなければならないことを意味している。

＜高齢化の要因＞

日本においては1947年に男性50歳，女性54歳であった平均寿命は，2020年には男性81.56歳，女性87.71歳と大幅に伸び，人生80年時代を迎えている。日本人の平均寿命が伸びた原因は，３つある。第１に乳児死亡率が低下したこと，第２に結核などの感染症による死亡率が低下したこと，第３に中高年齢層の死亡率が改善したことである。

第１の乳児死亡率の低下した原因は乳児期におけるもので，その理由として医療や衛生の水準が上昇したこと，生活水準が上がったこと，出産に関する知識が普及したことなどがあげられる。第２の原因の感染症による死亡率が低下したことは主として青年期におけるものであり，薬や治療法などの医療技術の進歩，生活水準の改善などによる理由があげられる。第３の原因は中高年の時期におけるもので，がん，心臓病，脳卒中，生活習慣病などへの対策が進み，その結果死亡率が低下している。

ある時点での死亡状況をもとに，ある年齢の人があと何年生きることができるかを計算したものを平均余命といい，ゼロ歳，つまり生まれたばかりの人の平均余命を平均寿命という。この平均寿命の伸びは死亡率の低下を反映している。第二次世界大戦の前は乳児死亡率の低下により，徐々に平均寿命が伸び，1935年頃に男性47歳，女性50歳になった。しかし，結核などのため青年期の死亡率は高く，この間も15歳の人の平均余命の伸びは小さかった。第二次世界大戦後は，医療・衛生水準や生活水準が向上し，乳児死亡率がさらに低下し，青年期の結核死亡率も大幅に低下することによって，日本は急速に世界最長寿国となった。最近の平均寿命の伸びは，主として中高年齢層の死亡率低下によるものである。

<少子化の要因>

日本が1899年に人口動態の統計をとり始めて以来，2005年は初めて出生数が死亡数を下回り，総人口が減少に転ずる人口減少社会が到来した。第二次ベビーブームの後から，1974年以降，出生数は減少し，2022年では77万759人となっている。

「合計特殊出生率」とは，ある年次について再生産年齢（この場合は15～49歳）にある女性の年齢別出生率を合計したもので，１人の女性が一生の間に産むこととなる子どもの数を示す値である。総人口が増えもせず，減りもしない，均衡状態の合計特殊出生率は，2.08といわれているが，日本はこの数字を大幅に下回り，2022年には1.26となっている。近年は上昇しているが，それでも国際的にみても低い水準となっている。

津谷典子によると，人口減少の最大の要因は1970年代半ばに始まった少子化であり，この少子化は主に女性の未婚化・晩婚化と出生力の低下により，もたらされているという。この未婚化と出生力低下の背景には，都市への人口集中，高学歴化，女性の雇用労働力化，それに伴う機会費用の上昇がある。その背景は大変複雑なのである。

2　少子高齢社会の影響

一般的に，少子高齢社会は活気のないマイナスイメージで理解される。医療や介護のお金のかかる高齢者が増え，家族や地域社会のコミュニケーションの要（かなめ）となる子どもが減少しているからである。それでは，次に少子高齢社会がどのような影響を与えているか，経済への影響，労働への影響，社会保障への影響の３つに区分し，国立社会保障・人口問題研究所監修『日本の人口減少社会を読み解く』に従って，楽観論と悲観論の両方を説明する。楽観論者は，人口減少のマイナスを生産性向上などで補えば，今後も経済成長は継続できると考え，悲観論者は，人口減少のマイナスは他の要素でカバーできないほど大きく，経済成長の鈍化，低下は避けられないと考える。

<経済への影響>

経済への影響として，「技術革新」「資本ストック」「消費」の３つの面から考えてみたい。

第１の視点は「技術革新」である。太陽エネルギーの開発や産業用ロボットの開発など，社会の技術が進歩することを「技術革新」といい，シュンペーターは技術革新が経済成長の原動力であると述べている。「必要は発明の母」ということわざがあるが，若い働き手が少なくなると，必要に迫られてそれを補うアイデアが考案されるかもしれない。

少子高齢社会は，労働力が減少する社会であるが，その労働力人口の減少が，かえって技術革新を促進するかもしれない。省力化とは，機械の導入や作業の合理化などで，手間や労働力を省くようにすることを意味している。省力化の技術開発や省力化への経済投資が実現し，労働生産性を向上させる効果をもつという楽観的意見がある。しかし，労働力人口の減少や高齢化によって，技術革新を担う人材が減り，技術進歩が鈍化，低下してしまうという悲観的意見もある。

経済への影響として第２の視点は「資本ストック」，つまり資本の蓄積である。生産活動のために投入された資金のことを「資本」と呼び，企業が工場や機械の整備をおこなったり，政府が病院を建設したりすることを意味している。この資本の蓄積も，経済成長の原動力であるといわれている。労働力人口が減少すれば，逆に労働者１人当たりに投資される資本の額は，上昇することになり，労働生産性の向上につながる，という楽観的な考えもある。とはいえ，こうして投資される資本はどこから調達されるのか，ということを考えると，楽観視ばかりしてはいられない。なぜなら，投資の源泉は国民の貯蓄だからである。

貯蓄率とは，貯蓄額を可処分所得で割った比率である。可処分所得とは，税金を引かれる前の家計収入から，支出が義務付けられている税金と社会保険料を差し引いた残りの所得，つまり自由に使える手取り収入のことを意味する。貯蓄は投資の源泉となるので，貯蓄率は経済成長の重要な要素となる。少子高齢化にともなって貯蓄率が低下する傾向があるが，その貯蓄率の低下が企業などの投資活動を制約して，資本ストックを阻害する，という悲観的な考えもある。すなわち，高齢者が現役時代の貯蓄を取り崩し，また貯蓄をおこなう現役世代の人数も減少していくと，貯蓄は投資資金の源泉なので，貯蓄率の低下は資本ストックへの投資が低下することになる，という議論がそれである。

第３に「消費」の面から経済への影響をみていこう。「消費」とは，消費者が自分の欲求を満たすために家，車，テレビ，服などの商品を購入することを意味する。消費者がマンションを買ったり，エコカーを購入したりすることで，経済が活性化するため，「消費」が増えることは経済成長につながることになる。人口が減少することは消費者が減少することを意味し，消費の市場が縮小し，投資の意欲が減退することで，経済需要全体の減少を招く。ただし，高齢者は若年者に比べて生活に余裕がある人が多く，所得に占める消費支出の割合は高いため，人口に占める高齢者の割合が上昇することで，高齢者向けの商品開発が進めば消費需要が拡大する，という楽観論もある。

<労働への影響>

次に，労働への影響について悲観論と楽観論の立場から，説明したい。

少子高齢化の影響として，15～64歳の生産年齢人口の大規模な減少により経済成長に不可欠な要素である労働力人口の供給が減り，日本経済が中長期的に縮小してしまうのではないか，という懸念が悲観論者から出されている。1995年に生産年齢人口は8,716万5,000人とピークを迎え，それ以降は減少期に入り，2005年には約8,409万人となり，2030年には約6,285万人になると予想されている。25年で2,000万人の縮小なのである。生産年齢人口は大幅に縮小すると推計されている。

このような長期にわたる生産年齢人口の縮小は，高齢化により労働者が大量に現役から退出し，低出生率の下で若年労働者が労働市場にあまり参入しないという，労働力の縮小再生産の状態に陥ることを意味する。労働力を供給する母体人口が小さくなる中で，女性，高齢者，そして外国人をいかに活用するかが大きな課題となっている。

このような人口減少に対する悲観論に対して，楽観論の立場では，経済は単純に労働力人口では決まらないという見方をとる。むしろ，労働生産性の伸びと技術革新が経済の成長を生み出し，かえって１人当たり所得が上昇するという考えである。効率的な労働システムを構築し，技術革新を続けていけば，労働力が少なくても経済成長を続けることができるという指摘である。

また，高齢者が増えることは社会の負担が増えることを前提とした議論が多いが，少子高齢社会は，保育，介護，医療というサービス経済の市場を生みだし，それは新たな雇用と所得を生み出すことになり，社会を活性化させる積極的な側面をもっていると主張することもできる。

＜社会保障への影響＞

次に，社会保障への影響について説明したい。

社会保障給付費とは，年金，医療，福祉，労働災害保険，雇用保険など社会保障給付の総額を計算したものである。日本は2021年で138兆7,433億円となっており，国民所得の25.2％に相当する。社会保障給付費のうち，年金が55兆8,151億円と40.2％を占め，医療が47兆4,205億円，34.2％となっている。福祉その他が35兆5,076億円，25.6％を占めている。この社会保障給付費は，経済成長率よりも高い比率で増大しており，今後も拡大し続ける。

たとえば，公的年金においては，年金受給者が増大するとともに，制度をささえる現役労働者世代が相対的に減少し，年金受給世代の給付と現役世代の負担とのバランスをどのように確保していくかが，重要な課題となっている。2010年では，約2.8人の現役世代が１人の年金受給者を支えているが，2055年には，1.3人の現役世代が１人の年金受給者を支えることになると予想されている。社会保障は世代間の支え合いの仕組みなので，医療や介護でも同様に，現役世代の負担が増大することが予想されている。

少子高齢社会では現役世代の負担が大きくなってしまうという悲観論に対して，高齢者に対する給付を減らし，それとともに国民全体の負担を増やすことは可能であるという楽観論もある。ヨーロッパ諸国に比べて，日本国民の税金や保険料の負担はまだ少ないからである。また，女性，高齢者，外国人に労働市場へ参加してもらい，またボランティアとして新しい福祉社会を構築していくことも可能だと考える楽観論者も存在する。男女共同参画社会の実現，仕事と家庭の両立が可能な社会の構築が求められている。

この経済，労働，社会保障にわたる課題を解決するためにどのような選択肢があるのか。以下，国際間の人口移動，つまり移民・外国人労働者に焦点をあて，考えてみたい。

3　国際的な人口移動

＜国際移動の要因＞

移民は非常に多様であり，一時的な労働移民や長期的滞在の低技能移民がいる。また，多国籍企業で働く技術者や医療従事者などの高技能移民，ビザなし不法移民，つまり非正規移民，難民などに分類することも可能である。移民の定義は様々であるが，ここでは国を越えて移住する人を移民と呼んでおく。

近年グローバル化の進展で国際的な人口移動が起きている。グローバル化とは，人，モノ，アイデアなどが国境を越えて移動する傾向を意味する。その中で，欧米の人権の考えが発展途上国で摩擦をおこしている。電子取引が普及し国際的なビジネスが容易になっている。インターネットを通じてメールやテレビ電話が可能になりコミュニケーションが発達している。鳥インフルエンザなどの伝染病が伝播して国際的な対策が急がれている。企業への投資活動が外国人によっておこなわれたり，安い賃金労働者を求めて製造業が海外へ移転したりしている。

移民をある国における外国生まれの人とすれば，2005年現在で世界全体の移民は１億1,500万人に及び，世界人口の３％にあたる人が国際移動をおこなっている。主要地域別にみると，ヨーロッパ6,400万人，アジア5,300万人，北アメリカ4,400万人，オセアニア500万人となり，国別ではアメリカ3,840万人，ロシア1,210万人，ドイツ1,010万人の国際移動者を有している。

このような国際人口移動の理由は，就業（つまり仕事につくこと），家族の呼び寄せ，国際結婚，迫害からの避難，いわゆる難民など多様であり，1980年代までは発展途上国から先進諸国への国際移動が多く，近年は先進諸国間の人口移動が多くなってきている。このようなグローバル化によって，各国は根本的な変革を迫られている。送り出し国の押し出しの要因としては，高い人口増加率による人口圧力，つまり労働力が過剰になり失業してしまうこと，賃金が低くなってしまうことなどがあげられる。また，受け入れ国側の引き入れの要因としては，少子高齢化による労働力不足がある，といわれている。

＜補充移民＞

国連は2000年に，「補充移民：それは人口減少と高齢化の解決となるか」と題する報告を公表した。国連人口部は，少子化による人口総数や生産年齢人口の減少を外国からの移民で補うとするならば，2000年から2050年までの間にどれだけの数の移民を受け入れる必要があるのか，を試算した。試算はフランス，ドイツ，イタリア，日本，韓国，ロシア，イギリス，アメリカ合衆国の８か国を対象に，６通りのシナリオを設定しておこなわれた。試算の結果はショッキングなもので，各国ともに人口減少と人口高齢化を移民の積極的導入で代替するならば，膨大な数の移民を受け入れる必要があることが判明した。

生産年齢人口とは，労働など生産活動をおこなう15～64歳の人口を意味する。日本の場合，①シナリオⅢとして人口総数を維持するためには1,714万人，②シナリオⅣとして生産年齢人口を維持するためには3,233万人，③シナリオⅤとして高齢者人口に対し生産年齢人口が３倍以上あり続けるためには9,484万人，④シナリオⅥとして高齢者人口に対する生産年齢人口の比を維持するには５億2,354万人を，2000年から2050年に移民として受け入れる必要がある。

年平均にすると，①シナリオⅢの場合は34万人，②シナリオⅣの場合は65万人，③シナリオⅤの場合は190万人，④シナリオⅥの場合は1,047万人の移民を受け入れることが前提となる。少子高齢化に伴う人口減少を移民によって代替するには，膨大な移民を受け入れる必要があり，移民による対応が長期的な対応としては決定打にはならないし，大きなコストのかかる選択肢であることが明らかになっている。

＜移民は少子高齢化の解決策になるか＞

ただし，国連人口部が推計したほど大規模な人口移動が起きているわけではないが，日本でも移民は確実に増加している。

日本に滞在している登録外国人人口の動向をみると，1980年代までは60～70万人台であった。しかし1990年代の好景気の時期には急増し，外国人人口は100万人を超え，2005年には200万人を上回った。わずか15年間で外国人人口は倍増した。従来から日本にいた韓国・朝鮮籍の人に加え，1990年代には中国，ブラジル，ペルー，フィリピン国籍の人が増加し，2005年の段階では韓国・朝鮮国籍が60万人，中国籍が52万人となっている。

1980年代後半からのバブル景気の際には経済界を中心にして労働力不足の補充を外国人労働者に求め，農林水産業や建設業の研修生，留学生，ブラジルやペルーの日系人を積極的に受け入れる政策を採用したため，外国人が急増した。また，介護や看護のサービス分野で経済連携協定（EPA）に基づく外国人看護師・介護福祉士候補者の受け入れをおこなっている。2008年７月１日に発効した「日・インドネシア経済連携協定」に基づき，2008年度よりインドネシア人看護師・介護福祉士候補者の受け入れを実施している。また，2008年12月11日に発効した「日・フィリピン経済連携協定」に基づき，2009年度よりフィリピン人看護師・介護福祉士候補者の受け入れを実施している。

一般的に，国際人口移動のメリットとして考えられるものとして，送り出し国においては，人口増加が緩和されること，過剰労働力状態が解消されること，賃金水準が上昇すること，送金による家族の生活が向上すること，労働者の技能が向上することなどのメリットがある。デメリットとしては，高技能労働者の頭脳流出があげられる。

受け入れ国では，労働力不足の補填，外国人との交流による多文化の活性化がメリットとして考えられる。しかし，長期滞在や家族の呼び寄せによる教育・住宅・福祉などの社会コストの増大，文化的摩擦，新たな階層構造の発生，犯罪の発生などのデメリットも考慮しなければならない。外国人の政治参加をいかに求めていくかも重要な課題となっている。

移民を受け入れて少子高齢化の解決をはかるには，経済，労働，社会保障への貢献を考え，コストとリスク，メリットとデメリットをあわせて考えていかなければならない。移民の拡大は福祉国家の構成へ影響を与えている。

かつて福祉国家は内需主導型の国民国家から構成され，国際間分業による帝国主義とは異なるものとして認識されてきた。しかしながら，移民の拡大で福祉国家の意味内容は大きく変容している。権利の付与から義務と責任の付与へと変わり，先進諸国共通した現象である高技能移民の拡大は，負担と貢献をおこなう移民を一部許容する形で福祉国家の一部が修正・調整をしていることを意味している。はたして今後，福祉国家は持続可能な制度としてどのような排除と包摂の制度的再構成をはかっていくのであろうか。

参考文献

カースルズ，S.，ミラー，M. J.（2011）『国際移民の時代［第4版］』（関根政美・関根薫訳）名古屋大学出版会

キムリッカ，W.（2005）『現代政治理論』（千葉眞ほか訳）日本経済評論社

キーリー，B.，OECD 編（2010）『よくわかる国際移民：グローバル化の人間的側面』（濱田久美子訳），明石書店

国立社会保障・人口問題研究所監修（2008）『日本の人口減少社会を読み解く』中央法規出版

津谷典子（2009）「なぜわが国の人口は減少するのか――女性・少子化・未婚化」津谷典子・樋口美雄編『人口減少と日本経済』日本経済新聞社

東京弁護士会外国人の権利に関する委員会編（2010）『外国人の法律相談』学陽書房

バウマン，Z.（2010）『グローバリゼーション』（澤田眞治・中井愛子訳），法政大学出

版部
原田泰・鈴木準（2005）『人口減少社会は怖くない』日本評論社
マーシャル，T. H.，ボットモア，T.（1993）『シティズンシップと社会階級』（岩崎信彦ほか訳）岩崎書店
宮島喬（2004）『ヨーロッパ市民の誕生』岩波新書
吉川洋（2016）『人口と日本経済』中公新書

コラム㉔：文献案内を案内する

本を読む。データを収集する。構成を考える。文章を書く。そんなときに役立つ本を集めてみた。自分にあった本を選び，自分なりの実践的論文作成法を構築してほしい。

①川喜田二郎（1967）『発想法』中公新書

いわゆるKJ法の創設者。文化人類学のフィールド調査の経験から導き出された「現場の科学」。統計的な手法をとる人にとっては，やや主観的な印象を受けるかもしれないが，ヒアリングなどの方法を多用する者によっては，次の『知的生産の技術』とならんで，人類学・民族学的な手法は大いに参考となる。

②梅棹忠夫（1969）『知的生産の技術』岩波新書

民族学・比較文明論の泰斗による知識獲得法。メモの取り方，カードの利用法，原稿の書き方など，フィールド・ワークを実践してきて十数ヵ国語を身につけた博覧強記の学者による知的生産の方法。コンピュータが未浸透であった四半世紀前の本であるため，データ蓄積法にやや古さを感じるが，現在でもその技法に有効な点は少なくない。

③高根正昭（1979）『創造の方法学』講談社現代新書

数量的研究の先駆的な社会学者。実証的な研究を志す人へ勧めたい。「科学的説明とは？」「原因と結果の論理とは？」「仮説から検証への過程とは？」。こういう問題にわかりやすく方法を解説している。私が学部の1年生の時に読んだ著者の『日本の政治エリート』（中公新書，残念ながら絶版）は，論理的な説明の方法を教えてくれた貴重な本であった。

④木下是雄（1994）『レポートの組み立て方』ちくま文庫，木下是雄（1981）『理科系の作文技術』中公新書

物理学者の手による作文技術の構築法。にもかかわらず，人文・社会科学系の人

にも有益であり,「こんな本がほしかった」という感想をもつはずである。事実と意見の区別,簡潔で明確な文章の書き方,文章の組立てや構成の仕方を学ぶことができる。著者の簡単明瞭な文章修得法は他に類がなく,しかも科学方法論にまで高められている貢献は稀である。まさしく珍にして重というべきであり,作文が単なる文章作成でなく科学することであることを教えている本。

⑤猪口孝(1985)『社会科学入門』中公新書

著者は国際政治学の分野で数量的手法から哲学的方法まで幅広く渡り歩く気鋭の学者であり,経済学や社会学にまで精通。手法や分野が横断的という意味で,現代のルネッサンス人的存在。この本は「歴史を知る」「科学的方法を身につける」「批判的精神を養う」「好奇心をもつ」「発想を豊かにする」「自分の眼でみる」「議論を好む」「作文を習慣づける」などの項目に分かれ,「社会科学とは何か」をわかりやすく説明する。ちなみに,私は修士論文を執筆するときにこの本を持ち歩き,「座右の書(バイブル)」としていた。

⑥野口悠紀雄(1993)『「超」整理法』中公新書,野口悠紀雄(2000)『「超」勉強法』講談社文庫,野口悠紀雄(2000)『「超」勉強法実践篇』講談社文庫

おなじみの「超」ベストセラー。今ではエッセイストとしてその才を遺憾なく発揮していて有名であるが,私が仕事で知り得た限りでは,著者は才能の塊のような人である。そのため,他の人がまったく同様にできるとは思えないが,挑戦する価値はある。その整理法や勉強法はかなり説得力がある。私の論文作成時のデータ整理は野口方式と同じで,論文をテーマ別に封筒にいれ,その封筒を段ボール箱に入れ,段ボール箱が数箱程度集まったら完成,という方法を採用している。

⑦立花隆(1984)『「知」のソフトウエア』講談社現代新書,立花隆(1999)『ぼくはこんな本を読んできた』文春文庫

宇宙,脳死,サル学,田中角栄,農協,コンピュータ・サイエンスなど多岐のテーマをこなし,人間の頭脳が無限大に宇宙へと広がっていることを自ら証明している,気鋭のジャーナリストの情報論と読書論。ジャーナリストではあるが,本の選定,読み方,データ蓄積法,取材方法など,「知の世界」構築の独自ノウハウは論文作成にも有効である。本にメモを直接書き込む方式を推奨するが,私は付箋にメモを書き本に張り付ける方法をとっている。近著の『ぼくが読んだ面白い本・ダメな本そしてぼくの大量読書術・脅威の速読術』(文芸春秋社)もその読書の量と質には驚きだが,数多くのノンフィクションの名作を生みだしていた時期から見れ

ばやや評論に傾倒しているように思う。

⑧佐藤郁哉（1992）『フィールドワーク』新曜社，R. エマーソンほか（1998）『方法としてのフィールドワーク』新曜社，中野卓・桜井厚編（1995）『ライフヒストリーの社会学』弘文堂

フィールドワークは，ともすれば「生の声」を本音や真実として受けとりがちであるが，佐藤は人類学のフィールドワークを「技」として考え，社会調査法と関連づけながら理論と実際の両方に言及している。中野と桜井の書はやや硬い研究書であるが，家族の個人史，生活史，社会史について論文を書く予定の人や，ライフコースに関心のある人にはお勧めである。ともに参与観察などの技法を伝授するだけでなく，物の考え方や見方を教えてくれる書である。

⑨福澤一吉（2002）『議論のレッスン』NHK 生活人新書

１年次の演習で毎年用いている。主張，根拠（事実やデータ），論拠（理由）から議論が構成されているという内容であり，新書というコンパクトな本で内容は濃い。学生のみならず大学教員でも，実際は主張が繰り返されて論拠や根拠のない議論が多く，この本を実践することの難しさを毎年実感している。もはやスタンダードな大学生必読の本である。

第25章　論文作成法

はじめに

かつて，大学院の授業科目を履修していた大学院生から，「どうやって論文を書けばいいんですか」「教科書を読めば論文が書けるんですか」という質問を受けたことがある。当時の私にとって，これはかなり衝撃的な質問であり，体の中の骨がすべて溶け落ちるような想いだった。なぜなら，私たちの今までの教育がまったく効果がなく，教師として私たちの力が及ばなかったことを思い知らされたからである。私たちは研究者のモデルとしても失格であったと思う。しかし落ち込んでばかりはいられないので，その質問をきっかけに，教育のあり方，研究のあり方，論文作成の方法について再度考えてみた。

まず第1に，教員にとって「当たり前のこと」は学生にとって「当たり前のこと」ではないということである。教員はいわばプロであるが，学部学生ないし大学院生はプロではない。プロではない人に教育をするのであるから，そこには特定の教育法があるはずである。アメリカの大学と比較して，日本の大学において学部や大学院でアカデミック・スキルズの教育は十分とはいえない。ましてやリサーチ・デザインの方法を教える教育はなおさらである。

第2に従来から演習でレジュメを作成させて発表させながら本や論文の講読をしており，多くの学生はそのような教育で論文を作成することができた。しかしながら，そのような教育方法だけで論文を執筆できない学生も出てきているのである。学部教育は暗記力の競争をさせているだけであり，論理の構成力を養成することに失敗しているのではないか。教師が示す理想型の答案を提示した学生が優秀であるとする教育が間違っているのではないか。応用能力や創造的能力を開拓できていないのではないか。私の中では，このような学部教育への疑問が日に日に増してきている。

ただし第３に，いくら論文を書く力が低下しているといっても，技能をマニュアル化し，それを伝承させることだけはしたくなかった。それでなくても，論文作成法や教科書を読めば論文が書けると考えている大学院生もいるくらいである。教えたことしか理解しない学生が多くなってきた状況や学生の学びとる力が低下している現実，いわば「動物農場」（オーウェル）の世界をどうしても肯定したくはない。教育の必要性は認めるが，技能的なノウハウ論は推奨すべきではないと考えている。

そこで，いつもながら中庸な解決方法として，学生に渡していた論文作成のためのメモを文書化することにした。なお，私の専門分野は政治学，公共政策，行政学であるが，一般向けの文章を心がけ，専門的な学問分野や論証のテクニックなど過度に専門的・技術的な側面についてはできるだけ簡便な論述にとどめた。とはいっても，自分の専門分野に偏った論述となっているだろうし，制度的な論文を作成することが前提とされていることも確かである。そのため本稿では学部の学生が論文作成をすることを直接想定し，論文作成の技法を論じながら論文を書く意味を考えてみたい。

1　テーマを考える

良い論文テーマを見つけてくる学生は，猟犬が獲物を見つけるようなセンスをもっているのだと思う。残念ながら，現実社会のリアリティをとらえるセンスは天性のものなので，教育で伝えることは難しいし，学生が短期間で身につけることもできない。論文作成に必要な能力とは無の中に有のものをつくりだす力，いわばクリエイティブな力であり，その意味で論文作成は「料理」「音楽」「美術」「芸能」に似ている。ライト・ミルズが『社会学的想像力』でいうように，研究をする人とは知的な職人なのである。

しかしながら，論文執筆に必要な能力と大学教育で開拓する能力とは大きなギャップがある。私自身は予算循環のように，論文作成に関する「構想」「収集」「執筆」「校正」の４サイクルを同時進行でおこなうが，学生はまだ論文作成に慣れていないため，多くの学生はオン・ザ・ジョブ・トレーニングである。しかも有り余る時間があるのであるから，「テーマの設定」「文献サーベイ」「論文計画書の作成」「執筆」を行ったり来たりしながら論文を作成すればよい。まず初めは「自分の関心を知る」ことが重要である。

そこで，アイデアを育むために，メモとワープロの活用をお勧めしたい。①アイデアをＡ４版数枚の紙に書く，②それをワープロ打ちする，③バージョンアップさせてメモを文書化させておく，ということを常態化してほしい。私自身はノートやメモ帳にアイデア，文献，データなどをメモしておくことを習慣にしている。この時，体系性は二の次である。インターンシップやアルバイトで経験したこと，テレビや新聞で見たり聞いたりしたこと，本から学んだこと，講義や演習など教師から聞いたことなどテーマは何でもよい。自分の関心が何かを知ることが論文のテーマ設定であるといってよい。いわば論文のテーマ設定とは，「自分探し」なのである。

ある程度テーマと対象が定まってきたならば，自分の「曖昧」「もやもや」「もこもこ」「漠然」とした関心を，論理的な文章で明確にさせる必要がある。研究室に論文テーマの相談でやってきた学生に私が必ずする質問は，「君の関心（テーマ）はひと言で言えば何だ」「どういうところが面白いと思うか」ということである。相手に伝えるためには独り善がりな言葉ではコミュニケーションできない。読み手に伝えるためには共通の言葉が必要である。その言葉は「学問」の世界にしかない。現場を語る言葉は現場にはなく，現場を分析する道具や枠組みも現場にはない。それを一般化・共通化するために本を読み，論文を講読するのである。

また，後述する文献収集の段階でテーマを絞る必要もある。「新聞のすべて」「外国人労働者の研究」という論文を執筆することは困難である。また，自分の「やりたいこと」（理想）と「やれること」（現実）にはギャップがある。論文作成では書けるものを書くしかない。論文作成では，限られた時間で，限られたデータで，限られた理論水準で，そして限られた能力で，論文を書くことが義務付けられているからである。論文作成での意思決定は「限定された合理性」の繰り返しであり，「漸変的決定」でしかない。

研究対象を設定する場合，研究蓄積の多い領域と研究蓄積の少ない領域がある。研究蓄積が少ないのには理由がある。それは，「データがない」「アプローチがない」「研究する意味がない」のどれかである。論文の貢献は，①新しい研究対象を切り開く貢献，②新しい視角・枠組み・分析方法を開拓した貢献，③それらの土台となる学問的基盤を作り直した貢献，の３つがあると思う。逆に，資料・データの多い対象を選べば論文作成のリスクは少ないが，オリジナリティに欠けるため，焦点を絞る苦労もしなければならない。あえて古い時代設定をして，新しい視角で対象を解釈し直す方法もある。

私の場合，まだ関心やテーマが煮詰まっていない場合，まだ文献が十分集まっていない場合，まだ文献の読み込みが足りない場合は，論文作成を先送りする。これを「ネタを熟成させる」という。

2　文献サーベイをおこなう

最近はデータベース化が進み，インターネットの普及で情報収集のあり方が大きく変化している。机の上に座ってパソコンを駆使してデータベースやインターネットを検索して，必要な情報を収集することが多くなっている。この方法自体は有用であり，否定すべきものではない。しかしながら，この方法だけでは論文は作成できないのも事実である。かつて，教育補助金をめぐる国・地方関係について論文テーマを設定していた学生が，夏休み明けになっても論文を提出してこなかったことがある。研究室で理由をきくと，「図書館の書籍検索でそのタイトルの本がないから論文が書けない」というのである。冗談のような本当の話であり，残念ながらこのような自己中心的な検索法を身につけている学生が増えてきている。

論文作成では文献サーベイが必須である。それは第１に論文作成が模倣からはじまるため，その論文作成の「型」を学ぶ必要があるからである。第２に実際に論文が書けるかどうかの「見当」をつけなければならないからである。第３に既存の学問領域の到達水準を知り，自分の研究テーマが全体の研究構図の中でどのような位置づけになるかを知るためである。そこで文献収集法として私が学生へ勧めているのは，木の幹から枝をたどるが如き方法である。

第１に特定の分野でキーパーソンを探すことが重要である。誰がキーパーソンなのかは片っ端から本や論文を読んでいれば，多くの研究者が論文の中で必ず引用している人が見つかる。その人がキーパーソンである可能性が高い。キーパーソンはできれば文献リストをつくりながら自分で探した方がいい。なぜなら，そうしたコストをかけることで自分なりの文献収集法が構築できるからである。そのような時間の余裕がない人は，信頼のおける教師や友人からキーパーソンを聞く方法もある。良き教師は講義や演習で押さえておくべき研究者の名前を紹介しているはずであるから，その名前を聞き漏らさないようにしておくべきであろう。良き教師は学生にとって負担の重い講義や演習をおこなっていることが多いので，負担回避の行動をとっている学生は初めから「ボタンの掛け違い」となる。楽して得るものはないので，大学における学修で負担をかけることをお勧めする。

第２はこのキーパーソンの執筆した論文の中で引用された文献を探す方法である。まさに引用文献は命であり，「誰を引用しているか」「どの論文を引用しているか」は研究者としてセンスを問われるところである。論文を読んだら，その論文で引用されている文献や同じ著者の本や論文をメモしておき，図書館で検索してみてほしい。

それでもどうしても文献を探せない場合や初めて研究する分野などの場合は第３に，データベースによる検索も併用すべきかもしれない。「日外BOOKPLUS」「NACSIS Webcat」「CiNii（サイニイ）」など外部のデータベースを利用したり，自分の所属する大学図書館や公共図書館の所蔵図書・雑誌を検索する方法もある。

ここで文献をコピーする際の注意として，本名，雑誌名，号数，発行年月，出版社名を論文にメモしておくか，本の最後にはタイトル，発行年，著者・編者，発行者，発行所が書いてあるので，そこをコピーしておくことが必要である。論文の出典が不明確のまま論文の引用はできないので，再び文献検索しなければならなくなるからである。

3　論文を読む

私の担当している３年次の専門演習では，大学院生と同じように論文講読と論文計画書の作成をおこなうことにしている。学部レベルでは教科書や新書を皆で講読する本としている演習が多いが，それでは学生が論文を作成することはできない。論文の作成は論文を読むことからしか生まれない。後述するように，論文を読むことから論文の中身の細かな情報を収集するだけでなく，論文の型を覚えたり，引用からキーパーソンを知ったり，論理展開の方法を学んだりする必要があるからである。そのため私の専門演習では半年で30本近くの水準の高い公共政策に関する専門論文を講読する。様々な分野を幅広く，特定分野を深く，そして多くの数を講読することが重要である。自分の研究テーマと直接関係ないように思える論文でも，後になって関係してくることも多いので，少し広めに網をかけるイメージで論文講読しておくことをお勧めしておきたい。

専門演習の選抜はエントリーシートと「自分の関心ある公共問題」というテーマのレポート（2,000字程度）の提出からはじまる。２年次10月の専門演習選抜試験が終わるとプレゼミをおこない，２冊程度の本を講読する。３月末に２回目のレポート（4,000字程度）と第１次論文計画書の提出も義務づけられる。３年次の４月からは毎週２本ずつ論文を講読する。司会者１人，発表者２人の形で発表者は論文の概要と論点を示し，司会者は議論をまとめ結論を提示する役割を担っている。いわゆるグループ・ディスカッションの方式を採用している。

専門演習が始まる４月までに提出された２回のレポートで学生たちの関心は

大抵固まり，私の方も学生の関心を理解できるため，皆で講読する論文は各自の関心にそって私が選び，専門演習の論文を作成する際にネタ論文となるものとする。学生たちは７月初めに第２次論文計画書を提出する。そして夏休み中に16,000字の論文を作成し，後期からその中間発表を行う。３年次の年度末，１月初めには20,000字の演習論文を提出し，演習論文集を作成する。４年次はこの論文をさらに練り直し，さらに精度と水準を上げていくことになる。

「広く深く学ぶ」「先行逃げ切り」「前半集団トレーニング，後半個人トレーニング」という合理的なゼミ運営の方法をとっているのは，３年次の夏休み明けから就職活動が本格化するためであり，２年次のゼミ募集から早めに取り組まないと３年次に20,000字の論文を提出できないからである。

論文には「型」がある。論文の「はじめに」では問題の所在や視角設定がされており，「おわりに」では結論の提示と今後の課題が書かれてある。論文の本論はもちろんであるが，この「はじめに」と「おわりに」を繰り返し読むことで，著者のメッセージを正確に把握する必要がある。

論文の講読では論文の型を知ること，つまり字面でなく構成を読むことが重要である。理論・文献サーベイと実証・事例研究，論証型と報告型など様々なタイプの論文があるが，「タイトルのつけ方」「構成の仕方」「論理展開の巧みさ」「引用している文献」などに目配りしながら論文を読んでほしい。私自身はワープロのない時代に学部時代をすごしたが，論文や本のタイトルと章・節の構成を手書きで書いてみて，その骨格をみながら論文を読むことが常であった。今から考えるとこの方法は論文の「型」を知るのに最適な方法であり，知らず知らずのうちに自分なりの論文講読法を考えていたのかもしれない。

私の論文講読に対する考えは，とにかくいい論文，いい本を数多く読み，それらを真似ることから自分の論文作成がはじまるというものである。文献サーベイをおこなった論文，いわゆるサーベイ論文を早めに読んでおくと有益である。漠然と読む方法もよいが，「ここを引用すべきか」を意識しながら読む方法もある。私の場合は「引用すべきところ」「重要なところ」「著者のメッセージがあるところ」には付箋を付けるのが常である。かつてはカード作成（京大カード方式）が推奨されたが，本や論文に付箋をつけ，その後ワープロをメモ代わりにして文章を作成する方法が，研究者の中でも一般的になっている。

学修は模倣やマネから始まる。子どもがどのようにして言葉を覚えるかというと，大人の言葉をコピーし，その言葉が「状況」に適合しているかどうかを大人の表情・態度・しぐさなどから判断するのである。歌学の用語で「本歌取り」という言葉があるが，それは「典拠のしっかりした古歌（本歌）の一部をとって新たな歌を詠み，本歌を連想させて歌にふくらみを持たせる技法」（ブリタニカ国際大百科事典）のことを意味する。ただし，研究の世界では盗作やパクリはご法度であるから，この模倣と盗作の区別は明確にしなければならない。多くの文献を読みこなし，自分の中で情報を積み重ねて文章を自分のものにしてほしいと思う。

4　論文計画書をつくる

論文の作成では，早く論文計画書を作成することをお勧めしたい。論文計画書とは一般の仕事でいうと段取りを整えるための文書にあたる。論文提出の２か月前に論文計画書を持ってくる学生もいるが，それでは遅すぎる。完成度が低くてもいい。論文計画書の作成は早ければ早いほどいいと思う。

論文計画書の作成は自己分析に似ている。「自分の関心は何か」「適性は理論か実証か」「文献サーベイは十分か」「どのような現実社会のリアリティを読み手に示そうとしているのか」「言いたいメッセージは何か」を論文計画書の作成過程の中で見つめ直す作業が必要なのである。完璧な論文計画書が完成するのは論文完成時なので，簡単に論文計画書は書けない。しかし，とにかく書いてみることに意義がある。論文計画書は結果ではなく作成のプロセスを大切にしてほしい。

論文計画書の作成では，目的と課題を考えることが必要である。理論か事例か，研究の系譜は何か，研究の独自性・意義はどこにあるのか，というテーマ設定や論理の構成に配慮し，「何を伝えたいか」「メッセージは何か」を何度も何度も練り直してほしい。論文のテーマはひと言で言えるような単純化されたものとし，ごまかしのないテーマ設定をするべきである。字数のバランス，論理構成，ストーリーの展開がスムーズかを考えながら章立て構成をつくるとよい。学部の学生ならば，論文の章立ては３～５程度，節は３～５程度がバランスのよいものだと思う。

論文のタイトルは論文のエッセンスをそこに凝縮させるのであるから，タイトルには創意工夫が必要である。まかり間違っても，「○○○の一考察」というタイトルはつけるべきではない。文字数は20～40字程度，論文の内容・テーマ・方法・対象などを表すキーワードを盛り込むことが通例である。タイトルはシンプルにして，サブタイトルで論文のメッセージを表現する方法もある。

論理の組み立ての技法について，字数の制約もあるためここでは詳しく説明しないが，戸田山和久や福澤一吉の著作が有益であるので，参考にしてほしい。論文を読む研究者は論文の中身だけでなく，論文の論理構成に多くの関心を払い，そこに独自性を求めることが多いので，構成力の是非は論文評価の重要なポイントであるといってよい。「現実社会のリアリティを自分の頭の中でどう構成するか」「どのような構成にすれば説得力を増すのか」という点は論文のすべてといってもいいほど重要なことなのである。

しかしながら，このような構成力，さらには想像力の向上は政治学・経済学・社会学の教科書を読むことで身につくのではない。専門論文を読むだけで事足りるのでもない。小説，詩，短歌，俳句，ルポルタージュ，漫画などの作品を読んだり，落語を聴いたり，映画，絵画，建築物などを見たり，インターンシップ，ボランティア，施設見学，ヒアリングなどの現場体験をしたりしながら，それらの経験からクリエイティブな力を自分で養成する必要がある。そこでは日常の経験から学び，自分の考えをまとめる姿勢が問われている。その意味で，一見無駄のように見えることも，長い目で見ると有益なのである。

論文のテーマと対象の設定では書き手の動機付け，問題意識，個人的関心を一般化する能力が求められる。私自身，10年間は研究し続けることのできるテーマを選べと修士論文の作成時に先輩方からアドバイスを受けた。しかし学部学生へこのような水準の論文を作成することを要求することは難しい。そのため，学生には学会で流行っているテーマではなく，自分の関心のあるテーマを選ぶように指導している。自分が疑問に思ったことや自分が経験したことを一般化し，自分の言葉を専門の言葉に置き換えて表現することの意味を考えてほしいからである。

かつて学生に「福祉国家と移民」というテーマを勧めたことがあるが，2つのテーマをクロスさせてテーマ設定すると，広がりのある可能性の高い論文となる場合が多い。ただし，コストとリスクは倍増するが。ここで重要なのはテーマとデータとのバランスである。いくら良いテーマでも，引用文献，データ，資料がなければ論文は書けない。逆に引用文献，データ，資料があっても，テーマ設定がなければただの報告である。ここで論文作成をする者に求められるのは，状況判断能力である。臨機応変に対応し，状況に応じて対応する目測力が問われている。テーマ設定しても資料が集まらない場合には資料に沿ってテーマ設定を修正し，マクロ的なものとする必要がある。逆に資料が予想以上に集まった場合，テーマ設定をさらにミクロへ絞っていくことが求められる。

さらに対象との距離をどう置くかも注意すべき点である。論文はテーマと対象にのめり込まないと書けない。論文作成にはある種の「思い入れ」が必要だからである。しかし対象に近すぎても書けない。主観的な見方しかできず，偏ったデータしか集まらないこともある。また，データがありすぎて枠組みを自分で設定できなくて論文が書けなくなる場合もある。

5　文章を書く

論文では「論」を文章にするのであるから，そこには，①課題の設定，②論旨の展開，③結論の提示，という論理展開が求められる。仮説の根拠としての論理やデータは説得力のある論文として必要不可欠なものとなる。帰納法，演繹法，背理法など具体的な論証の技法がそこで駆使されることになる。

ただし，理論はシンプルな方がよい。それはシンプルな方が分析に有用だからである。複雑な理論は読み手にわかりにくいし，現実の分析枠組みとして用いにくい。長い間理論として有効なものとして学会で用いられているものにはシンプルなものが多い。それはロジックのわかりやすさと共に，現実への適用可能性が高まるからだと思う。

論文作成といっても，他の仕事と同様にスケジュール管理が求められる。時間がないのに１次資料を丹念に読み込む作業を続ける営みは尊いが，それでは論文は完成しない。限られた時間で何をするかを考え，まず文献サーベイから始めるべきである。また歴史と制度の研究を早めにとりくむこと，つまり歴史を概観することや法制度の概要を理解しておくことも，論文執筆の基盤づくりに貢献する。

たとえば，ドイツの都市交通政策について院生が執筆する希望をもっていたため，ドイツの連邦制度・地方自治制度の概要を整理しておくこと，都市交通政策の歴史についてサーベイしておくことを勧めた。そのことには論文の頁数が稼げること，論文の展開の基礎となるメリットがある。間違ってもいきなりミクロの対象設定をしないほうがよい。歴史的概説を調べることで資料・史料が豊富にあるかどうかを確認することができるし，もし資料・史料が豊富にあればミクロの設定でも可能であり，資料・史料が豊富ではなければマクロ的な概観にとどめておくという臨機応変的な対応も求められる。

学部の学生には外国の制度を調べることもよく勧める。教育行政に関心を持っていた３年生の学生には，日本の教育改革のモデルとなっているイギリスの教育改革についてリサーチすることを勧めた。対象が限定されていると限られた文献を集めてその文献で論文を書くしかなく，逆にコンパクトな論文に仕上がる可能性が高い。ただし原典に当たることも重要なので，外国語の文献に遡って文献サーベイする必要もある。

既存の研究蓄積があまり存在しない領域ではインタビューをおこなう必要もある。現場の声に耳を傾け，自分でしか聞き得ない貴重な情報が獲られる可能性も出てくる。インタビュー調査には検証可能性の点で問題も多いが，インタビューによって論文のオリジナリティも高まることになる。

文章を書く際には，簡潔な文章を書くこと，パラグラフ・ライティングに気をつけること，句読点の意味を考えながら適切な文章の長さに保つことを心がけたい。文章が長くなるときは結論や言いたいことを先に書くべきであるし，理由や根拠などの説明は３つ程度にとどめた方が説得力を増す。学部のゼミ論文や修士論文を読んでいると，２頁に渡って１つのパラグラフが続く文章に出会うが，これはパラグラフの意味を理解していないからである。パラグラフは主張の塊であり，その塊をブロックのように積み重ねて論文が構成されているのである。木下是雄によると，１つのパラグラフは200～400字程度が適切であるといわれている。

図表を添えて，読み手にわかりやすい文章をめざすことも必要である。仕上げをする際には，「はじめに」と「おわりに」を再度推敲して練り直してほしい。「はじめに」は論文の課題・目的・対象・方法，自分の問題意識，オリジナリティの存在，研究の意義を書く。「おわりに」では論文の要約と今後の課題を書くことが多い。私自身は論文をすべて書き終えて最後に「はじめに」を書くのが通例である。読み手が最初に読む部分であるので，導入（いわゆる「つかみ」）の部分は非常に重要であり，論文の全体像が理解できていなければ執筆できないからである。

論文の提出締め切りが近づいてくると，文献リストと注のつけ方について学生から必ず質問を受ける。なぜ引用文献・参考文献をあげるのかというと，何に依拠して論文を書いているのか，自分の独自性はどこか，先行業績を踏まえているか，について他人から検証できるように論文を書く必要があるからである。孫引きや又引用はできるだけ避ける。また注とは，本文では煩雑になる場合や本文とは別途解説が必要な場合に用いるものである。

論文の提出前には必ず校正をすることを忘れないでほしい。かつてアメリカ政治外交史の斎藤眞先生は，「２万字の文章を書く時は４万字の文章を書き，校正で２万字に削る」と述べておられた。私自身，そのような文章作成法を実現する能力はないが，無駄な文章を削る地道な校正作業の中でも真実を追い求める研究者の生き様を教えていただいたものと理解している。論文提出間際は時間がないのが常であるが，パソコンに入力した論文をプリントアウトして赤ペンで何度も何度も推敲を重ねるべきである。自宅にプリンターがないからといって，パソコンの画面上でチェックするだけでは不十分であり，必要ならば声に出して読むことも有益かもしれない。主語と述語の対応，文章の論理的展開，用語の統一，引用の正確さを確認し，文章を練るために校正は必要不可欠な営みなのである。

締め切り前は仕上げに徹し，締め切りギリギリまで書かないでほしい。論文提出前の最後の数日は校正，文献リストのチェック，論文ストーリーの確認に費やすべきである。社会科学の論文だからといっても，論文にはストーリーが必要である。なぜなら，論文も読み物だからであり，読み手を説得できるか否かに論文の良し悪しがかかってくるからである。データがとんでしまう可能性もあるので，常に複数のバックアップをとり，絶えずプリントアウトしておくと安心である。

おわりに

プロにならない学部学生が論文を執筆する意味はどこにあるのか。論文は課題を設定し，データを集め，自分の主張のロジックを組み立て，文章によって論証しながら相手を説得することに他ならない。会社員が新商品の企画立案をしたり，自動車のディーラーが顧客に商品を売り込むことであったり，公務員が政策を提案したりすることとなんら変わらない。論文作成は社会に出て行く学生たちが大学でおこなう最も有効なキャリアデザイン構築の方法であり，学び取る力の養成なのである。

中央大学文学部の都筑学教授は『心理学論文の書き方』という本の中で，論文とは「自分の思い」を伝えることであると述べている。「論文を書く作業ということは，自分の中のもう１人の自分と対話しながら進めていくこと」であるという。研究する意味とは，「あーだ」「こーだ」言いながら真実を追い求め，自分の主張を証拠と共に相手に示すことだと思う。

評論と異なる点は，そこに引用が存在する点である。「引用のないものを書くようになってはおしまいである」とかつて行政学の辻清明先生に言われたことがあるが，先人に敬意を払い，先行業績に何かを付け加えることに人生をかけている人たちが研究者なのではないか。

かつて学部の専門演習で，「１人の研究者が一生をかけて研究し，命を削るような想いを込めて論文を書いているのに，１本の論文を１～２回読むだけで理解できるはずがない」と述べたことがある。近年は研究室に来て教師に答えを求める大学院生もいる。研究者としてのプライドがあればできないことであるが，本を読むより教師に聞く方が効率的であり，功利主義的な学生にとって教師はマニュアルとしての役割でしかないのかもしれない。しかし，いくらマニュアルを読んだり，教科書を講読したり，教師に答えを乞うことをしても，研究法を身につけることはできないし，すぐに得たことは身につかない。研究を志す人は結局自分の研究法を構築するしかないのであり，悪戦苦闘しながら自分なりの研究法を設計できた人が研究者になるのだと思う。

宮大工の西岡常一さんが書いた本は教育や研究に示唆することが多く，教師や企業人で愛読している人は多いのではないかと思う。私も熱烈な西岡ファンの１人であるが，最後に西岡さんが『木のいのち木のこころ〈天・地・人〉』で「無駄の持つ意味」について述べている部分を引用して本稿の終わりとしたい。西岡さんは大工という仕事の修行に近道はないという名言を残している。

「早く覚えて先にいったほうがいいということはないんです。むしろそういう人よりじっくり進んだ人のほうが，刃物なんかはいい切れ味になりますな。体が時間をかけて覚えこむんですな。時間をかけて覚えたことは忘れませんわ。こうした一見無駄なように思えることが大切なんですな」。

私の書いたこの文章を読んでも論文は書けない，というのが本稿の結論である。繰り返しになるが，大学は教育機関であると共に研究機関でもある。大学生には，論文を作成することで大学のアカデミズムに触れてほしい。そして様々な経験に向き合ってほしい。無駄な経験はしたくないと思うのは人の常であるが，私の短い教師経験では，近道をするため答えを乞う学生が結局能力を伸ばすことはない。水準の高い論文を書いている学生は必ずしも学部成績の良い学生ではないが，いろいろ寄り道をしながら幅広く多くの本を読み，多くの関心を持ち，自分の経験に向かい合いながら自分の考えをもつにいたった魅力ある人間であることが多い。近年は単線的で効率的な職業教育が学部・大学院でおこなわれることが多いが，幅広く学ぶ姿勢，無駄の効用，自分の考えをもつ意味を忘れないでほしいと願っている。そして私たち教師も，学問の面白さと楽しさを伝えていければと考えている。

参考文献

伊丹敬之（2001）『創造的論文の書き方』有斐閣

今田高俊編（2000）『社会学研究法・リアリティの捉え方』有斐閣

オーウェル，J.（1989）『動物農場：おとぎばなし』（川端康雄訳）岩波文庫

木下是雄（1981）『理科系の作文技術』中公新書

木下是雄（1994）『レポートの組み立て方』ちくま学芸文庫

高根正昭（1979）『創造の方法学』講談社現代新書

都筑学（2006）『心理学論文の書き方』有斐閣

都筑学（2016）『大学１年生のための伝わるレポートの書き方』有斐閣

戸田山和久（2002）『論文の教室』日本放送出版協会

西岡常一（2005）「木のいのち木のこころ〈天〉」西岡常一・小川三夫・塩野米松『木のいのち木のこころ〈天・地・人〉』新潮文庫

福澤一吉（2002）『議論のレッスン』NHK 生活人新書

ミルズ，R.（1995）『社会学的想像力（新装版）』（鈴木広訳）紀伊国屋書店

（資料）論文作成に関するアンケート結果

以下の文章は2010年度武智専門演習を履修し，ゼミ論文を提出した３年生，４年生にアンケートをおこなった結果である。名前はすべて仮名である。学生たちの書いたアンケート結果の中に論文作成のリアリティがあると考えるので，学生が書いた文章のまま掲載している。残念ながら，私の書いた文章よりも有益であるので，参考にしていただきたい。

（１） テーマと対象をどのように設定したか

（KW）もともと労働問題に興味があった。労働問題のうち，タイムリーなテーマを選んだ。

（OJ）３年次に「労働政策審議会の変容」という題で論文を書き，今年度は労働組合の政策参加に焦点を当てたいと思ったから。また，調べていく中で，政権交代が連合の政策制度要求活動に与えた影響についても考察したいと思ったので，そちらはサブタイトルとした。

（NM）昨年の論文のテーマも子どもの防犯だったので，もっと深く掘り下げた議論をしたいと思ったから。また，卒業後の進路が警察なので，それに関わるテーマを選びたいと思った。

（MN）普段からニュース，新聞を見ていてその中から興味のあった出来事をテーマ対象とした。今回は政権交代から１年が過ぎて現政権のあり方が見え始めた頃だったので，改めて政権交代の意義を考えてみたいと思った。

（WT）初めは漠然としたテーマ設定をもち，中小企業に関連したものについて書きたいと思った。そこで広く，それに関する資料を読み，徐々にテーマを絞っていった。

（TU）昨年は「NPOとまちづくり」をテーマにしていたが，どっちつかずになりそうだったので，NPOに絞って執筆した。「まちづくり」はテーマが非常に広範なので，事例から論文を書こうと思った。事例は自分の地元で話題になっていたことや自分のかねてからの関心にそって決めた。

（MC）昨年のテーマで集めた文献で，原子力や科学技術に関するものを読み，興味をもった。自分の田舎の隣の町で原発の問題があり，映画にもなっていたから。

（NN）昨年と異なり，地域活性化の手段や政策を中心に書こうと思った。そこで狭義の産品ブランド以外にも県が主導しておこなう広義の地域ブランドというものがあることを知って，それについて調べてみようと思った。

(ST) 地方自治に関心があったので，政策でも注目されていた地方分権について書こうと思った。また対象を河川行政としたのは，先生からアドバイスをいただき興味をもったから。

(IN) 自分の興味に関連したテーマだと書きやすいと思ったので，興味に近い分野がないかを政策学の概論的テキストから探した。ただし，テーマ設定の大きさ，どの程度深く掘り下げるかという加減が難しかった。

(ND) 最も基本的な問題関心として，今後の食料が確保していけるかということに関心を持っていた。そして日本国内の農業の現状に目を移すと，耕作放棄地が多く存在しているという事実があった。この有効利用が食料確保や経済活性化に貢献すると考え，農地制度について調べることとし，今年度は現状を理解するために現行法の分析や運用形態の仕組みを主軸に据えた。

(IK) アメリカの日系コミュニティでの経験や，増加する在日外国人の問題を関連付けて選んだ。日系ブラジル人は日本での共生政策の主要な対象なので，これに絞った。

(NA) もともと開発に関心があり，開発と公共政策を両方勉強できるテーマを探していた。そこでマイクロファイナンスにたどりつき，このテーマを設定した。

(JIN) 自分の経験，身の回りの生活において問題関心を持ち，深く掘り下げたいと思った事を書いた。

(KB) 教育・雇用の分野に興味があり，ゼミで取り上げた論文に関心が近く，学習塾での経験から学校に対する不信感という問題を実感していたから。

(KM) NPO にもともと興味があり，２万字の論文の中で明確の定義のない NPO について自分の意見をまとめたかったので。具体的なテーマ設定はインターンシップの経験から。

(YM) 我々の生活と密接にかかわる「食」の問題をテーマ・対象に選んだ。

(MS) 都市鉱山に興味があり，２年次から調べていた。埋立地の再生化事業を通じて埋立地に廃棄されている都市鉱山が使えるようになるのか，という関心からテーマ設定をした。

(KS) もともとアルバイトの経験からレジ袋は減らせないのか，と考えており，テーマを設定した。また FLP ゼミでも環境問題（ごみ問題）を取り扱っていたため，そのデータの活用・研究の両立を考えて決めた。

(KN) まず携帯電話やインターネット利用が日常化する中で遠隔医療やテレワークの存

在を知り，情報通信技術の利用拡大で情報弱者の格差が是正されたり，障害となるような問題を解決できないかということに関心を持ち，テーマ設定に至った。

（2） 文献やデータをどのように集めたか

(KW) 論文テーマに関係する代表的な学者を先生に紹介していただいた。その学者の書いた本の参考文献リストを見て，論文で使えそうな本を探した。図書館の論文検索ソフトも利用した。

(OJ) 久米郁男先生の『労働政治』の参考文献から文献をたどった。また，労働政策研究機構の図書館に足を運び，連合発行の月刊誌なども参考にした。

(NM) 図書館を中心に集めた。白書や統計データはインターネットも使って調べた。

(MN) 図書館が中心。インターネットも利用したが，一個人の意見しかみつからないため，苦労した。

(WT) 同じ分野の研究をしている研究者の文献を読んでみるなどして文献を集めた。CiNii 等の論文検索エンジンで関連用語を入力して検索した。

(TU) 富山ライトレール自体は富山市がまとめたビジュアルブックがあったので，情報把握がしやすかった。他によく利用されている研究者の文献を読むようにした。

(NC) 国会図書館が文献収集に便利だった。

(NN) 図書館とインターネットを中心に集めた。図書館にない本をアマゾンで購入した。

(ST) 河川に関する資料が中央大学の図書館に少なかったので，他大学や専門図書館に専門誌を調べに行き，資料収集をおこなった。

(IN) 図書館で検索してテーマを絞り，そのテーマの棚をしらみつぶしにあたった。文献の中で引用されているデータをたどると，より早く理解できると思う。

(ND) 図書館で本の精査，文献データベースの活動，生協書店の新書，新聞テレビの特集，各自治体の HP，ウェブサイトなど。

(IK) 文献はほぼすべて大学の図書館で探した。雑誌や HP のデータは厚労省でのインターンシップで教えていただいたものを参考にした。

(NA) まずは基本書となる２冊の本を読み，その本をもとに，その本が参考にしている本や資料を探して読んだ。資料は主に大学図書館，府中市立図書館，韓国の国会図書館，ヨンセ大学図書館などで集めた。

(JIN) インターンシップで頂いた資料の利用，白書や文献をインターネットで探して購入したり図書館で借りるなどした。
(KB) 先生に紹介して頂いた文献，自分のテーマに近い先輩方の論文の参考文献を中心に大学図書館を利用してまず文献・データを集め，読み込んだ。また論文作成中に，その都度必要になった文献を読むこともあった。
(KM) 基本となる本を決め，その中から広げていった。また，より具体的な内容にするためにインターンシップの際に現場の方に話を伺った。事例についてはホームページも参考にした。
(YM) 文献は大学の図書館で入手した。データはインターネットで省庁の HP にアクセスして手に入れた。
(MS) 埋立地再生化事業の研究をしている人の論文の参考文献やサイトのリンクをあたった。大学図書館の論文検索エンジンを利用した。ヒアリングは就職活動で訪ねた会社や市役所できいた。
(KS) キーワードに関連する新書を読み，その中の参考文献リストから収集した。大学図書館にくわえて，地元図書館で統計資料を集めることもあった。その他 HP も利用した。
(KN) 就職活動で会社が案内した本などを参考にして入門となる本を設定した。白書を参考に，データのオリジナルとなっている著作にあたった。

(３)　論文作成で一番苦労したことは何か

(KW) 論文の章立て。最も説得力ある構成になるように何度も再構成しなければならなかった。
(OJ) ５章の結論部分が苦労した。どこまでを「連合の政策要求活動」ととらえるか，に悩んだ。また，テーマの範囲が広く，２万字ではとても書きたいことが書ききれない中で章同士のバランスをどうするかという点に苦労した。
(NM) 文献が少なかったことが一番大変だった。
(MN) 構成に苦労した。どうしても冗長な文章になってしまうこと。
(WT) 初めにテーマを漠然と設定してしまったので，テーマを絞るのに苦労した。そういった点で，なるべく早くから明確なテーマ設定をした方がいいと思った。
(TU) 論文構成に苦労した。何度も組み立てなおしてみたが，同じ内容を２か所書かざるをえなくなったり，必要な情報を取捨して記述することが難しかった。

(NC) 構成が思いのほか手間取った。土壇場であれもこれもと考えが浮かんできてあせった。

(NN) 章立て構成と結論をどうもっていくか悩んだ。昨年の地域通貨よりは将来性があるものの，問題点も多かったからである。くわえて茨城県の地域ブランド政策も始めたばかりだったので，まとめづらかった。

(ST) 文献や資料集めが大変だった。

(IN) 長い文章なので，終始一貫したロジックを保てるかが難しいと思う。気づくと最初にやろうとしたテーマから離れていたこともあった。

(ND) 自ら求めるテーマに沿った単著を探すこと，情報の取捨選択，内容を簡潔にまとめることに苦労した。

(IK) 文献を読み込み，知識をためたのち，それを整理して，章立て構成を考える際に，苦労した。

(NA) 先進国での資料があまりなく，論文作成においても十分な資料を集めることができなかった。

(JIN) 研究対象が専門から離れた理系のものだったので，参考文献を読み，それを自分の領域で書けるレベルにもっていくことが苦労した。

(KB) 夏休み中になかなか計画書通りに論文作成に取り組むことができず，余裕をもって作成することができなかった。

(KM) 章立て構成を考えるのに苦労した。あまり研究の進んでいる分野ではなく，文献も多くはなかったので，事例を多く取り上げることにした。

(YM) 一番苦労したことは，論理よく論文を書くことである。自分が何を主張し，どのようなデータに基づいているかを分かりやすく書くことに苦労した。

(MS) データが少なかった。そもそもデータがあるかどうかわからないテーマを選んだので，参考文献が１つ見つかるまでが大変だった。

(KS) テーマの中で論点を絞ること。書いているうちに，話が広がってしまい，まとまりがつかなくなってしまった部分があった。

(KN) 自分の興味が先行してしまったことにより，情報のみという印象になってしまっていて，議論や主張がないという指摘を中間発表の際にされ，収集で得た情報をどのような体系としてまとめられるかという点から考え直した。議論としての深まりは，来年度の課題にしたいと考えている。

初出一覧

「コラム①：私の社会科学方法論」「コラム②：好奇心を養う」「コラム③：出版情報を収集する」「コラム④：読書に王道あり」

⇒ 「私の社会科学方法論⑴」『白門』第52巻第11号，2000年11月，44-51頁

「コラム⑤：図書館を利用する」「コラム⑥：文章を書く」「コラム⑦：常識を覆す」「コラム⑧：ノンフィクションを読む」「コラム⑨：現場には本質がある」「コラム⑪：古典に親しむ」「コラム⑫：歴史に学ぶ」

⇒ 「私の社会科学方法論⑵」『白門』第53巻第11号，2001年11月，34-45頁

「コラム⑩：年をとるということ」

⇒ 「年をとるということ」『白門』第51巻第７号，1999年７月，２-３頁

「コラム⑬：良き師を選ぶ」「コラム⑭：古きものこそ新しき」「コラム⑮：議論を好む」「コラム⑯：オリジナリティを考える」「コラム⑰：白書を読む」「コラム⑱：新聞を／で読む」「コラム⑲：書評を書く」「コラム㉔：文献案内を案内する」

⇒ 「私の社会科学方法論⑶」『白門』第53巻第12号，2001年12月，６-17頁

「コラム⑳：目先を追う人，現実を語る人」

⇒ 「目先を追う人，現実を語る人」『白門』第61巻第９号，2009年９月，２-３頁

「コラム㉑：二律背反を生きる」

⇒ 「ポピュラーにしてマニアック」『白門』第62巻第９号，2010年９月，２-３頁

「コラム㉒：価値を見いだす」

⇒ 「価値を見いだす」『白門』第63巻第６号，2011年６月，２-３頁

「コラム㉓：２つの教育方法」

⇒ 「ディベートで学ぶ社会の仕組み：二〇〇四年度法学部導入演習での試み」『草のみどり』第186号，2005年５月，２-３頁，「二つの教育方法：ディベートとグループ・ディスカッション」『草のみどり』第204号，2007年３月，１頁

「第22章　社会教育」

⇒ 「公立図書館の『管理』を考える」『白門』第63巻第６号，2011年６月，77-88頁

「第23章　家族政策」

⇒ 「家族政策の根拠」『白門』第64巻６号，2012年６月，50-61頁

「第25章　論文作成法」

⇒ 「論文を書くということ：知的職人のススメ」⑴⑵『白門』第59巻第６号・第７号，2007年６月・７月，55-64頁，16-25頁

＊　ここには書きおろし以外の部分のみを掲げている。掲示した一覧以外はすべて書きおろしである。

参考文献

教科書

縣公一郎・藤井浩司編（2007）『コレーク政策研究』成文堂
秋吉貴雄・伊藤修一郎・北山俊哉（2015）『公共政策学の基礎〔新版〕』有斐閣
足立幸男（1994）『公共政策学入門』有斐閣
伊藤修一郎（2011）『政策リサーチ入門』東京大学出版会
大嶽秀夫（1990）『政策過程』東京大学出版会
岡田浩・松田憲忠編（2009）『現代日本の政治』ミネルヴァ書房
草野厚（1997）『政策過程分析入門』東京大学出版会
草野厚編著（2008）『政策過程分析の最前線』慶應義塾大学出版会
新藤宗幸（2004）『概説　日本の公共政策』東京大学出版会
中道寿一編著（2011）『政策研究：学びのガイダンス』福村出版
新川達郎編（2013）『政策学入門』法律文化社
西尾隆編（2016）『現代の行政と公共政策』放送大学教育振興会
早川純貴ほか（2004）『政策過程論：「政策科学」への招待』学陽書房
宮川公男（1994）『政策科学の基礎』東洋経済新報社
宮川公男（2002）『政策科学入門［第２版］』東洋経済新報社
三宅一郎ほか（1985）『日本政治の座標：戦後四〇年のあゆみ』有斐閣
村松岐夫・伊藤光利・辻中豊（1992）『日本の政治』有斐閣
安章浩・新谷浩史（2010）『身近な公共政策論』学陽書房
山川雄巳（1980）『政策過程論』蒼林社

研究書

秋吉貴雄（2007）『公共政策の変容と政策科学』有斐閣
足立忠夫（1975）『現代政治と地方自治』有信堂
足立幸男（1984）『議論の論理』木鐸社
足立幸男（1991）『政策と価値』ミネルヴァ書房
足立幸男（2009）『公共政策学とは何か』ミネルヴァ書房
足立幸男・森脇俊雅編著（2003）『公共政策学』ミネルヴァ書房
グレアム・アリソン，フィリップ・ゼリコウ（2016）『決定の本質　キューバ・ミサイル危機の分析　第２版　Ⅰ・Ⅱ』日経 BP 社
磯崎育男（1997）『政策過程の理論と実際』芦書房
伊藤修一郎（2002）『自治体政策過程の動態』慶應義塾大学出版会

伊藤修一郎（2006）『自治体発の政策革新：景観条例から景観法へ』木鐸社
井堀利宏（1999）『政府と市場：官と民の役割分担』税務経理協会
岩崎正洋編（2012）『政策過程の理論分析』三和書籍
内山融・伊藤武・岡山裕編著（2012）『専門性の政治学』ミネルヴァ書房
宇都宮深志・新川達郎編（1991）『行政と執行の理論〔現代の政治学〕シリーズ③』東海大学出版会
大住荘四郎（2010）『行政マネジメント』ミネルヴァ書房
大橋洋一編著（2010）『政策実施』ミネルヴァ書房
大山耕輔（2010）『公共ガバナンス』ミネルヴァ書房
大山耕輔監修，笠原英彦・桑原英明編（2013）『公共政策の歴史と理論』ミネルヴァ書房
片岡寛光編（1994）『現代行政国家と政策過程』早稲田大学出版部
草野厚（1989）『国鉄改革：政策決定ゲームの主役たち』中央公論社
倉阪秀史（2012）『政策・合意形成入門』勁草書房
クラスチケ，E. R.，ジャクソン，B. M.（1989）『政策研究の基礎用語』（小池治・山谷清志訳）行政管理研究センター
小池洋次編著（2010）『政策形成』ミネルヴァ書房
小島昭著，小島美子，赤木須留喜編（1990）『現代の公共政策』勁草書房
サスカインド，R. E.，クルックシャンク，J. L.（2008）『コンセンサス・ビルディング入門：公共政策の交渉と合意形成の進め方』（城山英明，松浦正浩訳）有斐閣
佐野亘（2010）『公共政策規範』ミネルヴァ書房
白鳥令編（1990）『政策決定の理論』東海大学出版会
城山英明・鈴木寛・細野助博編著（1991）『中央省庁の政策形成過程：日本官僚制の解剖』中央大学出版部
城山英明・細野助博編著（2002）『続，中央省庁の政策形成過程：その持続と変容』中央大学出版部
竹下俊郎（2008）『メディアの議題設定機能［増補版］』学文社
田中一昭・岡田彰編著（2000）『中央省庁改革：橋本行革が目指した「この国のかたち」』日本評論社
ドロア，Y.（2006）『公共政策決定の理論』（木下貴文訳）ミネルヴァ書房
中野実編著（1986）『日本型政策決定の変容』東洋経済新報社
中野実（1992）『現代日本の政策過程』東京大学出版会
中村昭雄（1996）『日本政治の政策過程』芦書房
中邨章・竹下譲編著（1984）『日本の政策過程』梓出版社
西村淳編（2016）『公共政策学の将来』北海道大学出版会
バーダック，ユージン（2012）『政策立案の技法』（白石賢司・鍋島学・南津和広訳）東洋経済新報社

日高昭夫（2000）『自治体職員と考える政策研究：分権時代の新しい政治行政作法』ぎょうせい
平井宜雄編（1995）『法政策学（第2版）』有斐閣
平野浩・河野勝編（2003）『アクセス日本政治論』日本経済評論社
細野助博（2005）『政策統計：「公共政策」の分析ツール』中央大学出版部
本間正明編著（1990）『ゼミナール 現代財政入門』日本経済新聞社
真山達志編著（2016）『政策実施の理論と実像』ミネルヴァ書房
マヨーネ，G.（1998）『政策過程論の視座：政策分析と議論』（今村都南雄訳）三嶺書房
宮川公男編（1973）『システム分析概論：政策決定の手法と応用』有斐閣
三宅一郎編（1981）『合理的選択の政治学』ミネルヴァ書房
村川一郎（1985）『日本の政策決定過程』ぎょうせい
森脇俊雄（2010）『政策過程』ミネルヴァ書房
リトル，I. M. D.（2004）『公共政策の基礎』（松本保美訳）木鐸社
リード，S. R.（1990）『日本の政府間関係：都道府県の政策決定』（森田朗ほか訳）木鐸社
リンドブロム，C. E., ウッドハウス，E. J.（2004）『政策形成の過程：民主主義と公共性』（藪野祐三，案浦明子訳）東京大学出版会
ローク，F. E.（1981）『官僚制の権力と政策過程（第2版）』（今村都南雄訳）中央大学出版部
山田浩之編（2001）『交通混雑の経済分析：ロード・プライシング研究』勁草書房

事項索引

あ 行

か 行

さ　行

た　行

な　行

は　行

ま　行

や　行

ら　行

わ　行

人名索引

あ 行

か 行

さ 行

た 行

な　行

は　行

ま　行

著者紹介

武智秀之（たけちひでゆき）

1963年　福岡県に生まれる

現　在　中央大学法学部教授，博士（法学）

〈著書〉

『保健福祉の広域行政圏構想』地方自治総合研究所，1996年

『行政過程の制度分析』中央大学出版部，1996年

『福祉行政学』中央大学出版部，2001年

『政府の理性　自治の精神』中央大学出版部，2008年

『公共政策の文脈』中央大学出版部，2018年

『行政学』中央大学出版部，2021年

『都市政治論』中央大学出版部，2023年（共著）

政策学講義

決定の合理性　第3版

2013年1月15日　初版第1刷発行

2017年2月20日　第2版第1刷発行

2024年5月15日　第3版第1刷発行

著　者　武智秀之

発行者　松本雄一郎

郵便番号 192－0393

東京都八王子市東中野742－1

発行所　中央大学出版部

電話 042(674)2351　FAX 042(674)2354

印刷・製本　奥村印刷

ISBN 978-4-8057-1161-3